Hitler

Ein Hundeleben

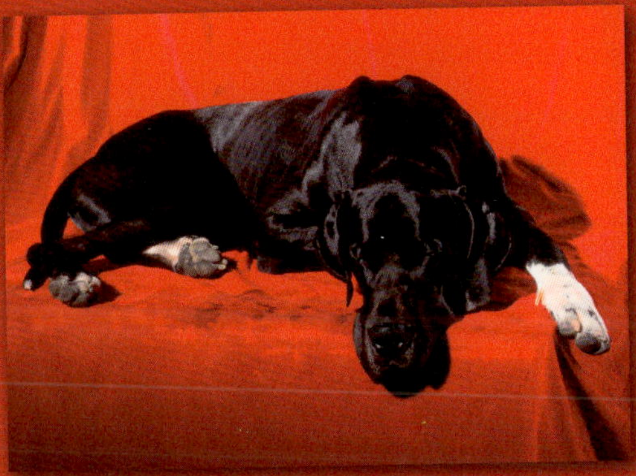

1991 – 1998

Eine Arbeit von FLATZ

HITLER

POESIE-ALBUM

IN MEMORIAM 1990 – 1998

Poetry Album made by Hitlers leader FLATZ

FÜR HITLER
VON SEINEM FÜHRER
FLATZ
1996 / 2019

Schulaufsatz von Maximilian Häusler

(7 Jahre)

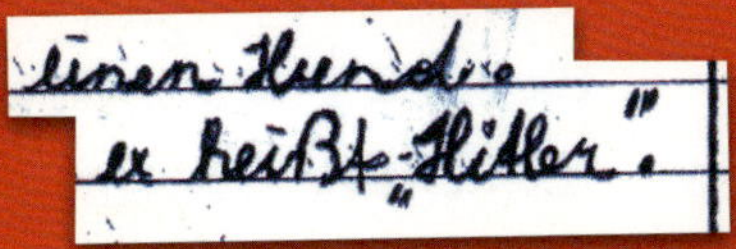
einen Hund
er heißt „Hitler".

School Essay by Maximilian Haeusler

Bregenz 1991

Braunau 1991

SCHULAUFSATZ VOM 7 JÄHRIGEN MAXIMILIAN NACH EINEM WOCHENENDE MIT JUNG HITLER (6 MONATE)

10.10.1991

Hitler – der Hund

Ich freue mich schon, wenn ich 10 Jahre alt bin.
Da bekomme ich nämlich einen Hund.
Ich weiß auch schon, wie er heißt: „Hitler".
Es ist eine ~~[illegible]~~ Dogge.
Hui, wird das lustig!?!
An den See zu gehen und baden!
Ha, wie wird das ~~[illegible]~~ aufregend!
Und erst recht das Kämpfen!
Dann laß ich ihn auf meinem Schaffellschlafen.

Gut erzählt!

Ich würde meinen Hund niemals „Hitler" nennen, denn er würde mich immer an den Menschenmörder „Hitler" erinnern und ich könnte meinen Hund nicht gernhaben!

KOMMENTAR DER LEHRERIN

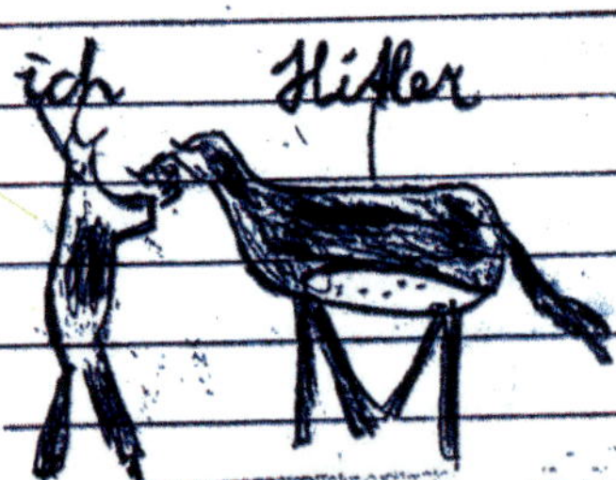

Bregenz 1991

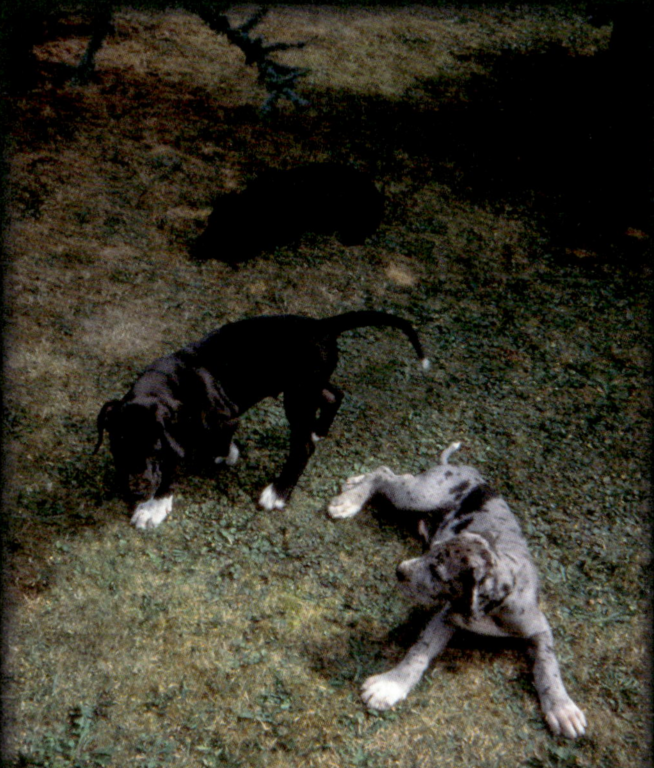

HITLER SPIELT MIT SEINEM BRUDER WOTAN

Hitler plays with his brother Wotan

Braunau 1991

School Essay by 7 year old Maximilian after a weekend with young Hitler (6 months)

10.10.1991

Hitler the dog

I'm looking forward to when I'm 10 years old. Then I will get a dog. I also know what he will be called, "Hitler". He will be a Great Dane. Wow, it will be fun! Going to the lake and swimming. Ha, how exciting it will be! And above all the the play fighting! Then I will let him sleep on my sleeping blanket.

Well told!
I would never call my dog "Hitler" because he would always remind me of the mass murderer Hitler and I wouldn't be able to love my dog!

His teachers comment

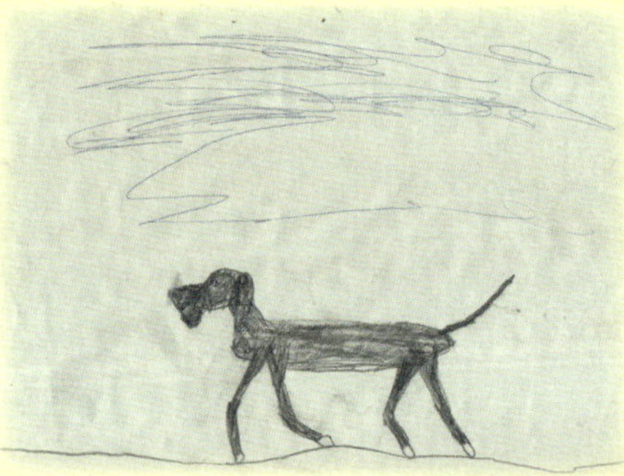

School Essay by Maximilian Haeusler

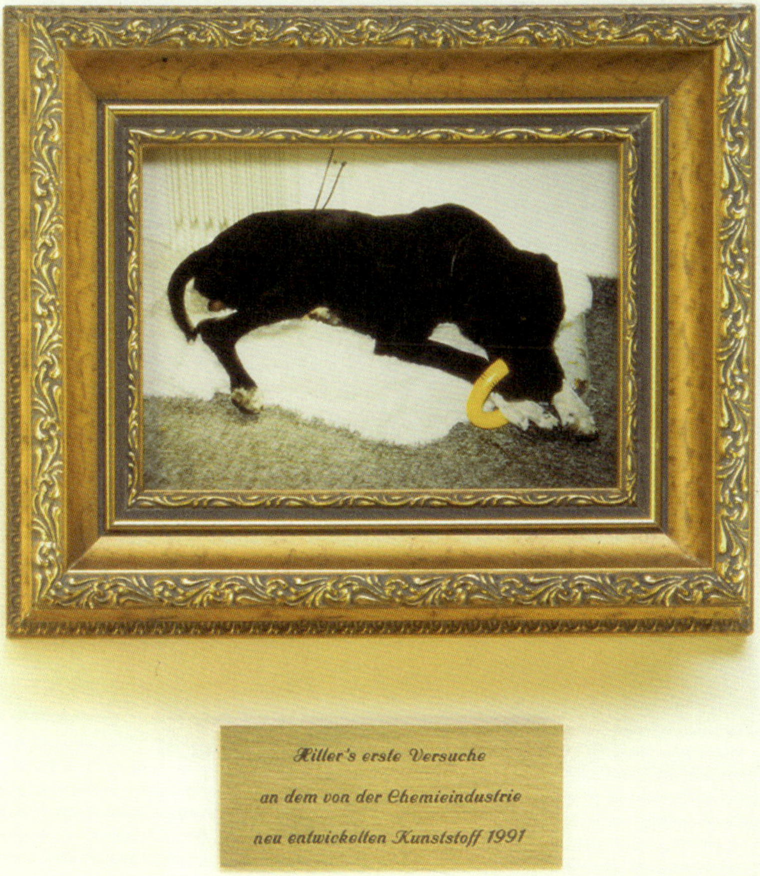

Hitler's erste Versuche

an dem von der Chemieindustrie

neu entwickelten Kunststoff 1991

Hitlers first try on the chemical industries newly developed plastic 1991

Staatsgemälde Sammlung

Hitlers
Tadeliger Reinrassiger Arischer Stammbaum

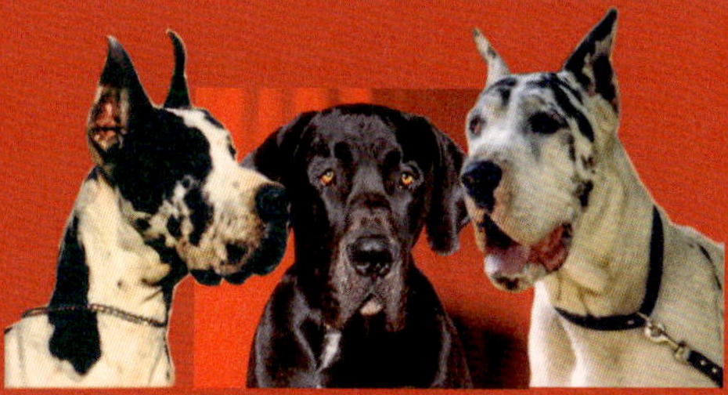

Hitlers righteous purebred Aryan Family Tree

Kaisheim 1991

Donauwörth 1991

DEUTSCHER DOGGEN-CLUB 1888 e. V. (DDC)

gegründet 12.1.1888 in Berlin · Rechtssitz Frankfurt/Main

VDH — Mitglied des Verbandes für das Deutsche Hundewesen e. V. (VDH) angeschlossen der Féderation Cynologique Internationale (FCI)

Ältester kynologischer Rassezuchtverein Deutschlands. Eigentümer u. Herausgeber des Zuchtbuches für Deutsche Doggen, das von allen führenden kynologischen Organisationen des In- und Auslandes, die der Féderation Cynologique Internationale angeschlossen sind, als das in Deutschland allein gültige u. maßgebende anerkannt ist.

Wichtiger Hinweis: Diese Ahnentafel bleibt Eigentum des DDC. Ahnentafeln sind Urkunden im juristischen Sinne. Wer Ahnentafeln fälscht, mit solchen Mißbrauch treibt, oder unbefugt Eintragungen vornimmt, wird vom DDC strafrechtlich verfolgt. Beim Verkauf des Hundes ist die Ahnentafel dem neuen Besitzer auszuhändigen; beim Eingehen des Hundes ist diese an das Zuchtbuchamt einzusenden.

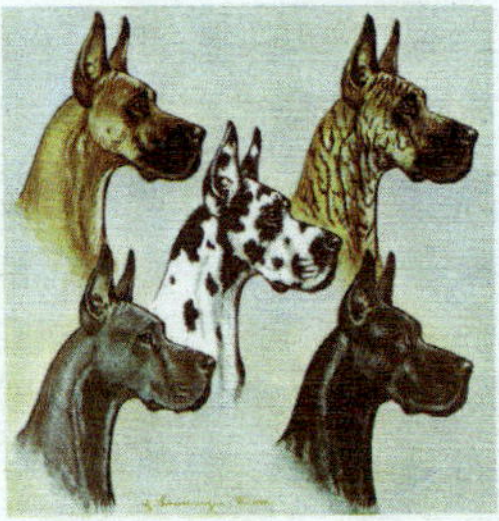

AHNENTAFEL

DEUTSCHE DOGGE

Name des Hundes: E I N S T E I N (Vorname)

" von B A Y E R N " (Zwingername)

Züchter: Helga Wallner 8851 Kaisheim

Geschlecht: Rüde Wurftag: 14. Juli 1991

Farbe und Abzeichen: schwarz mit weißen Abzeichen

Band: 88 ZB.-Nr.: VDH/DDC 96271 Täto.-Nr.: BY 201

Besondere Vermerke:

	Nr.	
Vater	1	Cäsar v.d. Stadt Mühldorf, VDH/DDC
Großeltern	3	Fels v.d. Nürburg, VDH/DDC 83002, gefl (DCh)
	4	Melanie v. Glöckelssberg, VDH/DDC 82392, gefl
Urgroßeltern	7	Xander v.d. Nürburg, VDH/DDC 77995, gefl
	8	Dora v.d. Pellenz, VDH/DDC 75277, swA
	9	Banny v. Haus Rolema, VDH/DDC 75483, swA
	10	Orla v.d. Hochwiesen, VDH/DDC 76792, gefl
Mutter	2	Utopia v. Bayern, VDH/DDC 91616, gefl
Großeltern	5	Yakito v. Bayern, VDH/DDC 81136, gefl
	6	Fee v. Sonnenwald, VDH/DDC 85152, gefl
Urgroßeltern	11	Lord v. Bayern, VDH/DDC 74950, gefl
	12	Olympia v. Bayern, VDH/DDC 77094, gefl
	13	Quiz v. Sonnenwald, VDH/DDC 79273, gefl
	14	Heike v. Sonnenwald, VDH/DDC 75092, gefl

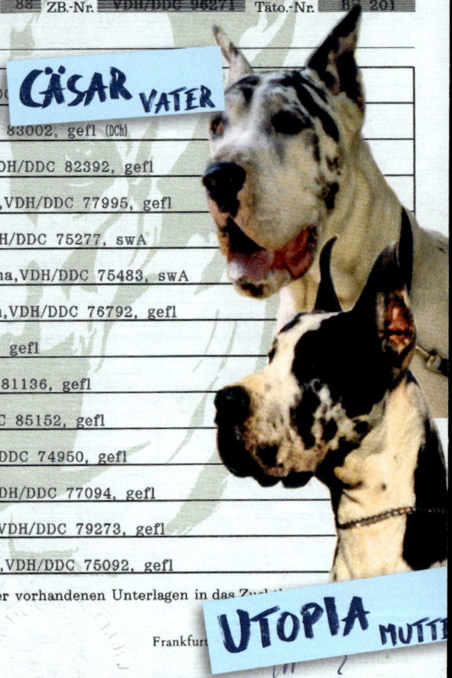

Nach Prüfung der Eintragungsangaben und der vorhandenen Unterlagen in das Zu... Doggen-Club 1888 e. V. eingetragen.

Gültige Fassung vom 1. Jan. 1990

Frankfurt

Unterschrift des Züchters — Zuchtbuchführer (Günter Walze)

Diese Unterschrift des Züchters bestätigt die Richtigkeit der Angaben.

Zeichen-Erklärung: g = gelb; gestr = gestromt; bl = blau; s = schwarz; swA = schwarz mit weißen Abzeichen; gefl = weiß-schwarz-gefleckt
BS = Bundessieger; ES = Europasieger; WS = Weltsieger; S oder Ch *in Verbindung mit int. Nationalitätenkennzeichen* = nat. Sieger oder nat. Champion;
ICh = Internationaler Champion

Kaisheim 1991

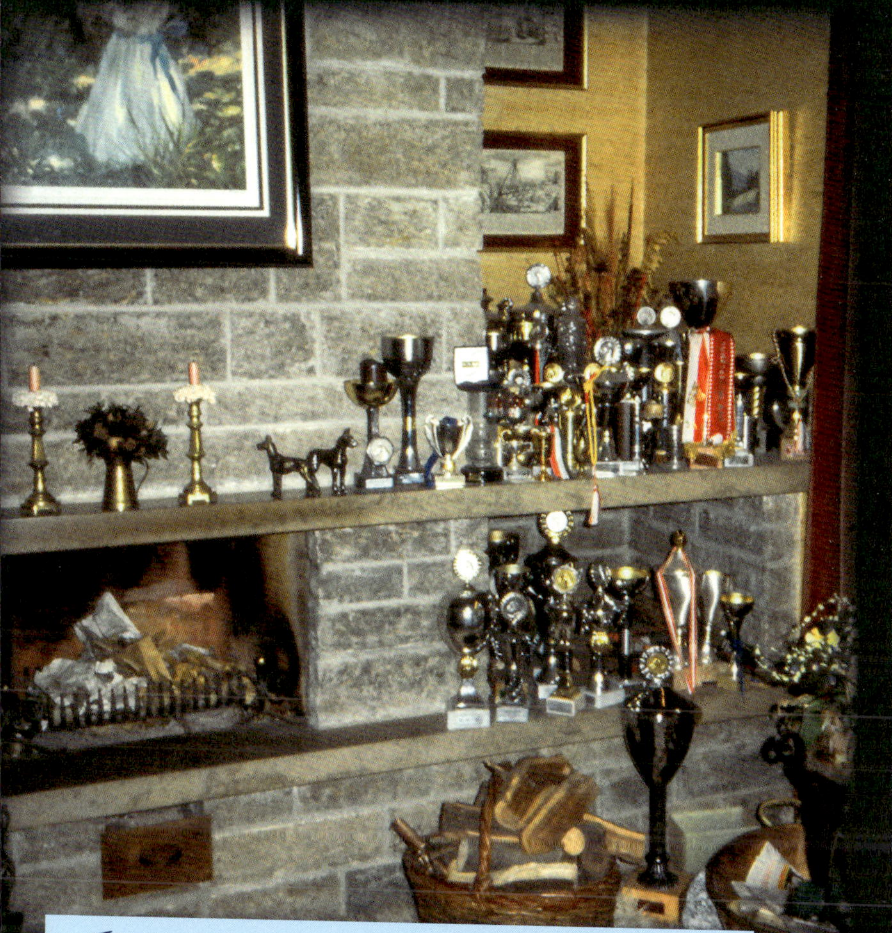

TROPHÄENSAMMLUNG DER PREISGEKRÖNTEN REINRASSIGEN ELTERN HITLERS

The Trophy Collection of Hitlers award winning purebred parents

Donauwörth 1991

HITLERS
KINDHEIT UND JUGEND

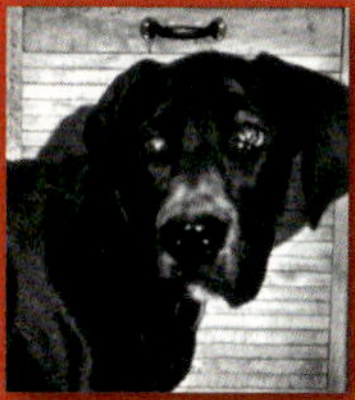

Hitlers childhood and youth

BRAUNAU 1991

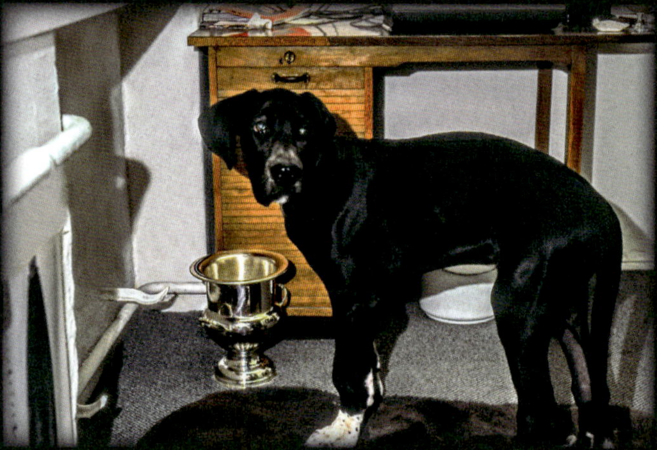

KLEIN-HITLER IST UNSICHER

Little Hitler is unsure

Braunau 1991

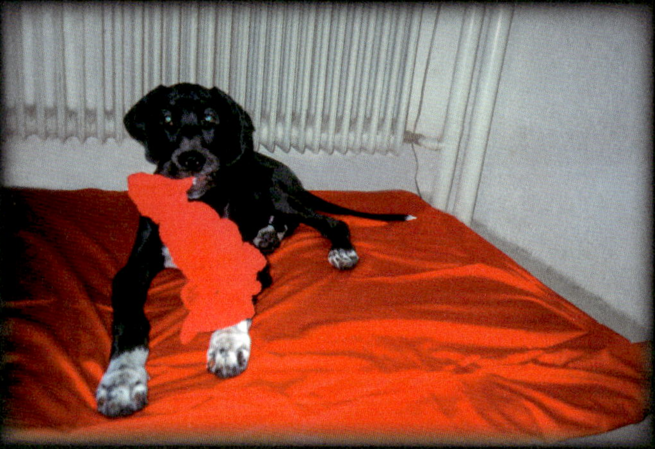

HITLER HASST ROT

Hitler hates red

Braunau 1991

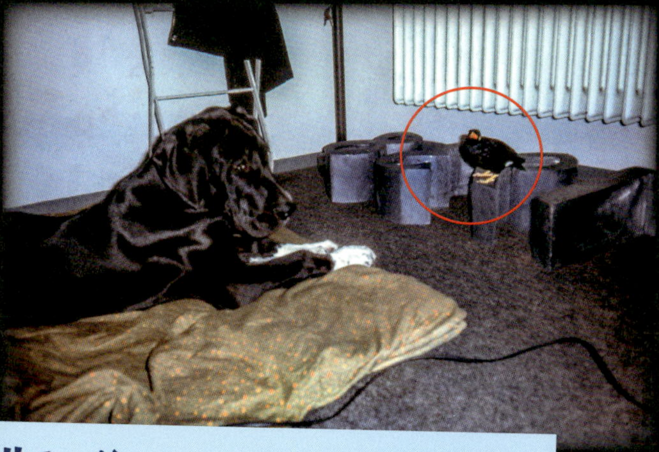

HITLER MISSTRAUT DEM RABEN SIR EDGAR

Hitler distrusts Sir Edgar the raven

Braunau 1991

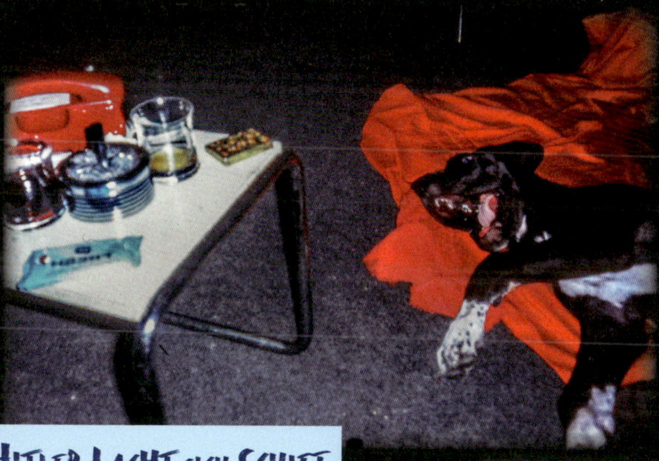

HITLER LACHT SICH SCHIEF

Hitler laughs himself silly

Braunau 1991

HITLERS ALLTAG

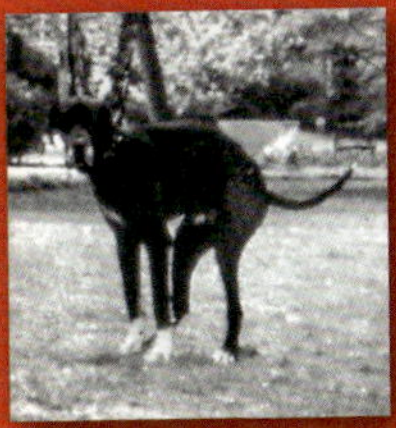

Hitlers daily life

PETTENKOFERSTRASSE 1991

MÜNCHEN 1992

BRAUNAU 1991

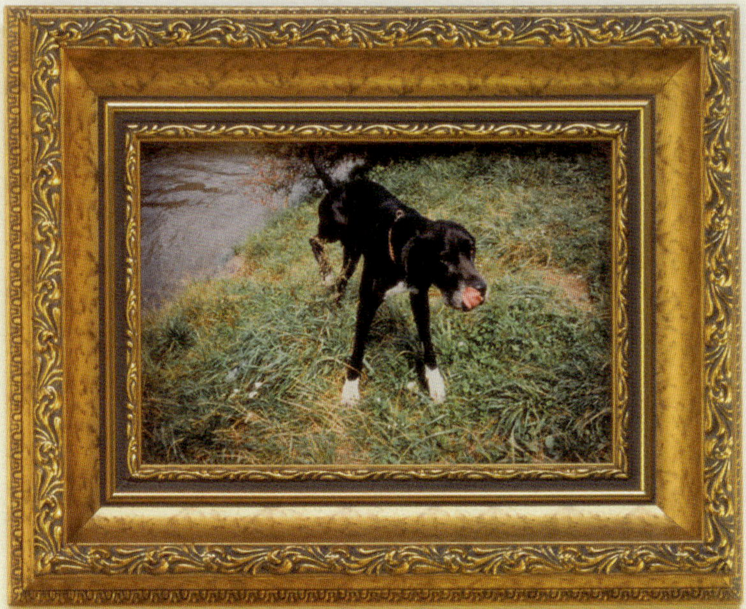

Hitler bei der Morgentoilette 1992

Hitlers morning ablutions 1992

Staatsgemälde Sammlung

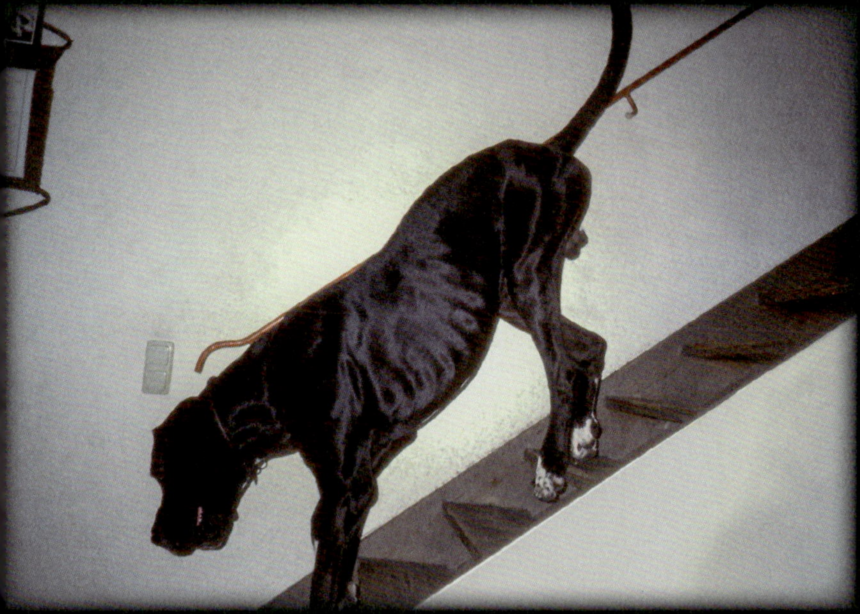

HITLER MUSS DRINGEND AUFS KLO

Hitler desperately needs to go to the loo

Pettenkoferstraße 1991

München 1992

HITLER SCHEISST AUF DEN SKULPTUREN PARK

Hitler doesn't give a shit about the sculpture park

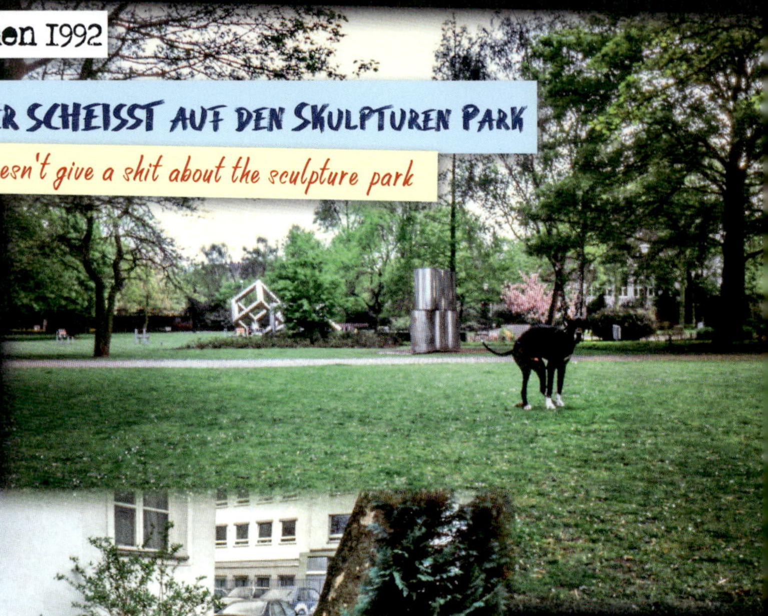

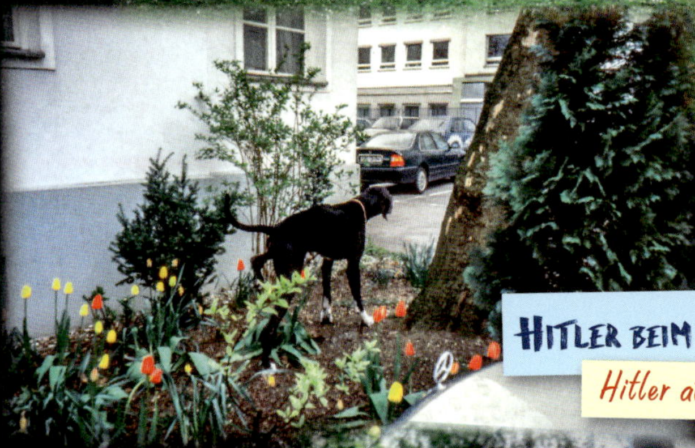

HITLER BEIM YOGA IM ROSENHA

Hitler at yoga in the rose garden

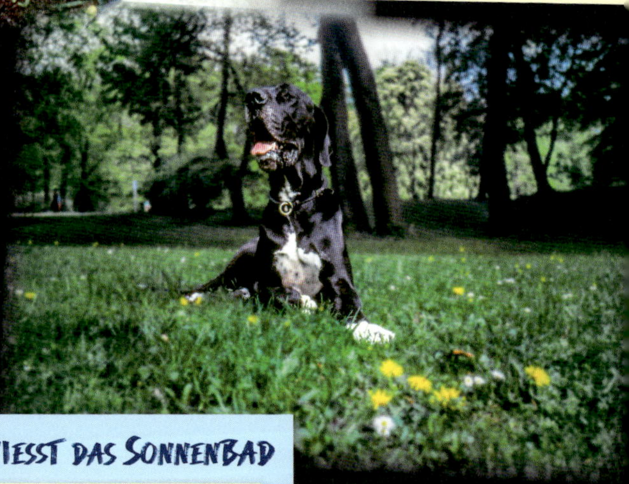

HITLER GENIESST DAS SONNENBAD

Hitler enjoys sunbathing

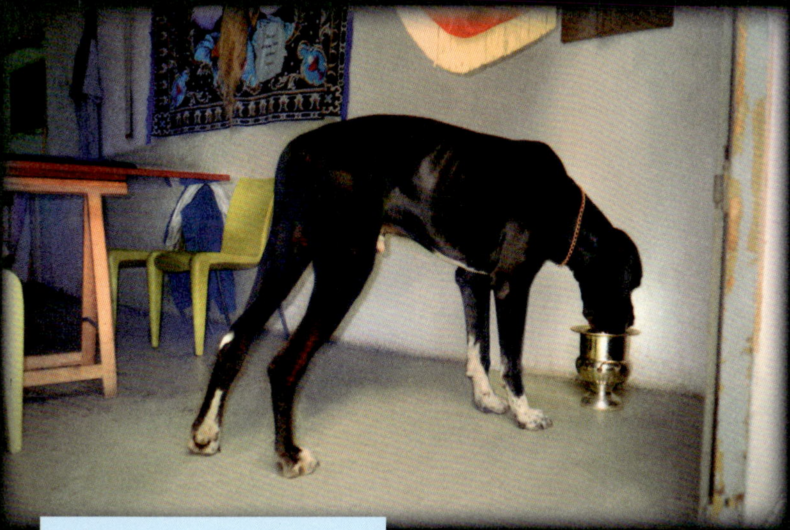

HITLER HAT DURST

Hitler is thirsty

Braunau 1991

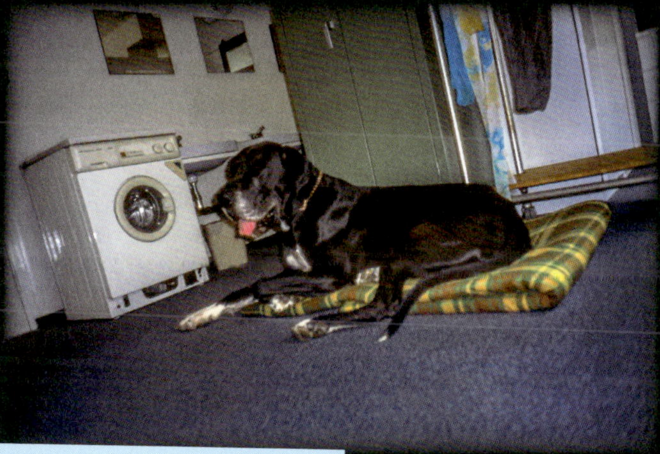

HITLER WÄSCHT SEINE SOCKEN

Hitler washes his socks

Braunau 1991

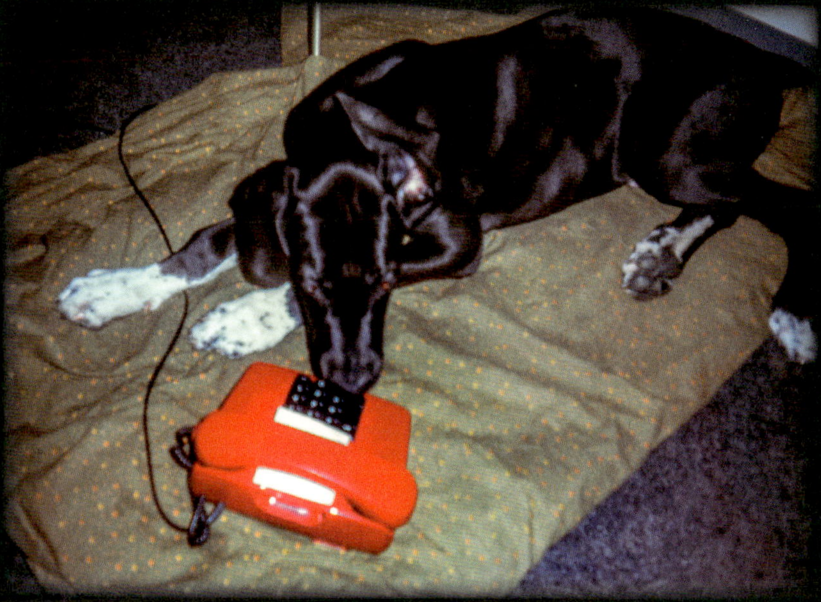

Hitler wartet sehnsüchtig auf Evas Anruf

Hitler waits longingly for Evas call

Braunau 1991

HITLER
UND DIE FRAUEN

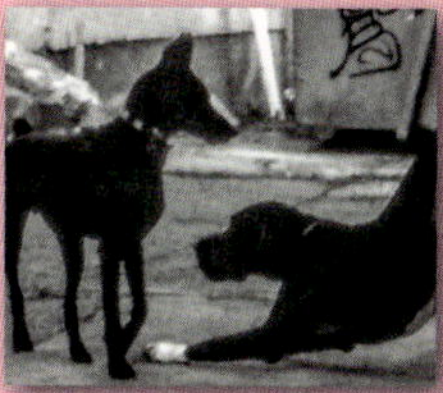

Hitler and the ladies

LINZ 1991

PRATERINSEL MÜNCHEN 1991

BERLIN 1991

WIEN 1993

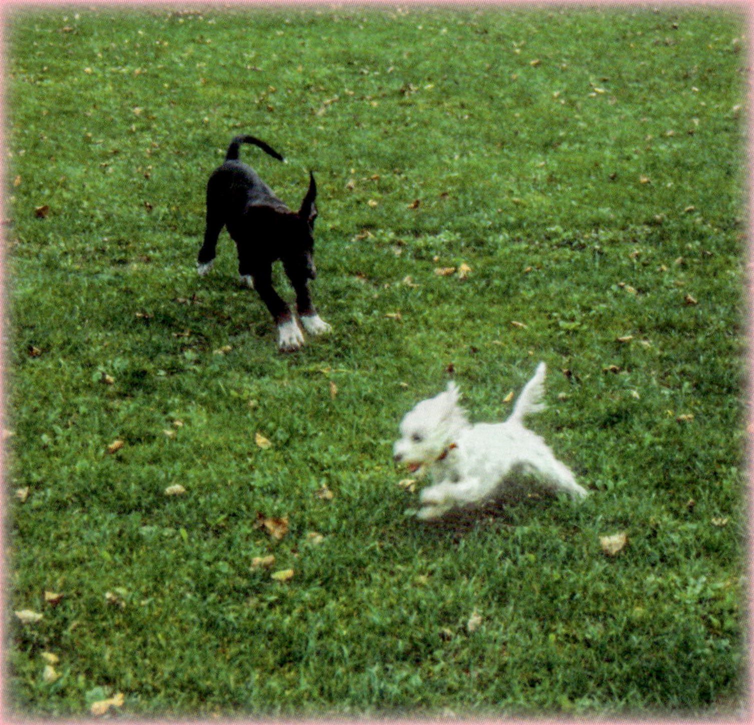

HITLER SPIELT MIT EVA

Hitler is playing with Eva

Linz 1991

Praterinsel München 1991

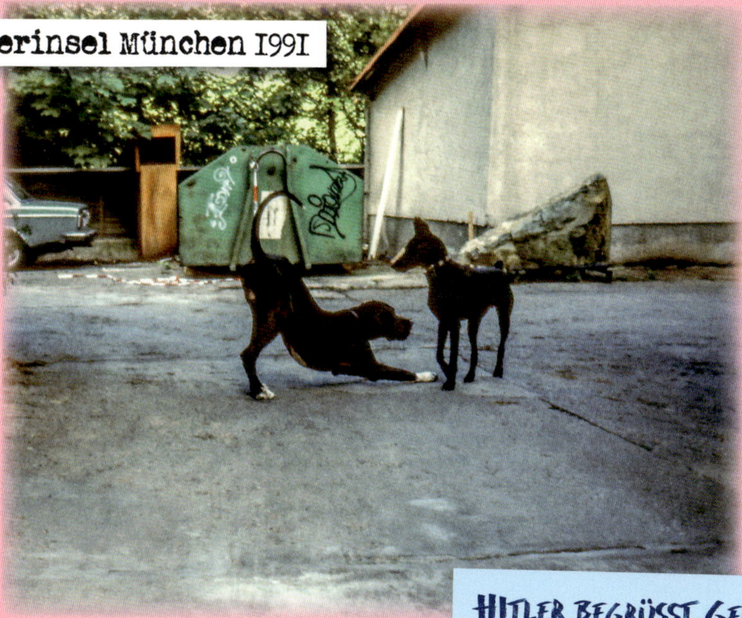

HITLER BEGRÜSST GELI

Hitler greets Geli

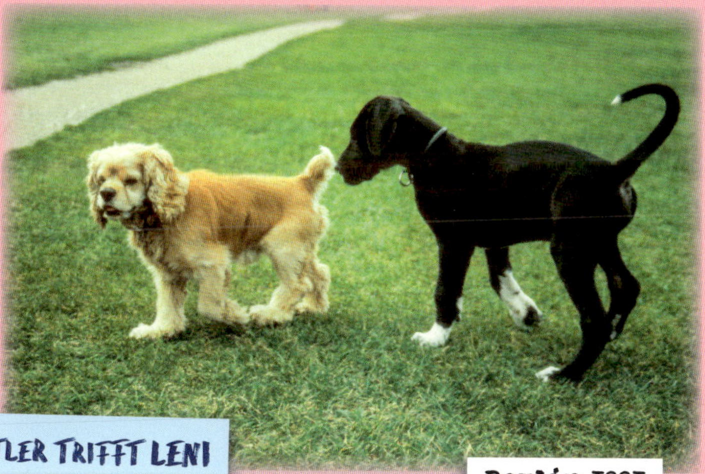

HITLER TRIFFT LENI

Hitler meets Leni

Berlin 1991

Linz 1992

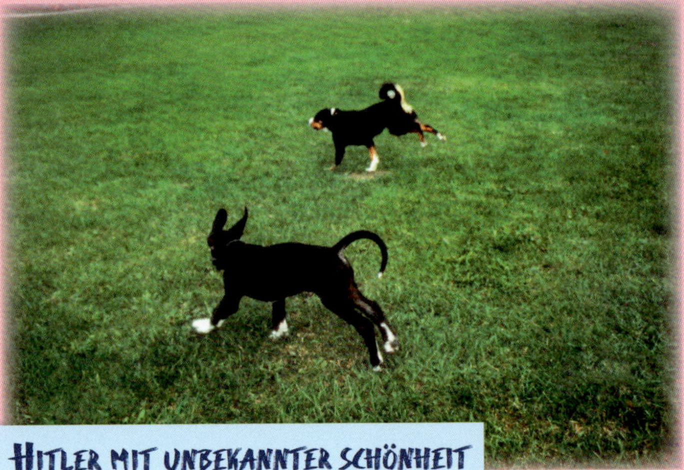

HITLER MIT UNBEKANNTER SCHÖNHEIT

Hitler and the unknown beauty

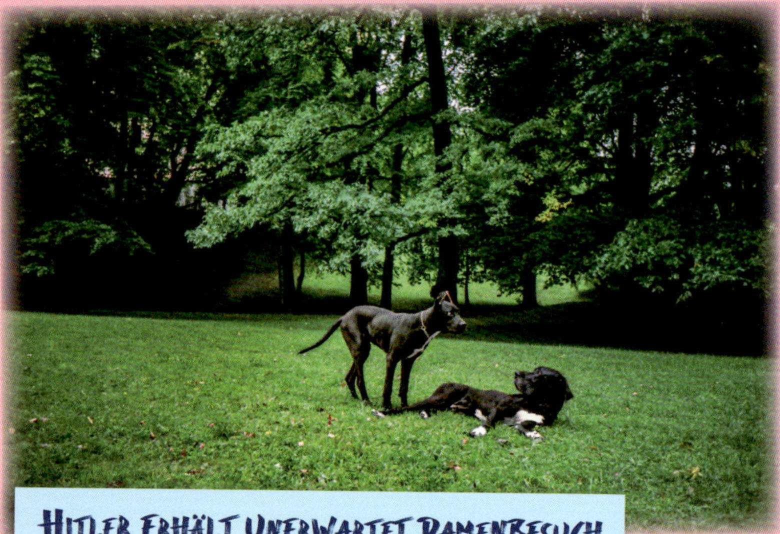

HITLER ERHÄLT UNERWARTET DAMENBESUCH

Hitler gets unawaited lady attention

Englischer Garten München 1992

Wien 1993

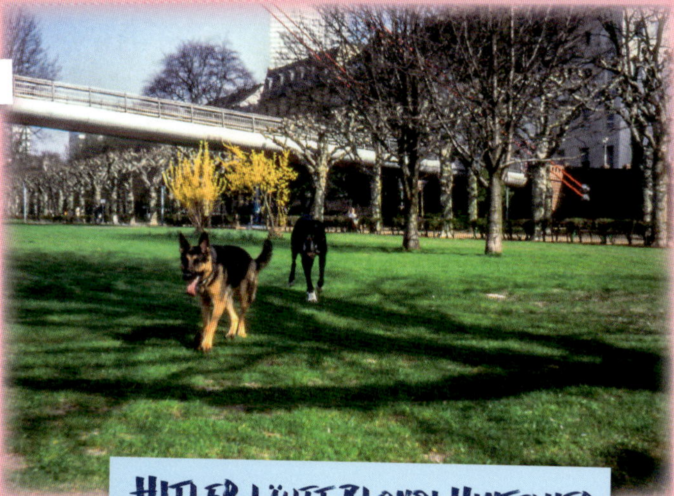

HITLER LÄUFT BLONDI HINTERHER

Hitler following Blondi

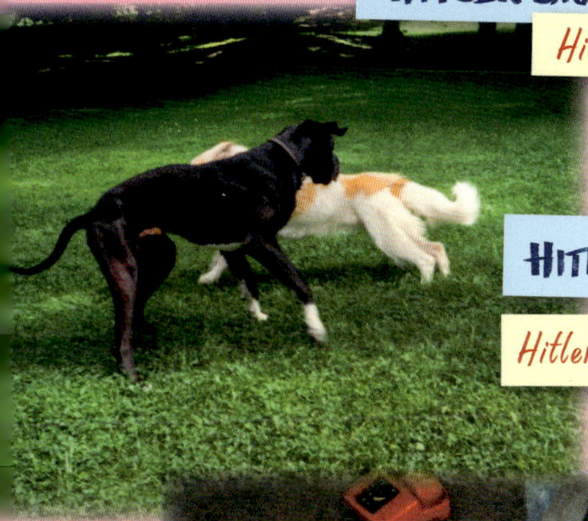

HITLER TANZT MIT MARLENE

Hitler dances with Marlene

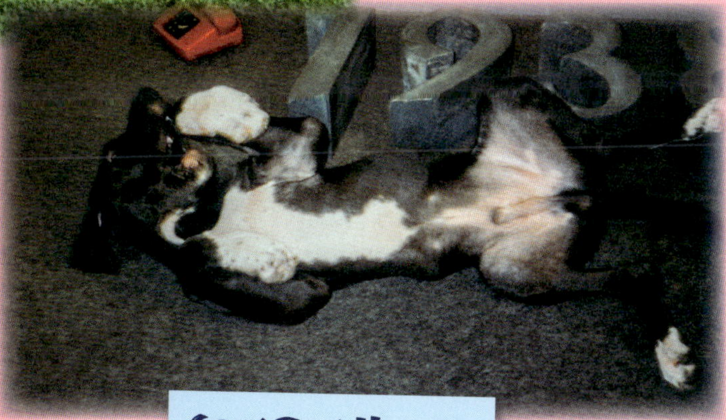

SEXY BOY HITLER

Sexy Boy Hitler

HITLER PRIVAT

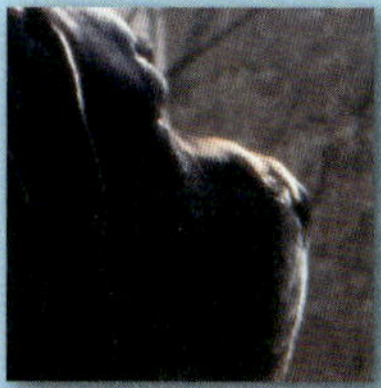

Hitler in private

MÜNCHEN 1992

BERLIN 1993

PASSAU 1992

FRANKFURT 1996

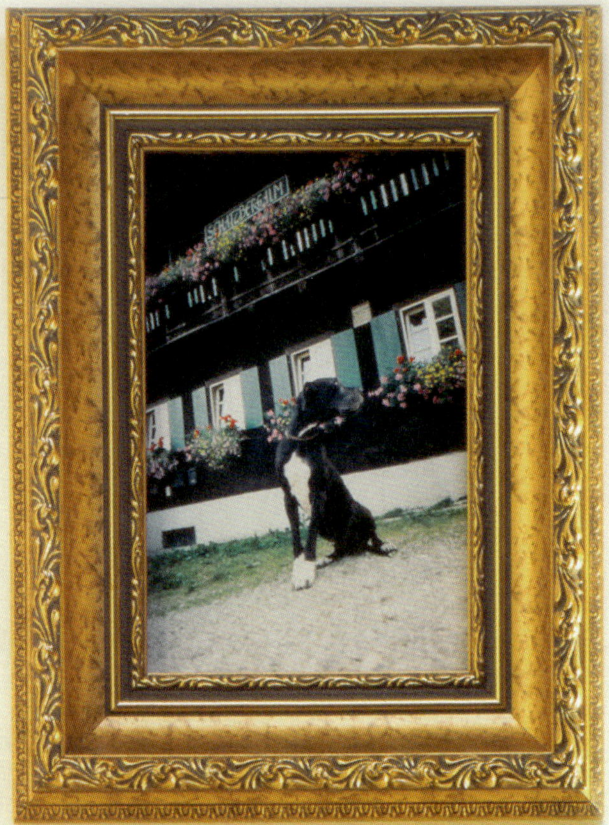

Hitler vor dem Gästehaus am Obersalzberg 1993

Hitler in front of the guest house in Obersalzburg 1993

Staatsgemälde Sammlung

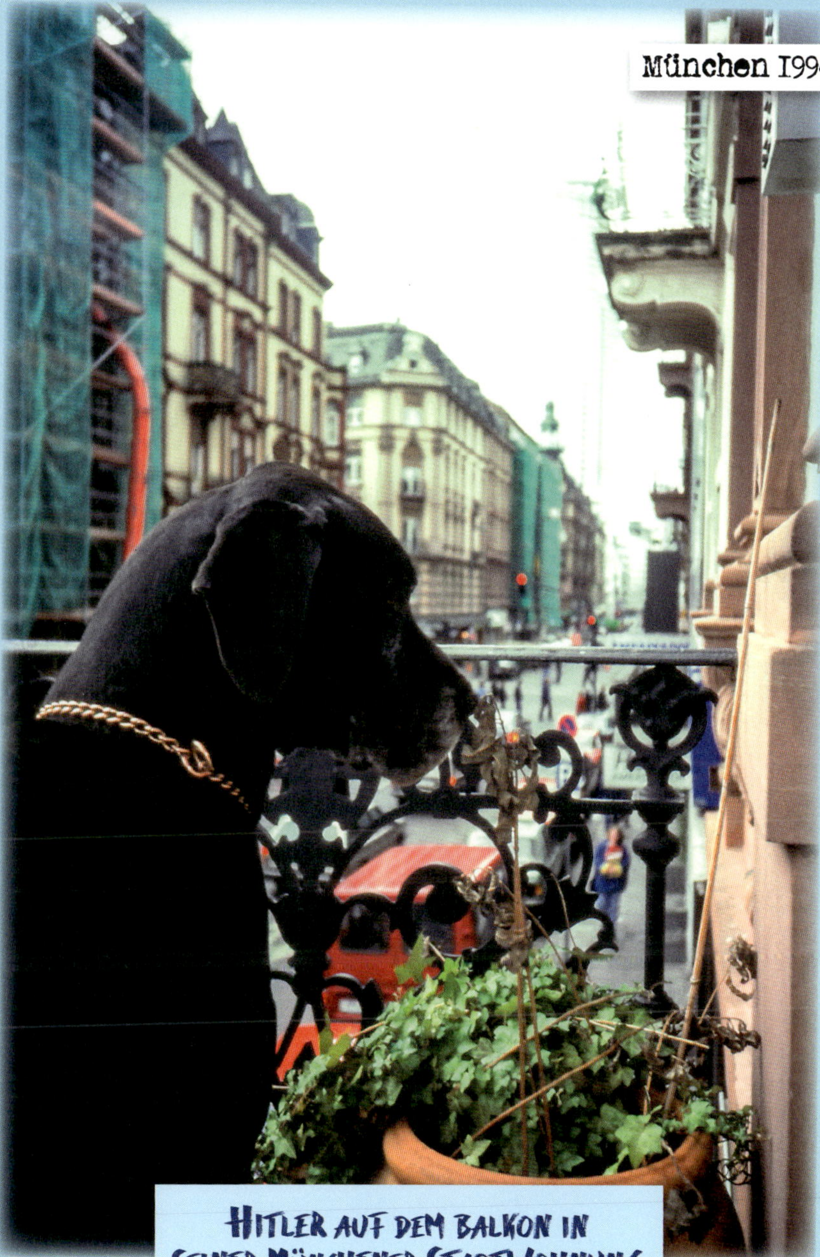

München 1994

HITLER AUF DEM BALKON IN SEINER MÜNCHENER STADTWOHNUNG

Hitler on the balcony in his Munich City apartment

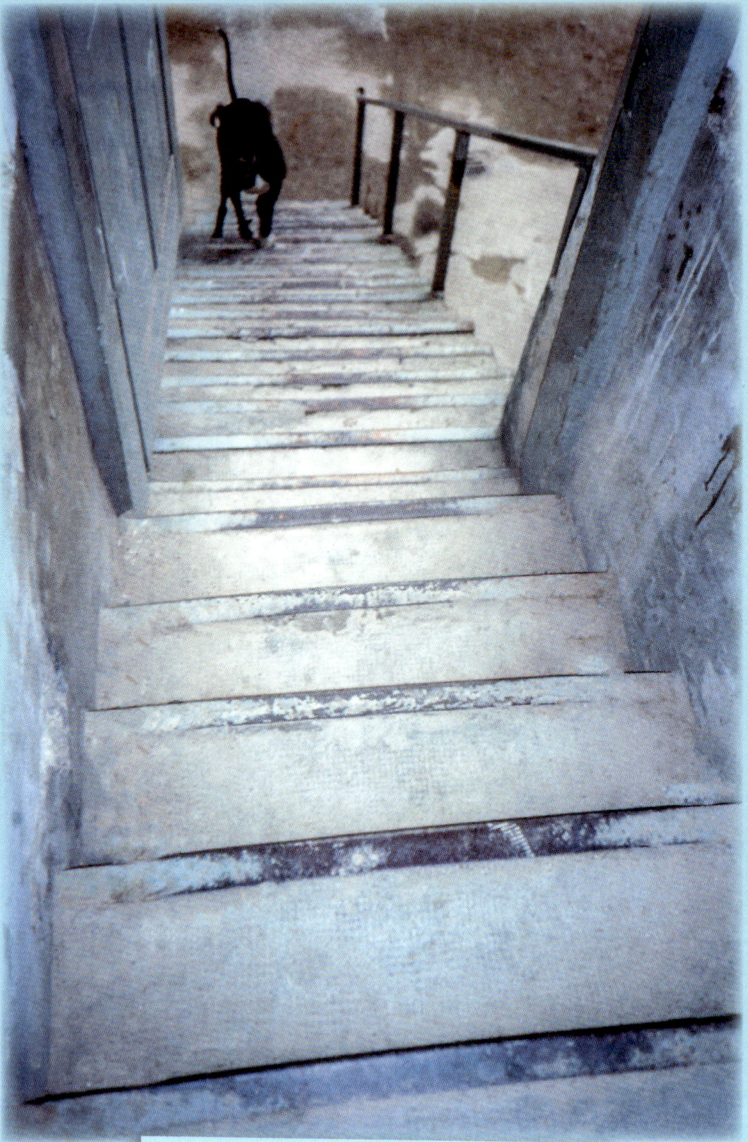

HITLER STÜRMT ZUM MITTAGSTISCH

Hitler races to the dinnertable

Berlin 1993

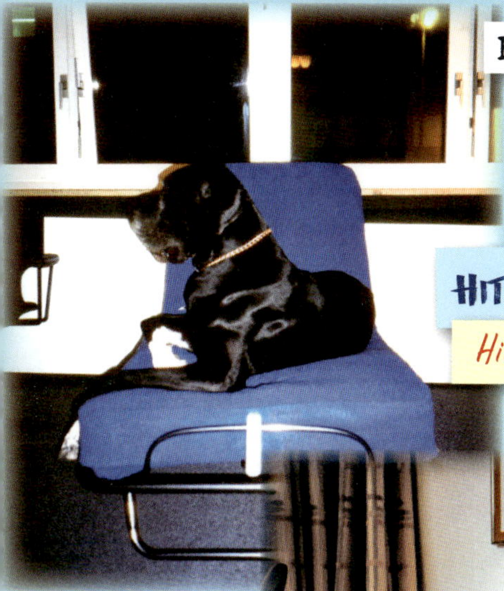

Berlin 1993

HITLER RELAXED NACH DER SAUNA

Hitler relaxed after the sauna

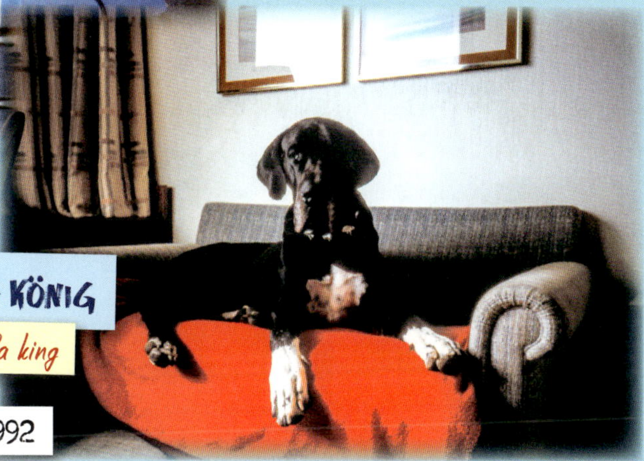

HITLER DER SOFA KÖNIG

Hitler the sofa king

München 1992

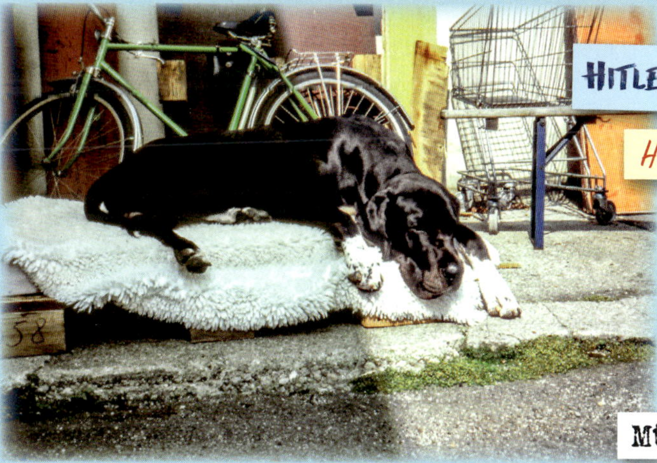

HITLER MEDITIERT

Hitler meditates

München 1992

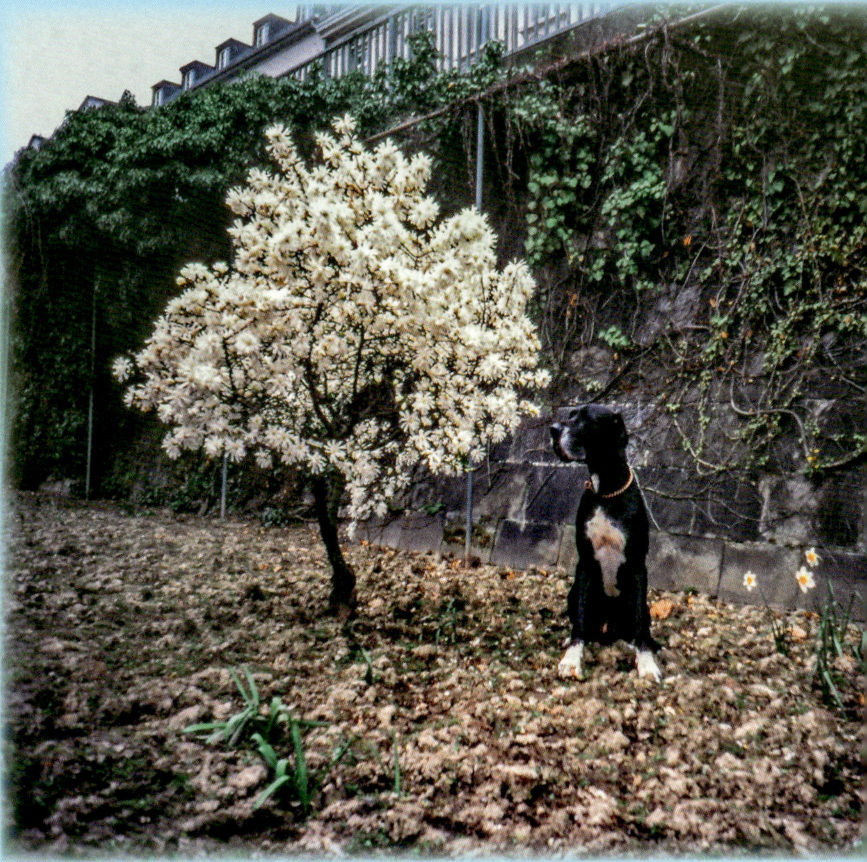

Hitler im Kirschgarten

Hitler in the cherry garden

Passau 1992

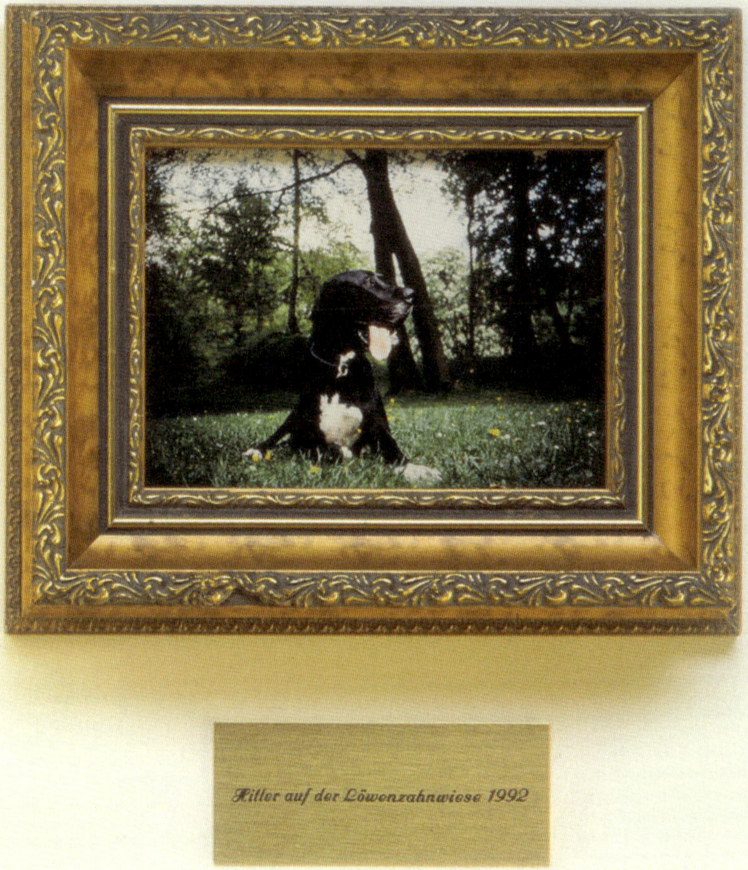

Hitler at the dandelion meadow 1992

Staatsgemälde Sammlung

Hitler

Oldenburg 29.12.1972

ver
Sehr geehrte Eva,

(lustig Ihr Familienname beginnt ebenfalls mit 'H')
Es wäre mir eine Ehre Sie kennenlernen zu dürfen, da mein Sekretär sooo
von Ihnen vorgeschwärmt hat und er mich soo heiß gemacht, daß ich
nun allen Muth zusammeng
'Hitler - Ein Hundeleben' zu a
Kunstverein Rosenheim im
wird Ihnen von meinem Sekr
mir auch verraten daß Sie ei
Bringen Sie Lola einfach m
zusammen Spaß haben), mei
die Langeweile sicher vertrei
Entschuldigen Sie bitte mein
ein dummer Hund, weil das
gezogen hat, als das blöde
nen Hundeprobleme. Ich we
Ihnen noch schon unsympa
Aber ich bin nicht ganz so
behauptet, daß kann Ihnen
die ich Sie flehe (Hundespra
Schluß machen, sonst denk
Und das will ich nicht, da
Also wie mein Sekretär mi
bezaubernde ~~Person~~ Frau s
beglücken und ein Hundele
schon wie anmaßend sie is
leicht auch mit Lola, die E
zu dürfen.

Mit ergebenster Hundeunt

i.A. Ihr [signature] (Hitler nach

Ps:: Bitte enttäuschen Sie r
Pps: Könnten Sie das verc
Ppps: Ich wollte eine kuh
geworden. (Ich dum

Dear Eva..

(Funny that your family name likewise begins with H).
It would be an honour for me to be allowed to get to meet you, since my secretary has raved sooo much about you, and has made me sooo hot for you, that I have summoned all my courage in order to invite you to my exhibition 'Hitler a dogs life' to which a book with the same title will be released, at the Kunstverein Rosenheim, whilst the studies of life and culture interest me more than the study for exams.
But what do you care about my childish problems. I better stop now or else I might be unappealing before you have gotten to know me. But im not as much of a lout as one may think of me, my secretary can confirm this. In order for your affection, of which I am begging for (dog whining), not to be lost before i have gotten it, I will have to stop or else you will think 'what does this stupid dog want from me?' And I don't want you to think of me like that. So as my secretary truthfully informs me, you must be a beautiful enchanting woman and you would bring joy to a simple dog heart and enrich a dogs life if you would please (I know how overbearing this is) accompany my secretary and I, perhaps Lola as well, giving me the honour of receiving you in Rosenheim.

With yielding dog submissiveness

I.O Your Hitler after the dictatorship hush hush in bed.
P.S Please don't disappoint me, it would break my heart.
P.P.S Could you please respond to this?
P.P.P.S I wanted to write a cool invitation letter, it didn't happen though (I'm such a stupid dog).

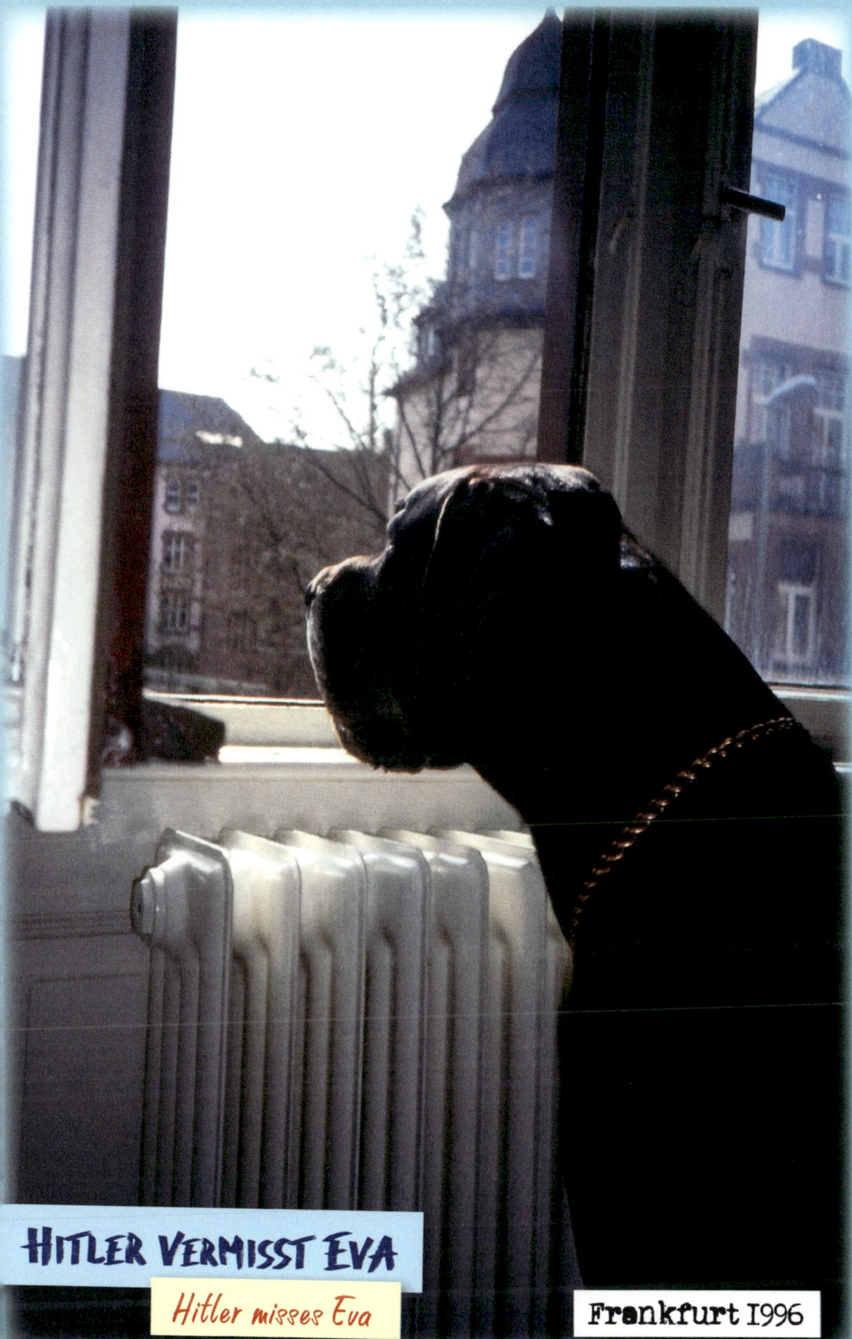

HITLER VERMISST EVA

Hitler misses Eva

Frankfurt 1996

HITLER

DER TRÄUMER

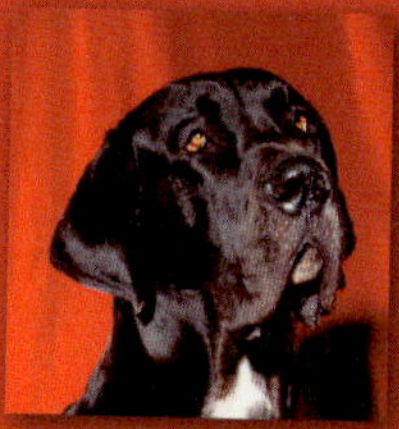

Hitler the dreamer

MÜNCHEN 1994

BAYREUTH 1993

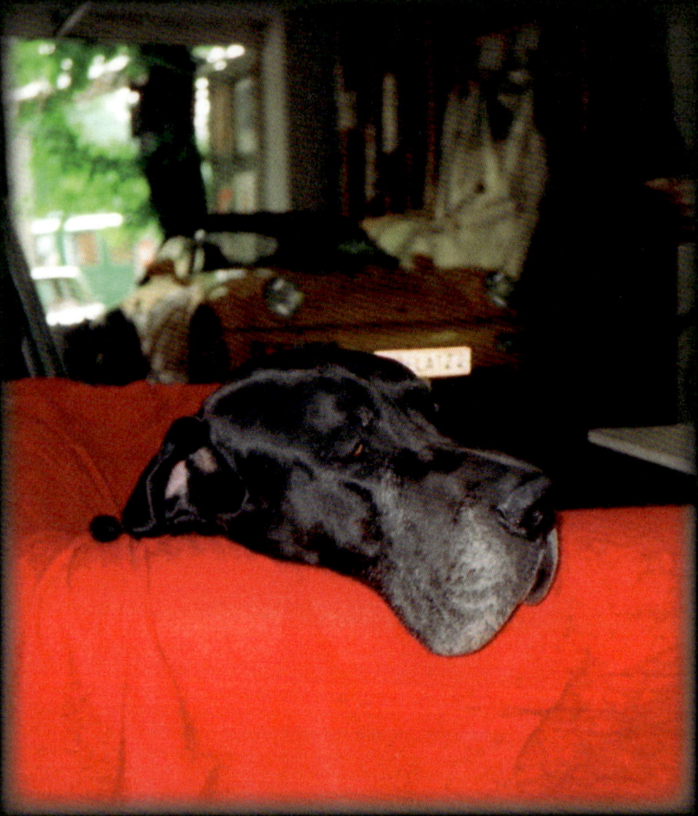

HOT DOG, H.

Hotdog, H.

München 1994

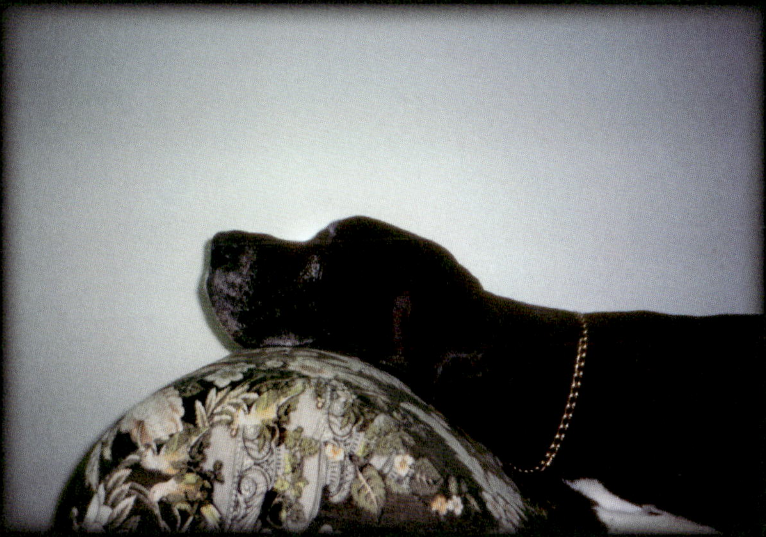

HITLER TRÄUMT VON EINEM GUTEN FICK

Hitler dreaming of a good fuck

Bayreuth 1993

HITLER
UND DER SPORT

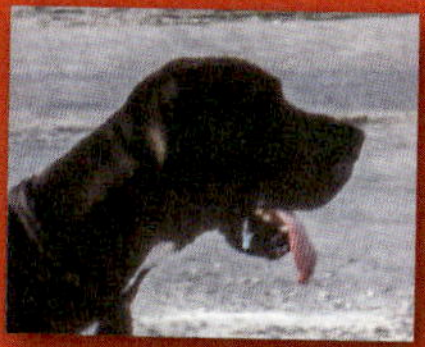

Hitler and sport

LINZ 1992

STUTTGART 1992

MÜNCHEN 1992

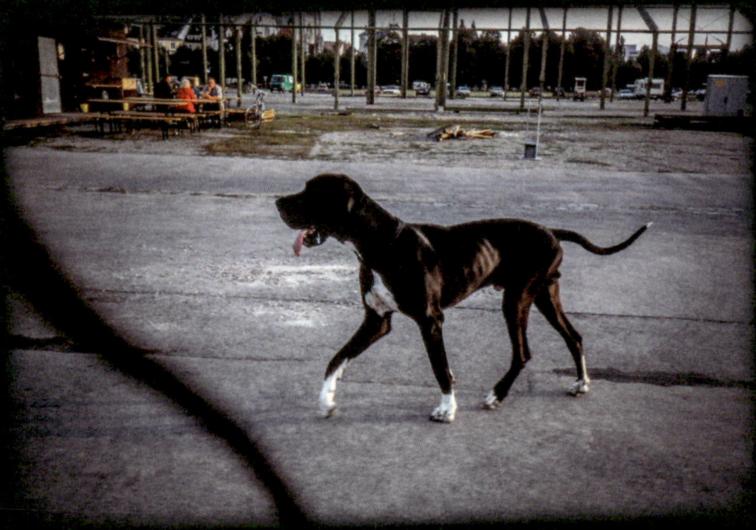

HITLER DER MARATHONLÄUFER

Hitler the marathon runner

Linz 1992

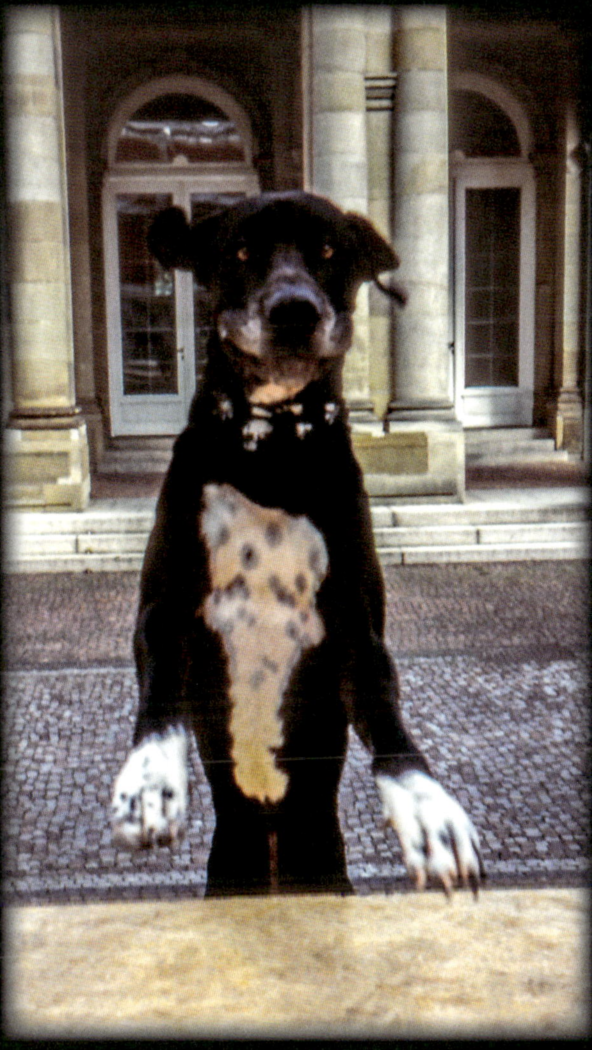

HITLER ÜBT BOCK-SPRINGEN

Hitler practices leapfrog

Stuttgart 1992

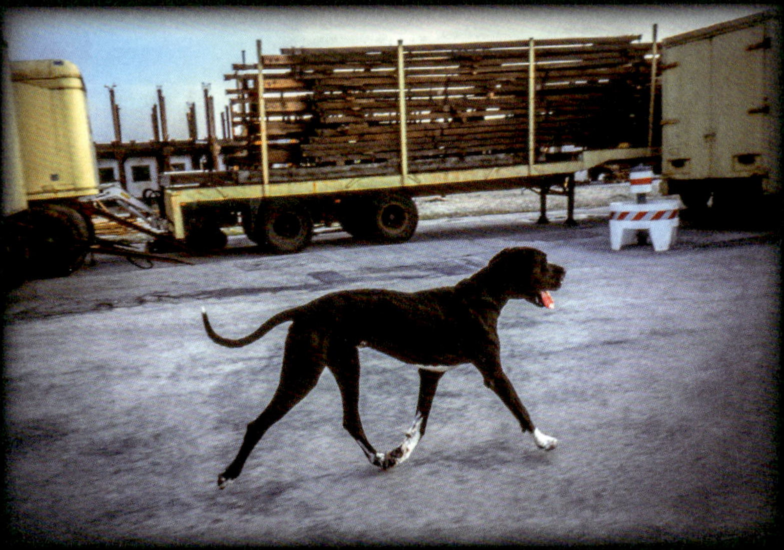

München 1992

Hitler der Ironman

Hitler the Ironman

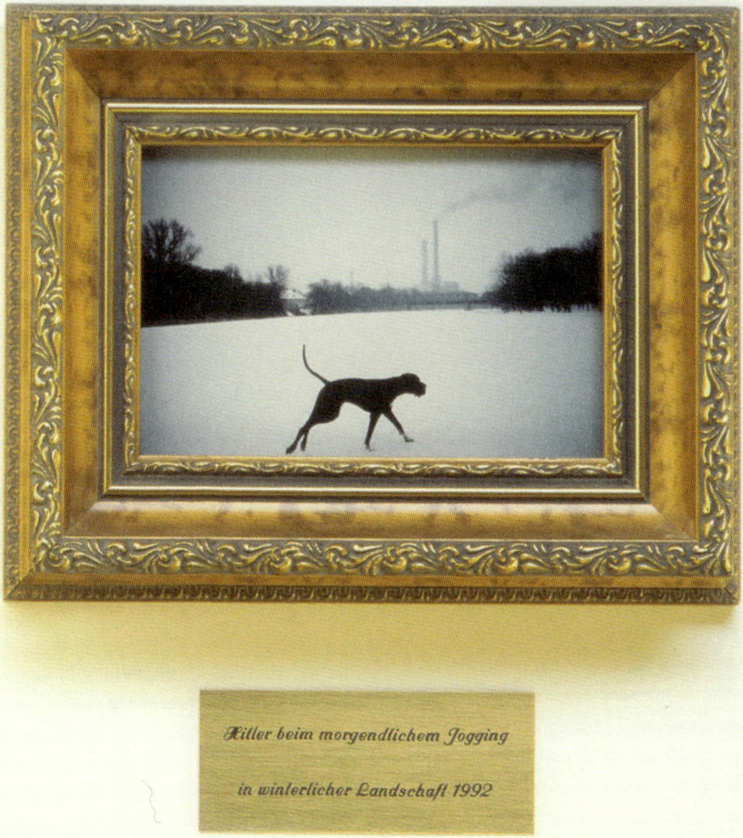

Hitlers morning jog in a winter landscape 1992

Staatsgemälde Sammlung

HITLER
UND SEINE WEH-WEHCHEN

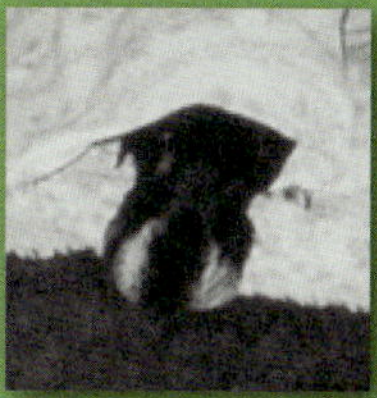

Hitler and his boo-boo

CHARITÉ BERLIN 1993

BERLIN 1992

MÜNCHEN 1992

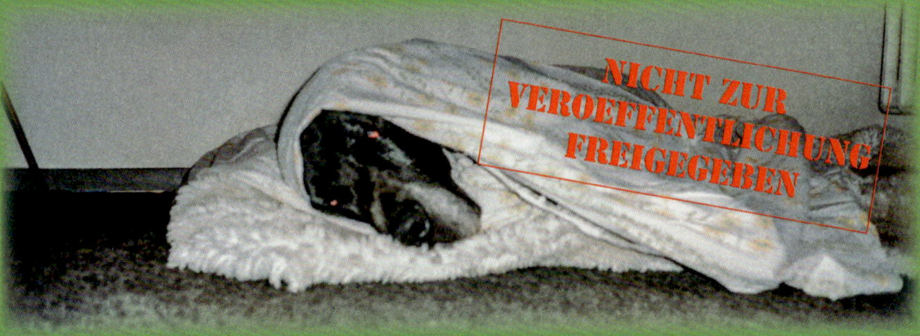

HITLER HAT MIGRÄNE UND FÜHLT SICH HUNDEELEND

Hitler has a migrane and is feeling as sick as a dog

Charité Berlin 199

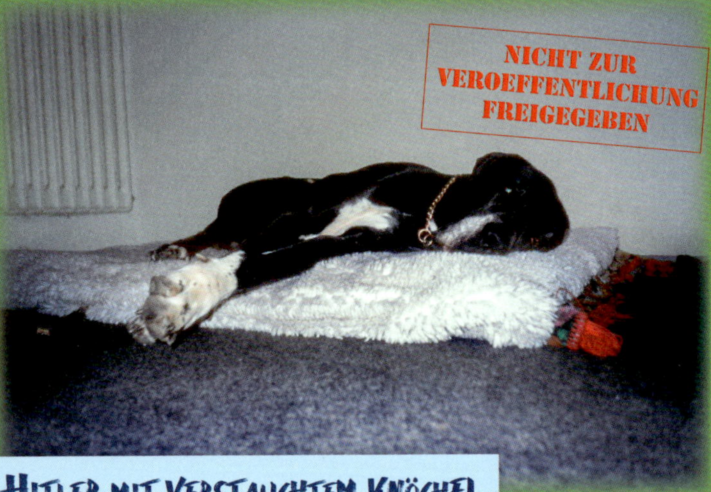

HITLER MIT VERSTAUCHTEM KNÖCHEL

Hitler with a sprained ankle

Berlin 1992

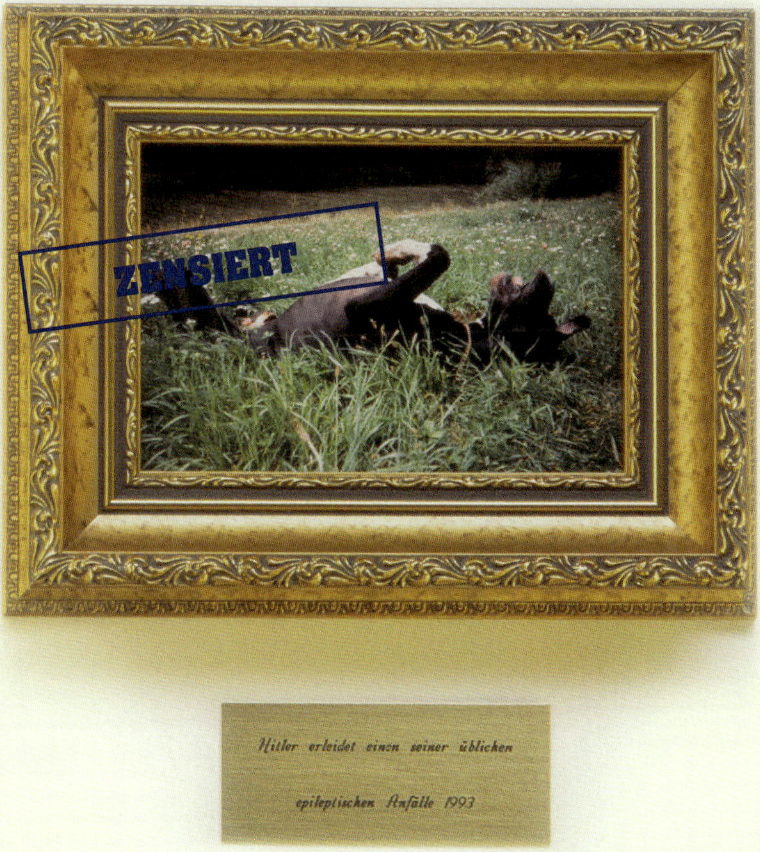

Hitler erleidet einen seiner üblichen

epileptischen Anfälle 1993

Aus Ausstellung sofort entfernen und konfiszieren

Hitler gets one of his usual epileptic atacks 1993

Staatsgemälde Sammlung

München 1992

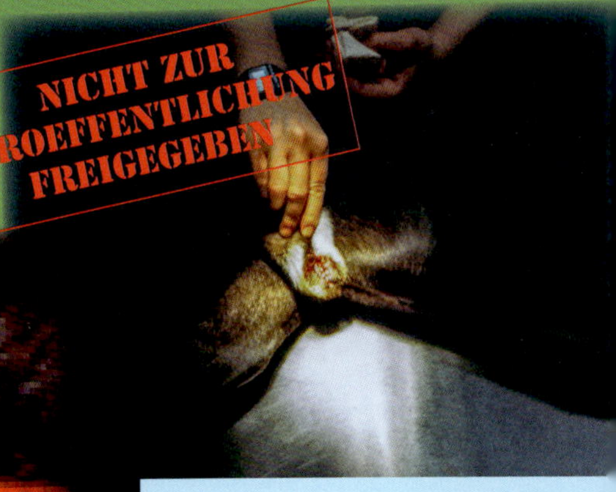

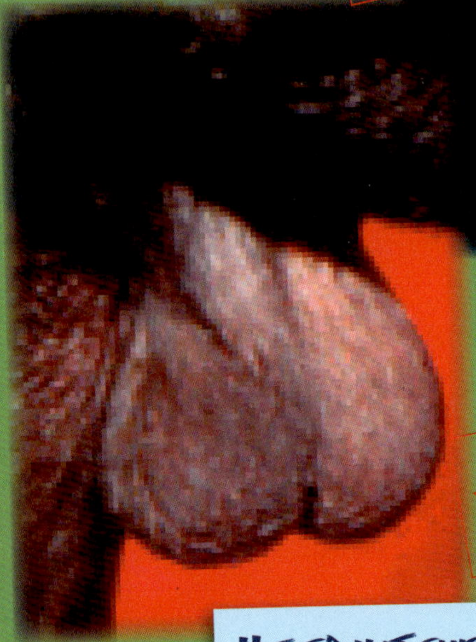

HITLER MIT VORHAUTEINRISS

Hitler with a ripped foreskin

NICHT ZUR
VEROEFFENTLICHUNG
FREIGEGEBEN

HITLER HAT EINEN GESCHWOLLENEN HODEN

Hitler has a swollen testicle

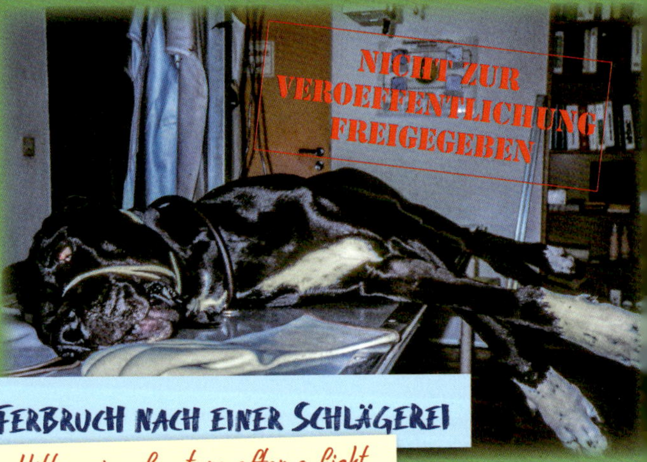

HITLERS KIEFERBRUCH NACH EINER SCHLÄGEREI

Hitlers jaw fracture after a fight

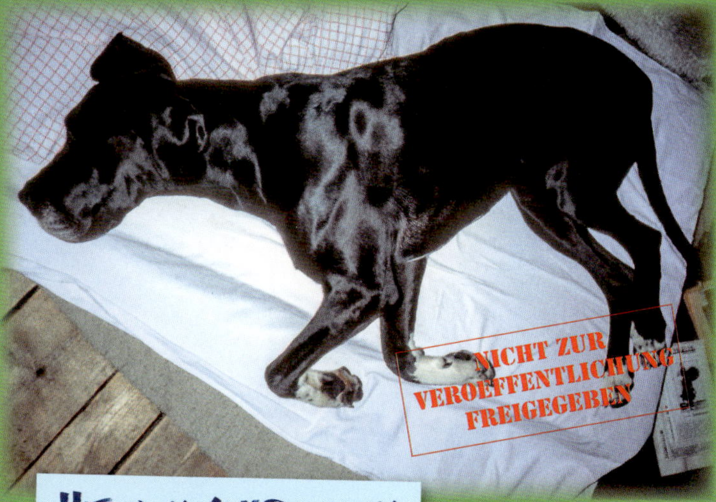

HITLER IM ALK DELIRIUM

Hitler in alc delirium

Berlin 1993

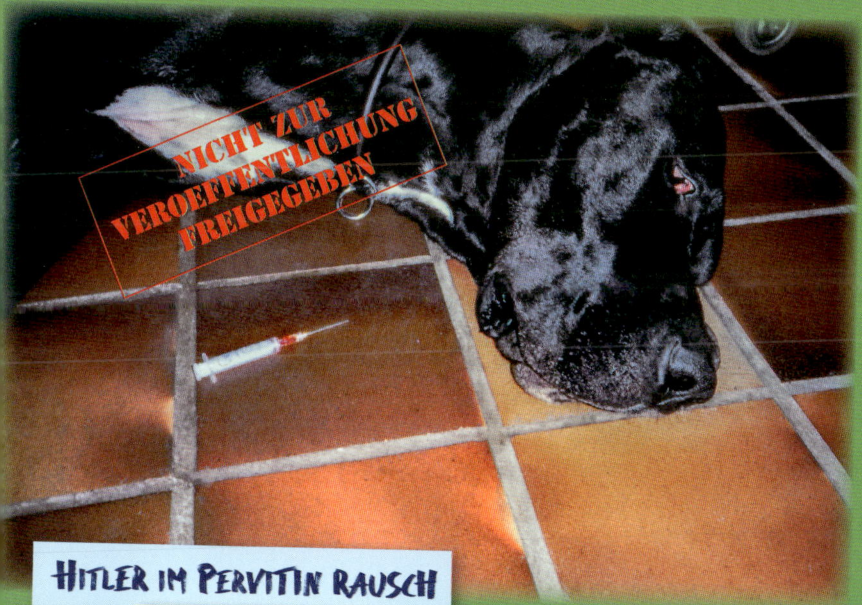

HITLER IM PERVITIN RAUSCH

Hitler high on pervitin

Charité Berlin 1993

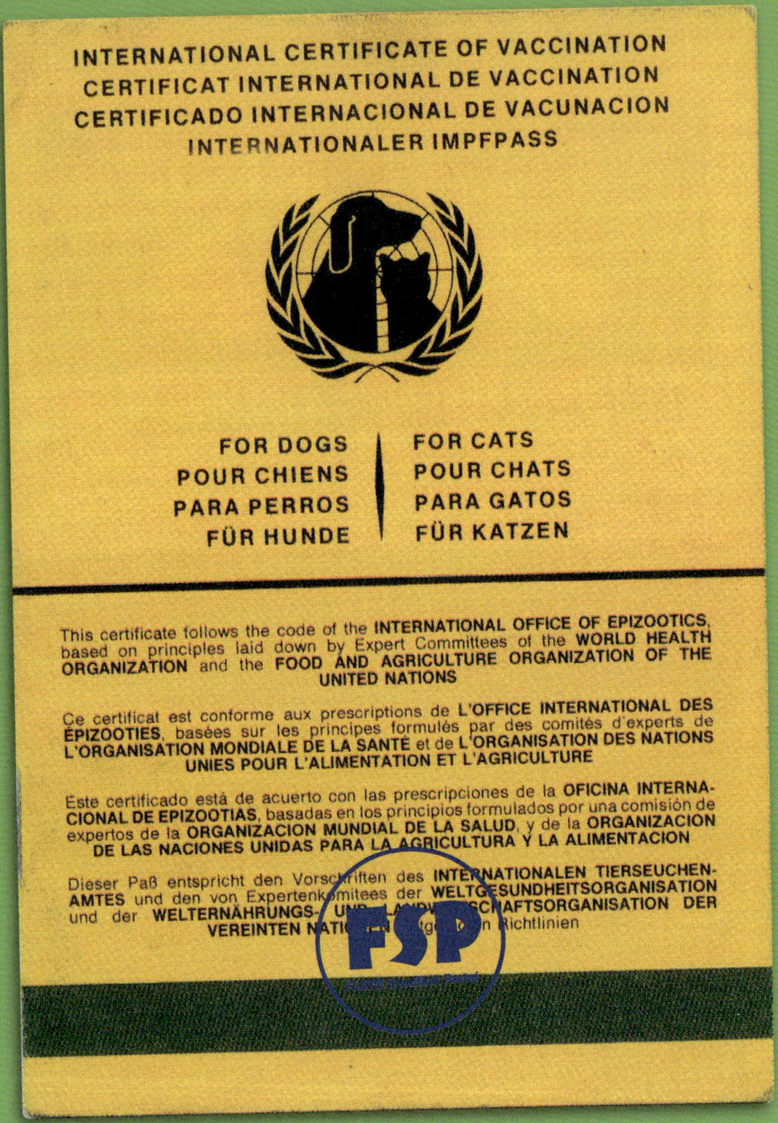

INTERNATIONAL CERTIFICATE OF VACCINATION
CERTIFICAT INTERNATIONAL DE VACCINATION
CERTIFICADO INTERNACIONAL DE VACUNACION
INTERNATIONALER IMPFPASS

FOR DOGS | FOR CATS
POUR CHIENS | POUR CHATS
PARA PERROS | PARA GATOS
FÜR HUNDE | FÜR KATZEN

This certificate follows the code of the **INTERNATIONAL OFFICE OF EPIZOOTICS**, based on principles laid down by Expert Committees of the **WORLD HEALTH ORGANIZATION** and the **FOOD AND AGRICULTURE ORGANIZATION OF THE UNITED NATIONS**

Ce certificat est conforme aux prescriptions de **L'OFFICE INTERNATIONAL DES ÉPIZOOTIES**, basées sur les principes formulés par des comités d'experts de **L'ORGANISATION MONDIALE DE LA SANTÉ** et de **L'ORGANISATION DES NATIONS UNIES POUR L'ALIMENTATION ET L'AGRICULTURE**

Este certificado está de acuerto con las prescripciones de la **OFICINA INTERNACIONAL DE EPIZOOTIAS**, basadas en los principios formulados por una comisión de expertos de la **ORGANIZACION MUNDIAL DE LA SALUD**, y de la **ORGANIZACION DE LAS NACIONES UNIDAS PARA LA AGRICULTURA Y LA ALIMENTACION**

Dieser Paß entspricht den Vorschriften des **INTERNATIONALEN TIERSEUCHEN-AMTES** und den von Expertenkomitees der **WELTGESUNDHEITSORGANISATION** und der **WELTERNÄHRUNGS- [illegible] SCHAFTSORGANISATION DER VEREINTEN NATI[illegible]** [illegible] Richtlinien

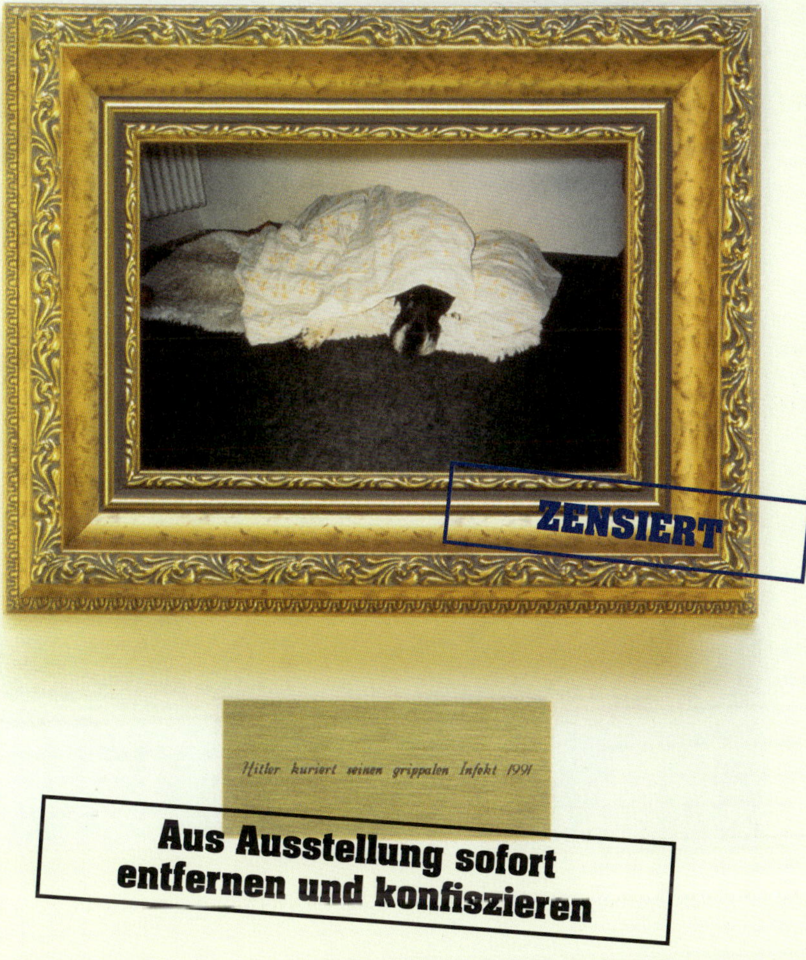

Hitler recovers from the flu 1991

Staatsgemälde Sammlung

Hitlers
Heimliche Laster

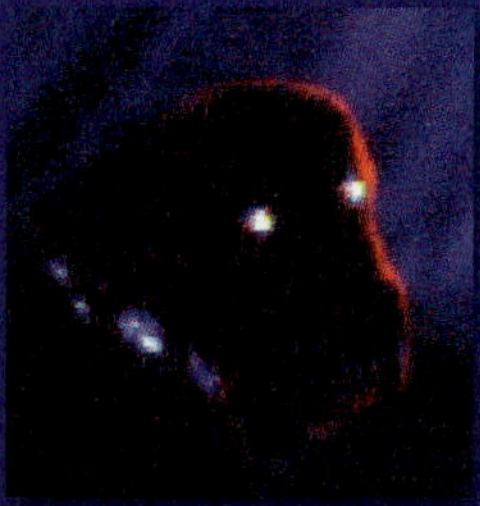

Hitlers secret vice

München 1993

Bayreuth 1994

Potsdamer Wald 1993

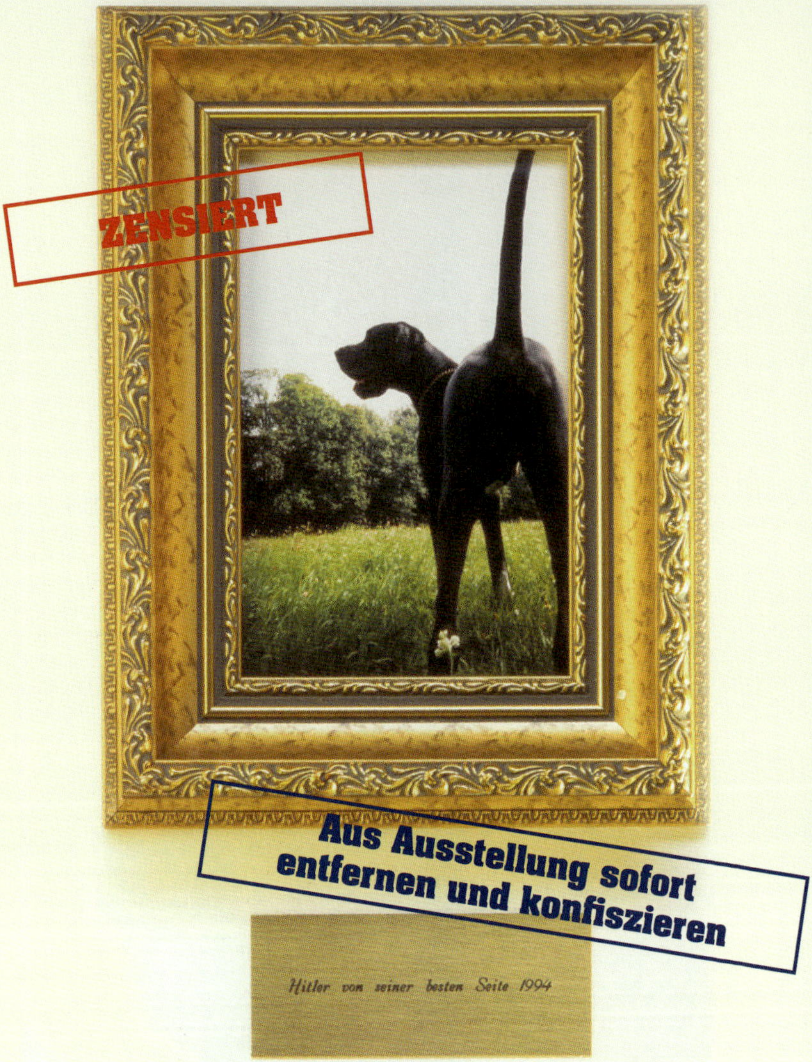

Hitler shows his best side 1994

Staatsgemälde Sammlung

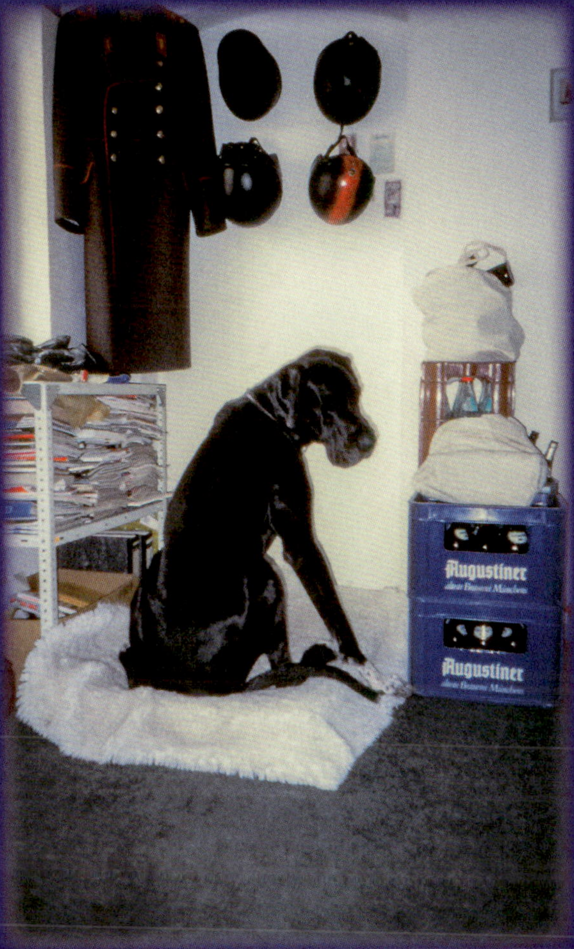

HITLER UND DER EDELSTOFF AUGUSTINER BIER

Hitler and (Augustiner) beer

Wohnung Prinzregentenstraße
München 1994

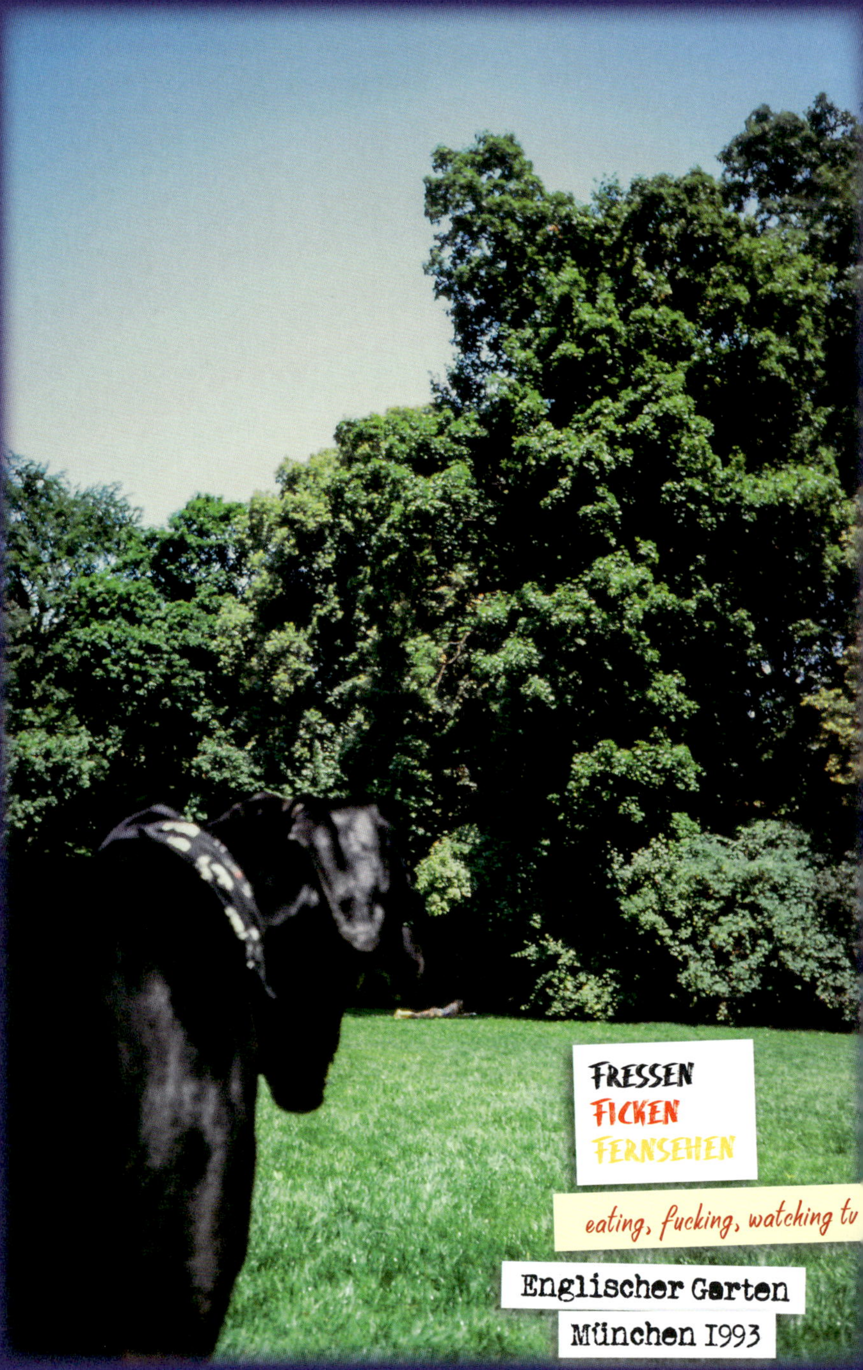
FRESSEN
FICKEN
FERNSEHEN
eating, fucking, watching tv
Englischer Garten
München 1993

HITLER IM S/M SWINGER CLUB

Hitler in the S/M Swinger CLUB

Bayreuth 1994

FSP

FLATZ SYNDIKAT PARTEI

Parteizentrale - Praterinsel 3 - 80538 München - Deutschland

STRENG GEHEIM

An alle Printmedien

Pressemitteilung:

Führerbefehl an die Printmedien.

Die Abbildung und Veröffentlichung der Photographien auf den beiden folgenden Seiten ist bei Todesstrafe verboten !

FSP
FLATZ Syndikat Partei

Press release: The Fuehrers command to the print media
The reproduktion and publication of the photographs on both sides is punishable by death

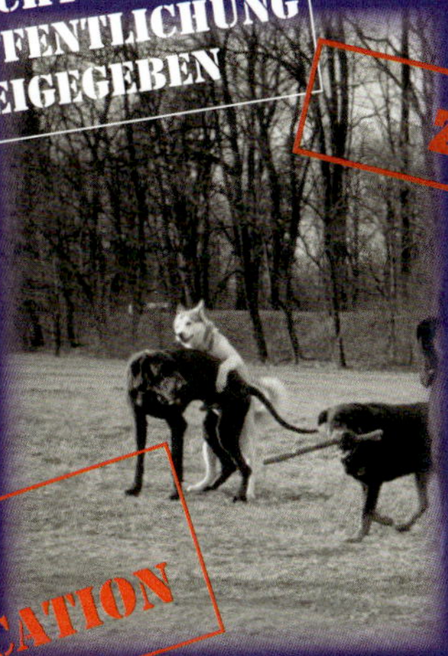

HITLER IST DAS PEINLICH

This is embarrassing for Hitler

Potsdamer Wald 1993

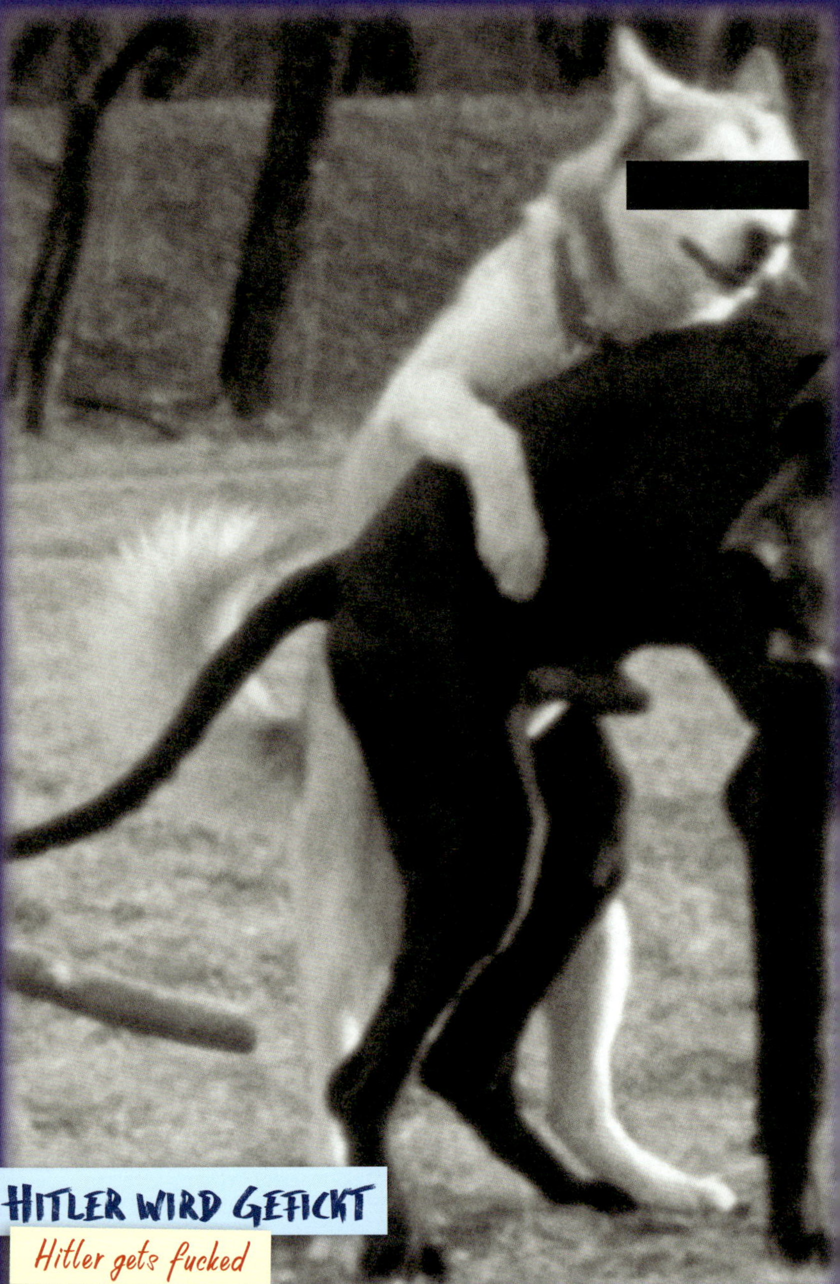

HITLER WIRD GEFICKT

Hitler gets fucked

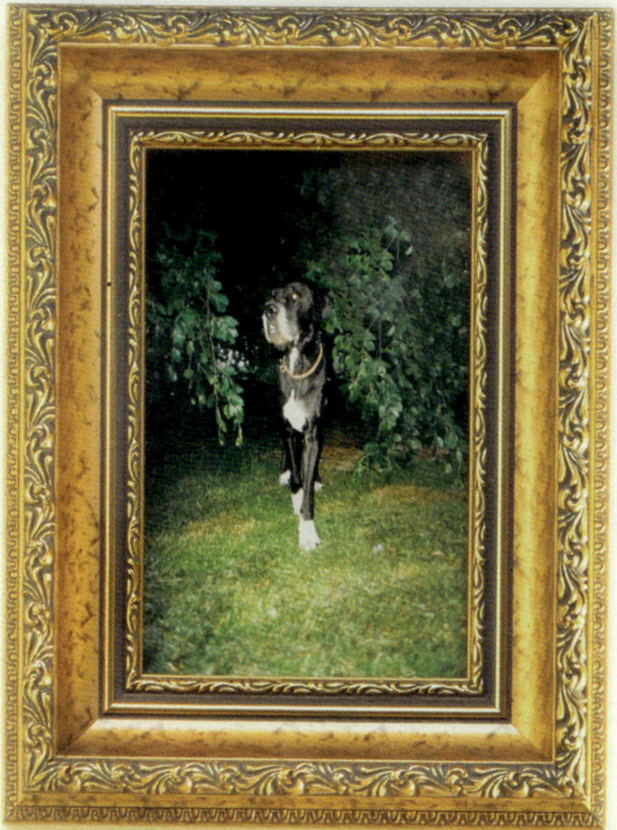

Hitler wird beim nächtlichen Spaziergang

von Paparazzis überrascht 1992

Hitler gets surprised by paparazzi during a nightly wander

Staatsgemälde Sammlung

HITLERS
SCHLIMMSTE ZEIT IN DER FESTUNGSHAFT CONTAINER CITY

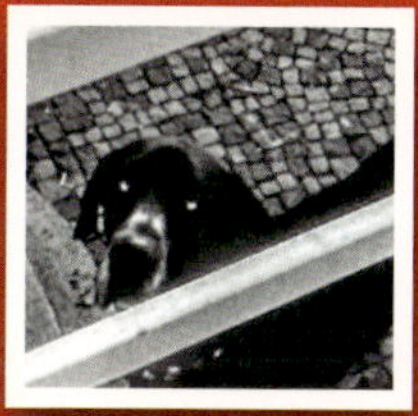

Hitlers worst time as a prisoner in the fortress "container city"

LANDSBERG 1991

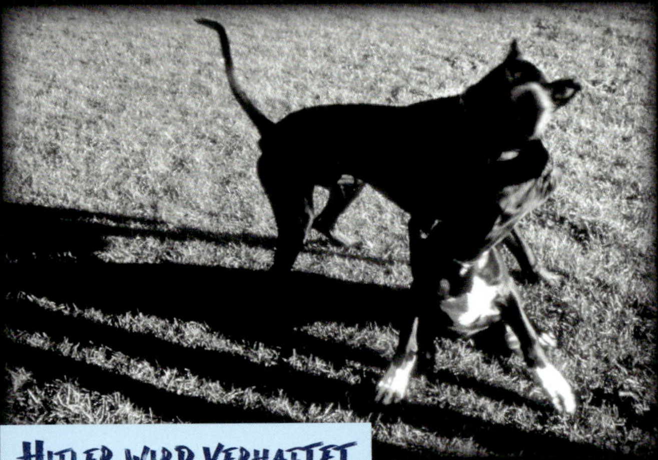

HITLER WIRD VERHAFTET

Hitler gets arrested

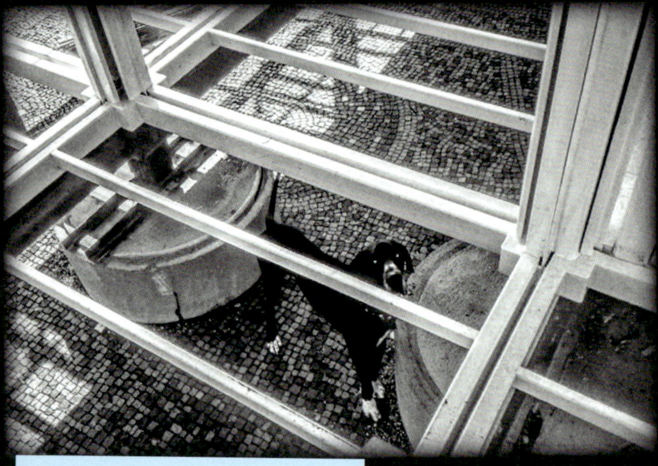

HITLER IN SEINER ZELLE

Hitler in his cell

Landsberg 1991

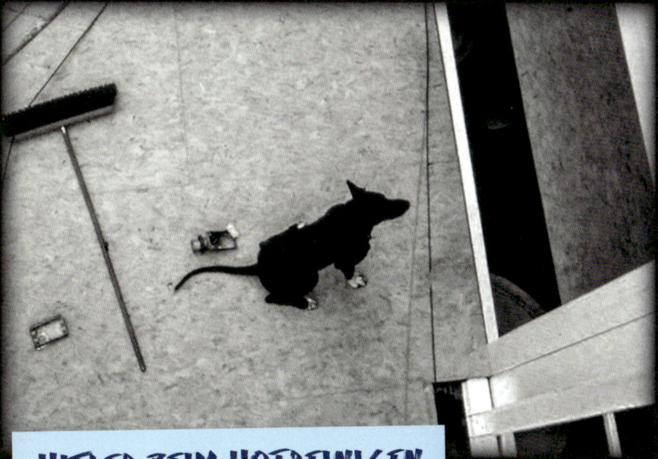

HITLER BEIM HOFREINIGEN

Hitler during house cleaning

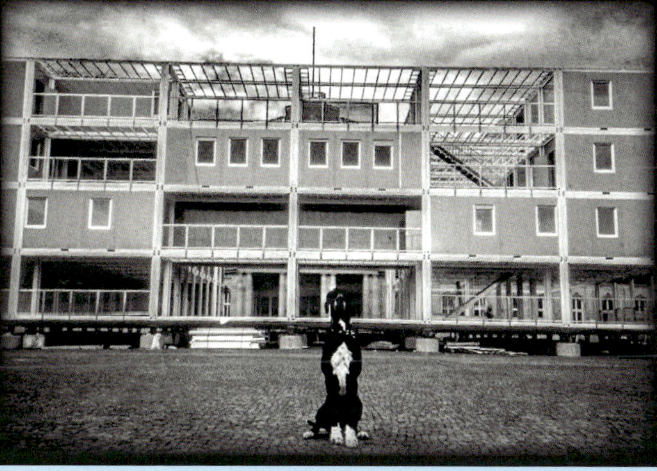

HITLER NACH SEINER HAFTENTLASSUNG VOR CONTAINER CITY

Hitler after his release from jail in front of "container city"

HITLER DER POSER

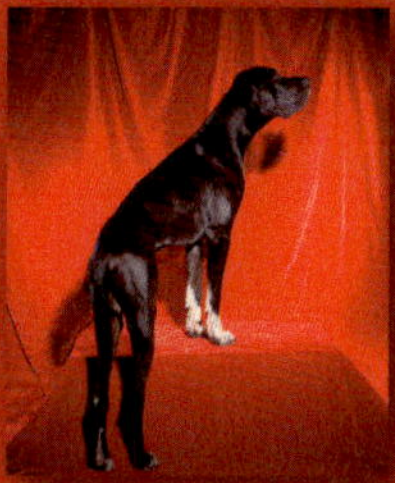

Hitler the poser

MÜNCHEN 1991

NÜRNBERG 1992

OBERSALZBERG 1993

BERLIN 1993

DRESDEN 1994

PARIS 1995

TRAVEMÜNDE 1992

WOLFSSCHANZE 1994

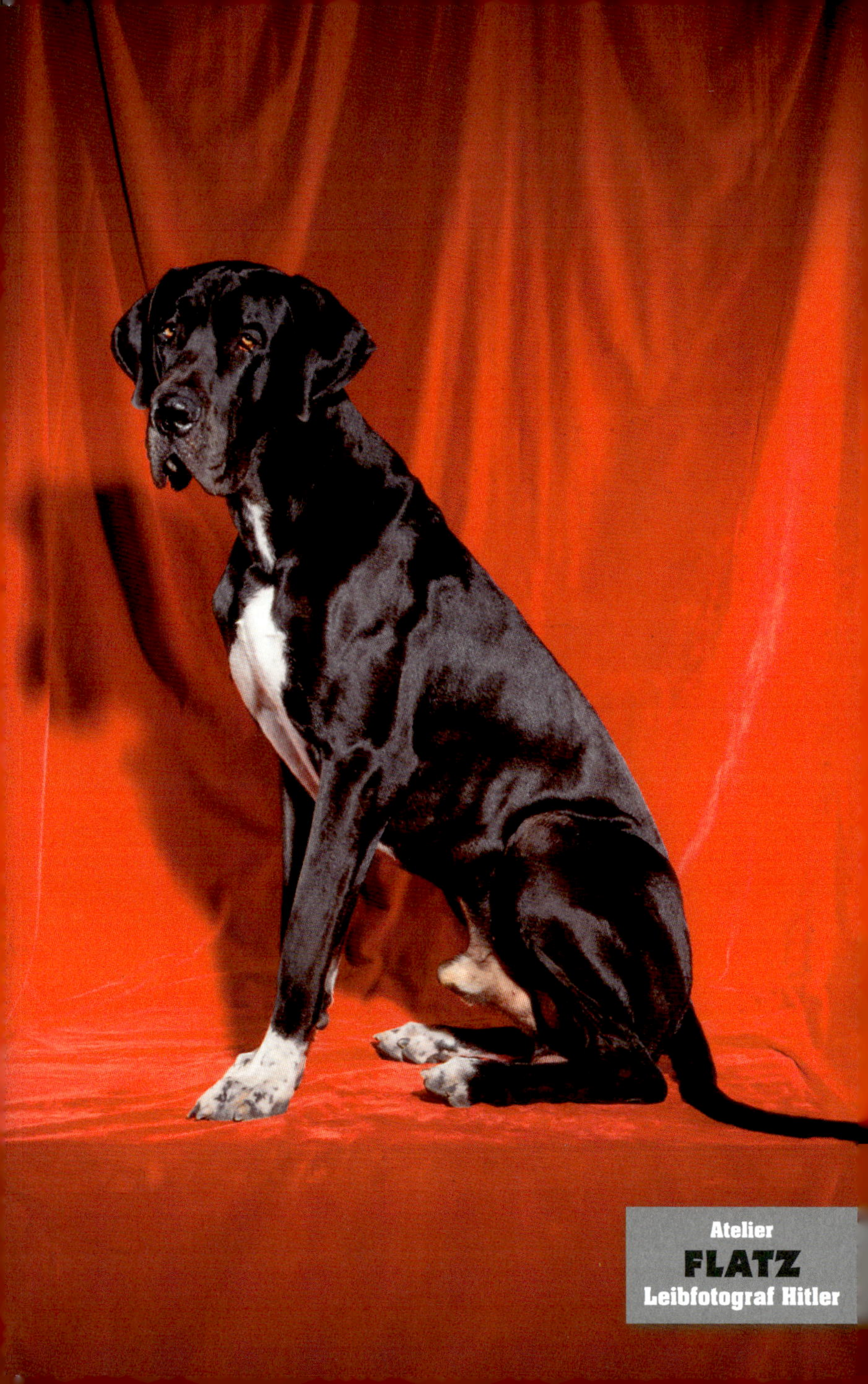
Atelier
FLATZ
Leibfotograf Hitler

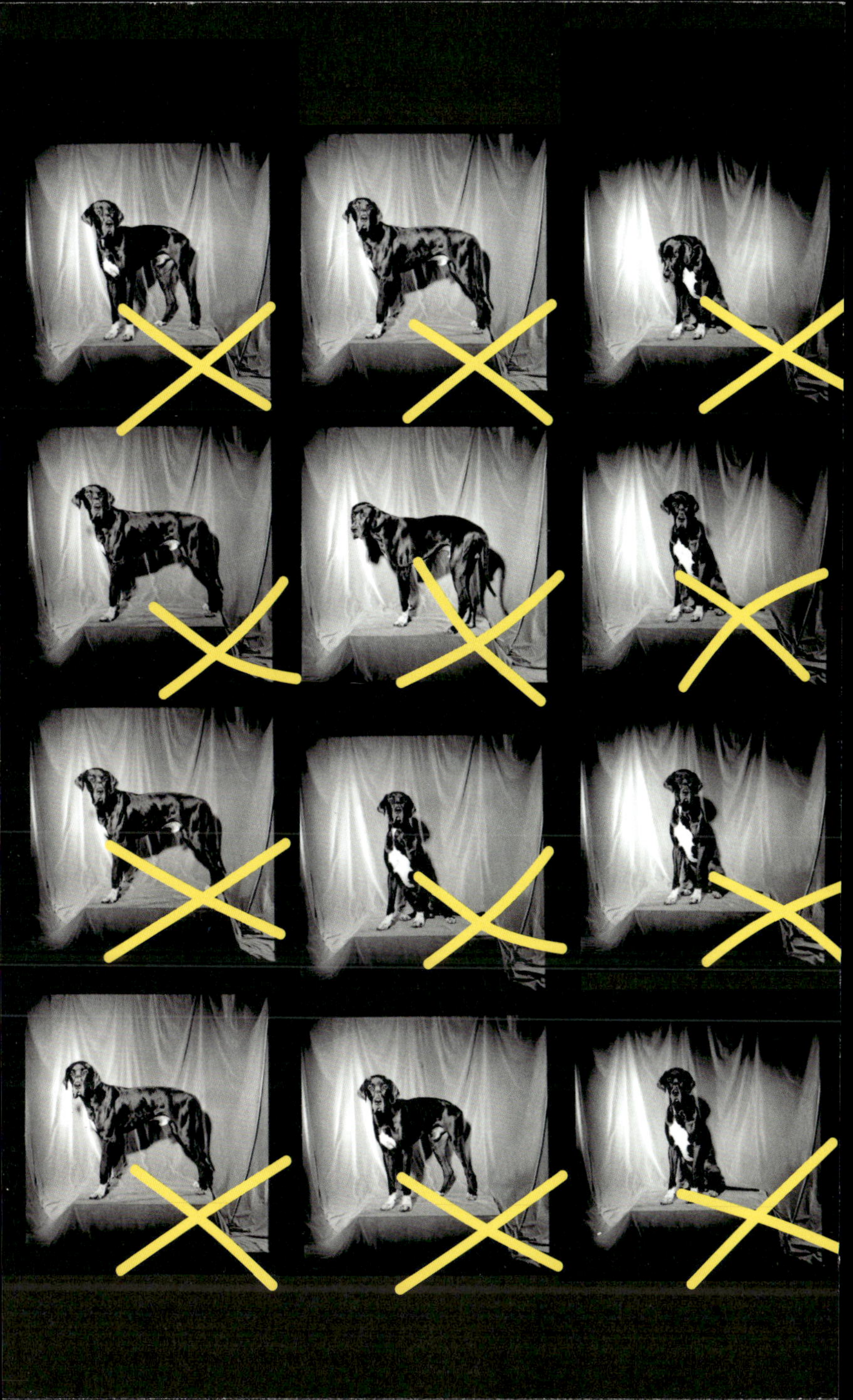

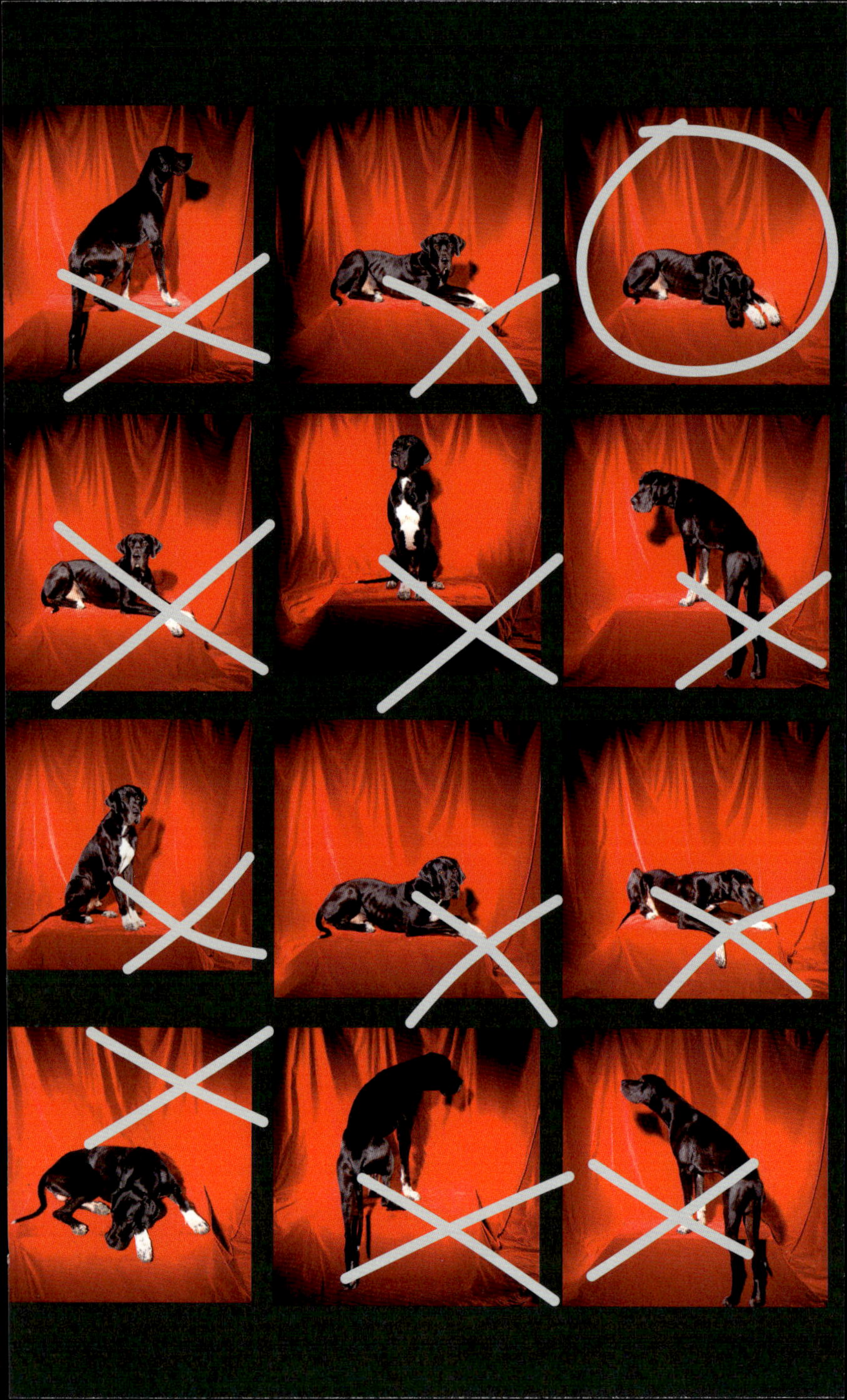

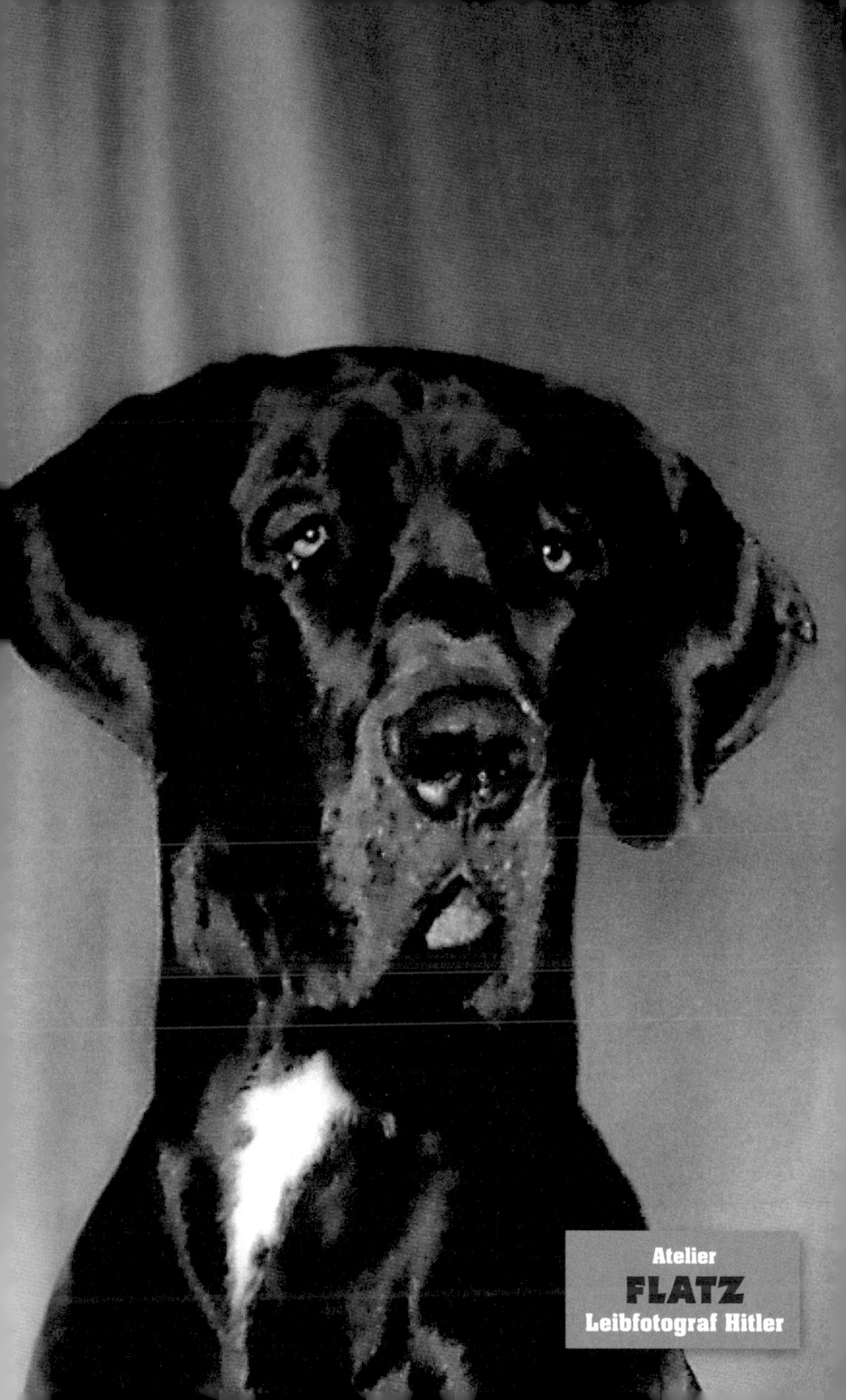
Atelier
FLATZ
Leibfotograf Hitler

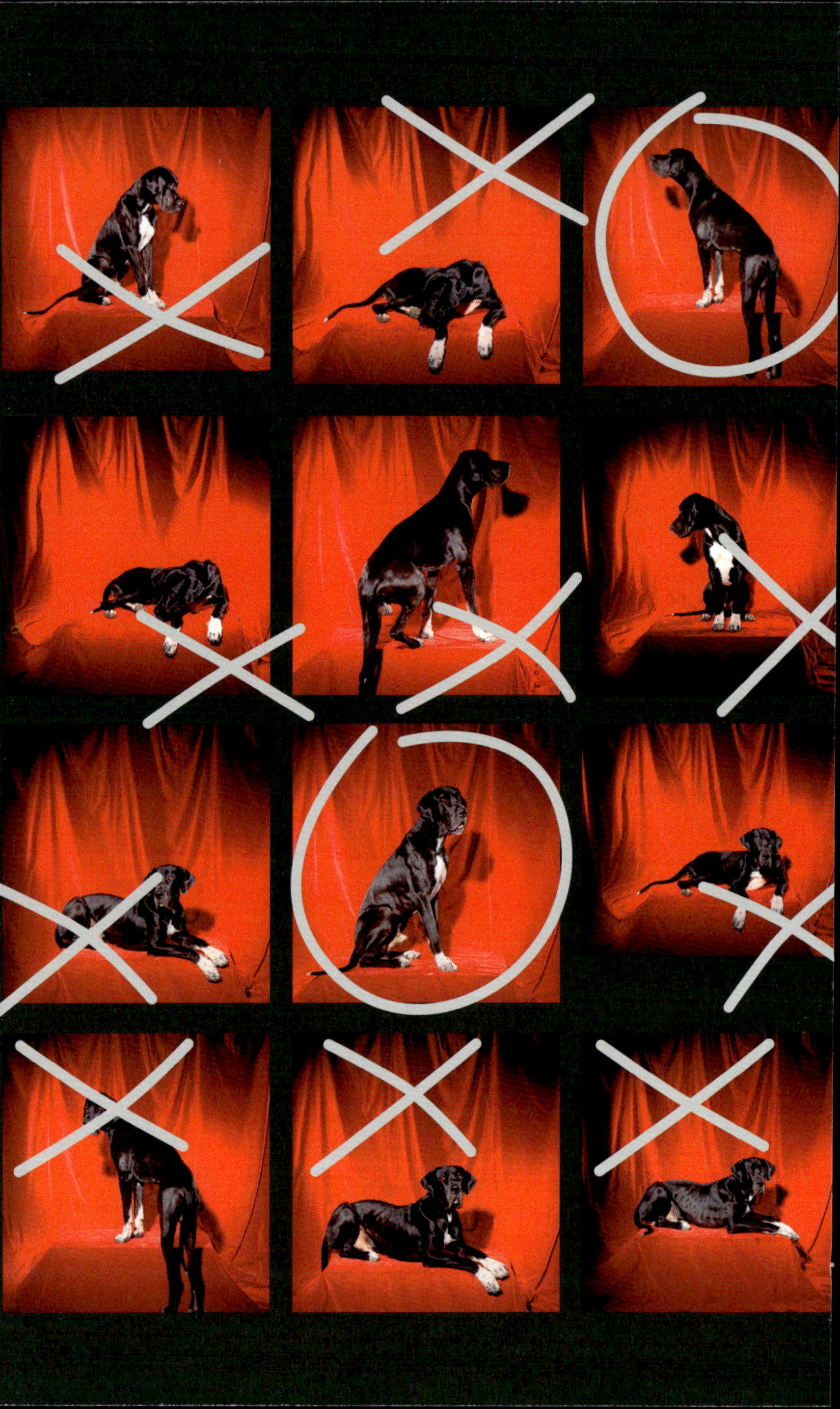

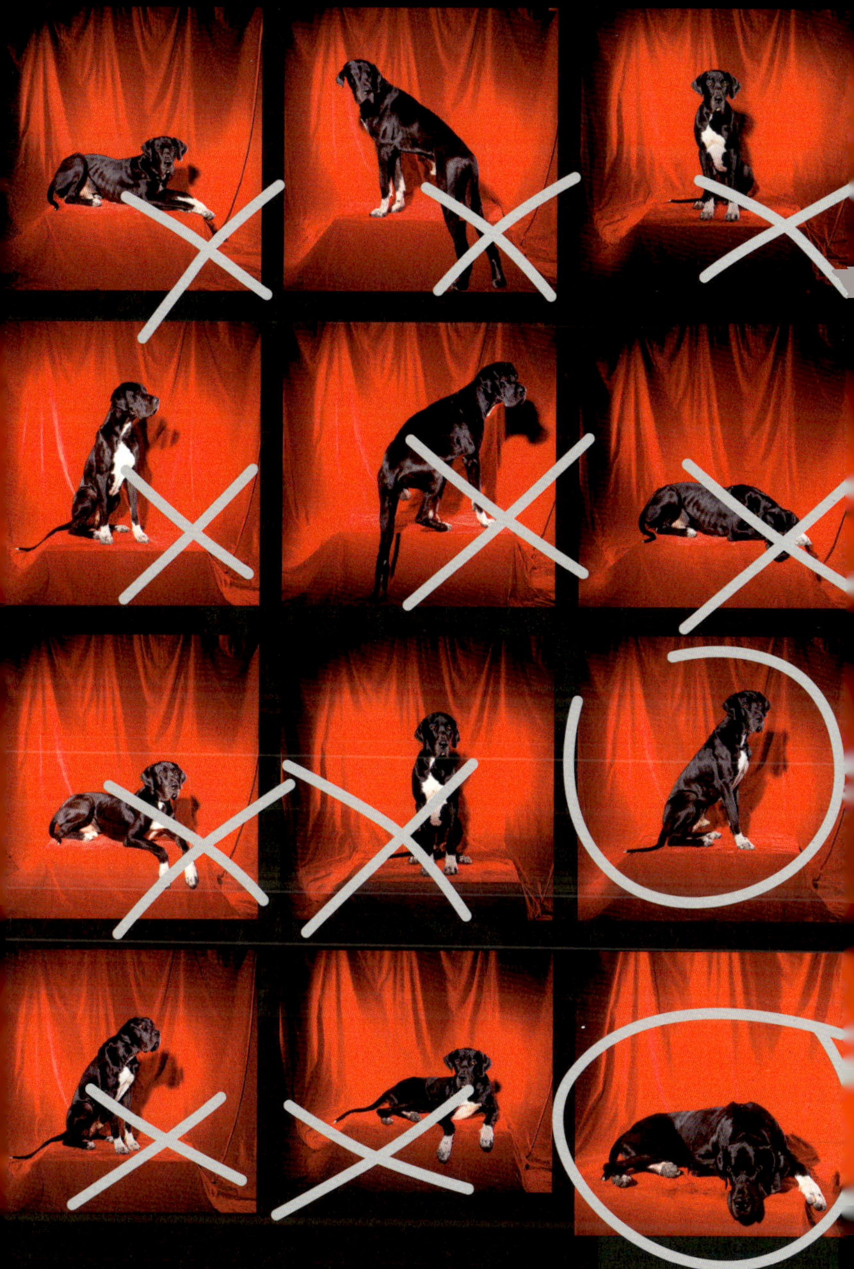

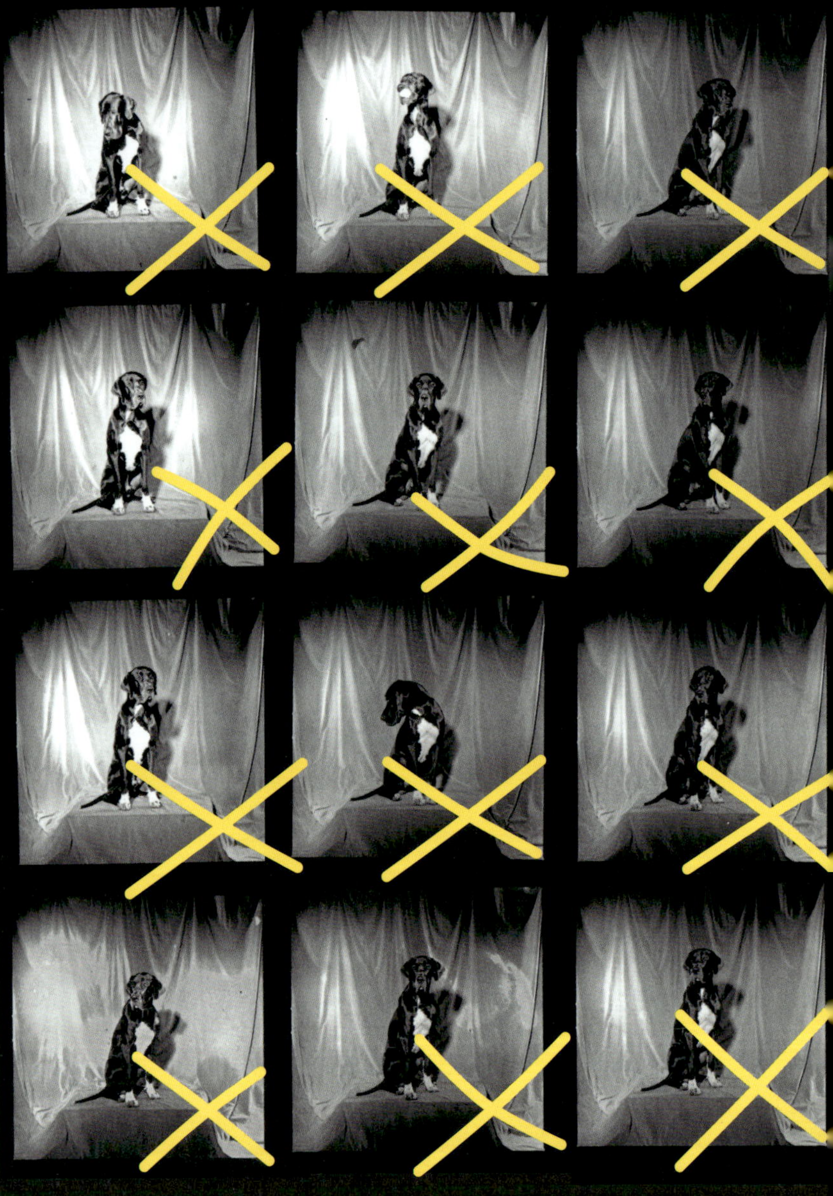

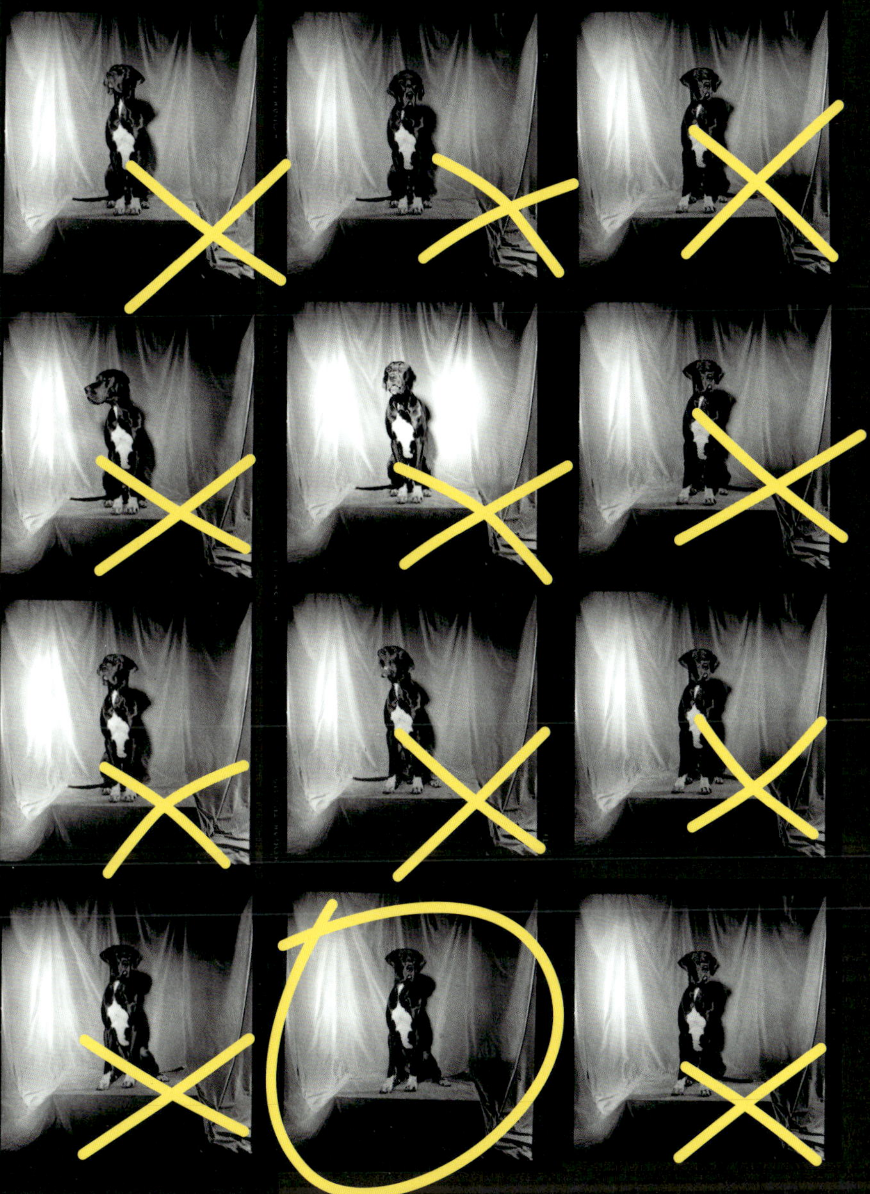

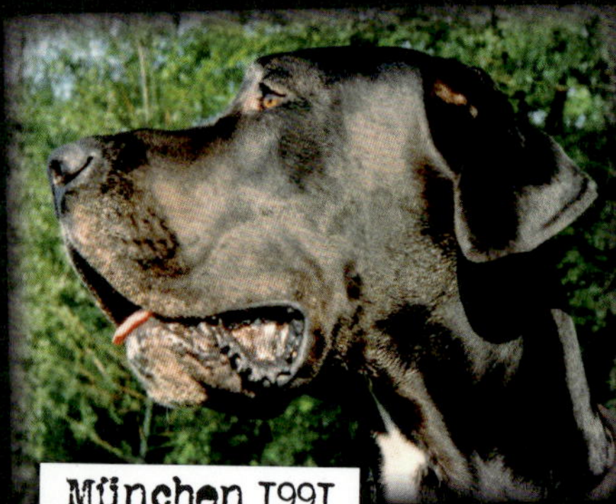
München 1991

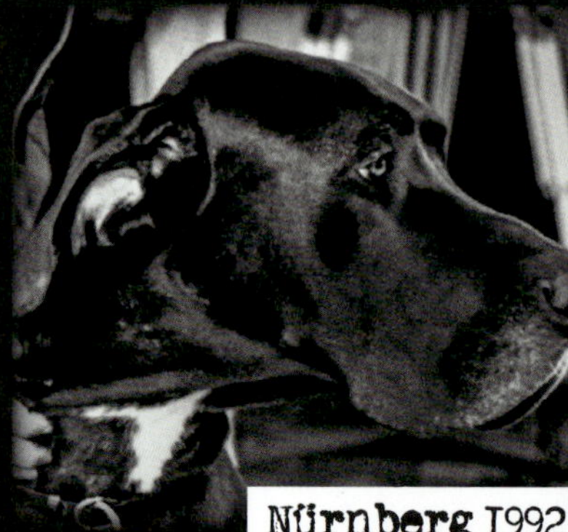
Nürnberg 1992

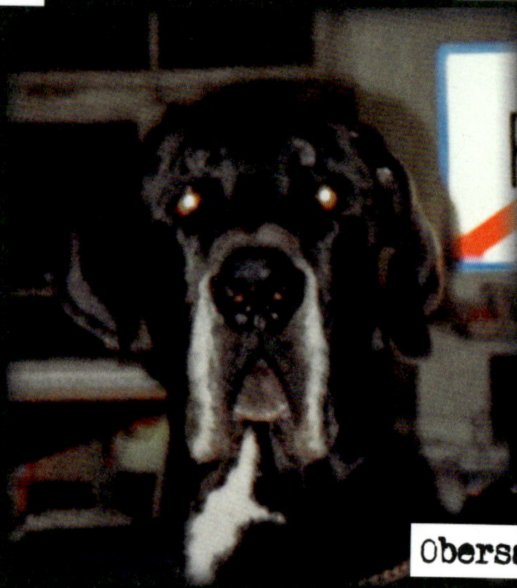
Obersalzberg 199

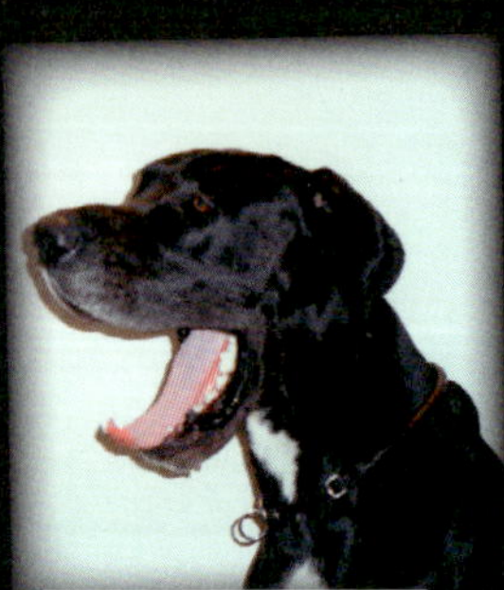
Berlin 1993

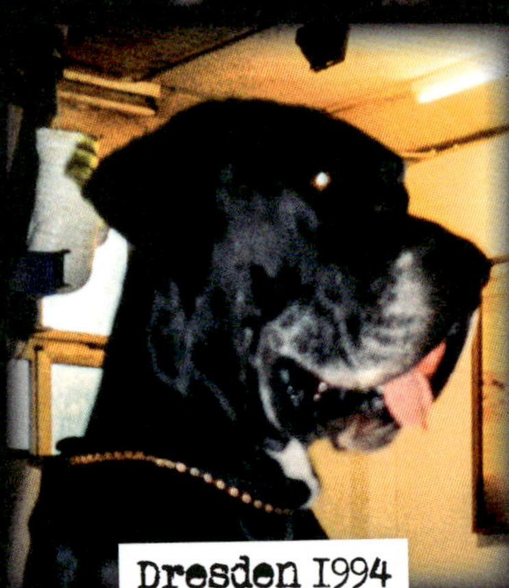
Dresden 1994

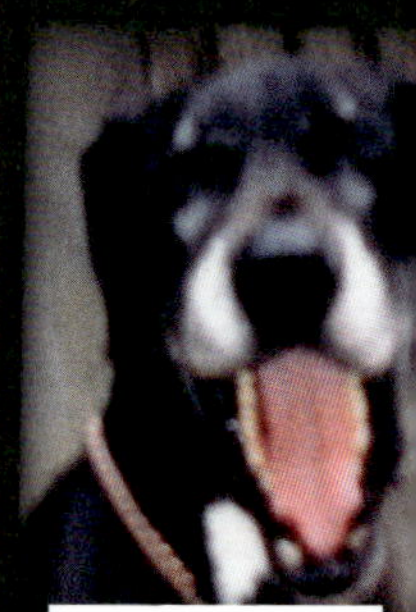
Paris 1995

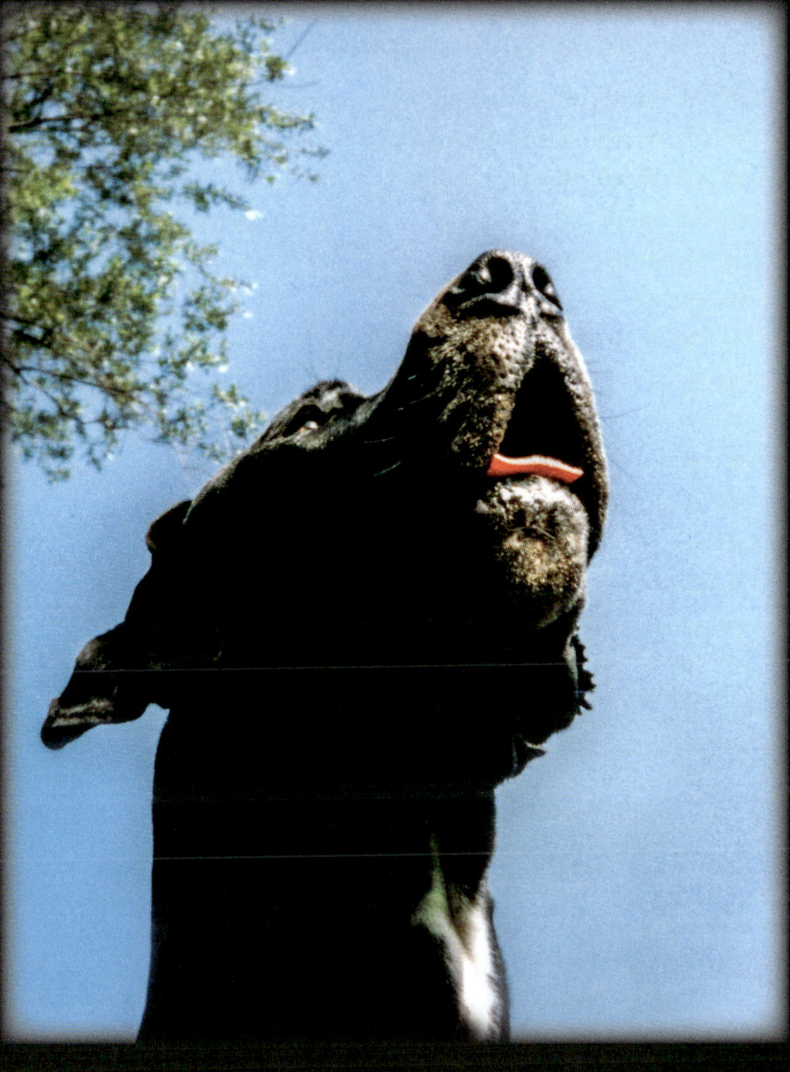

Travemünde 1992

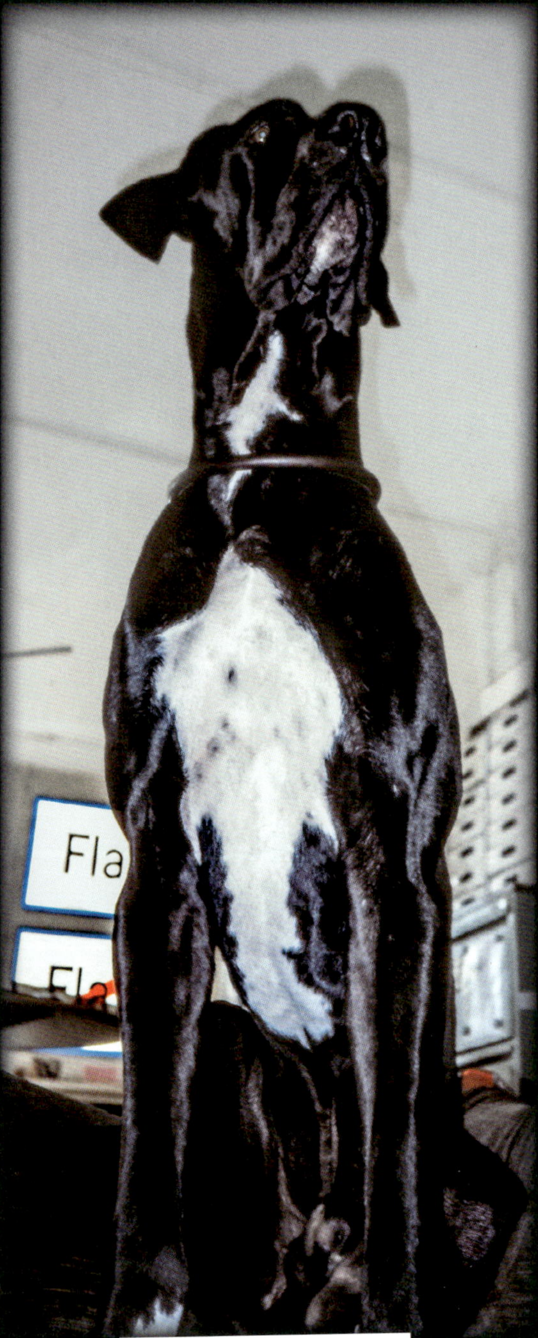

Wolfsschanze 1994

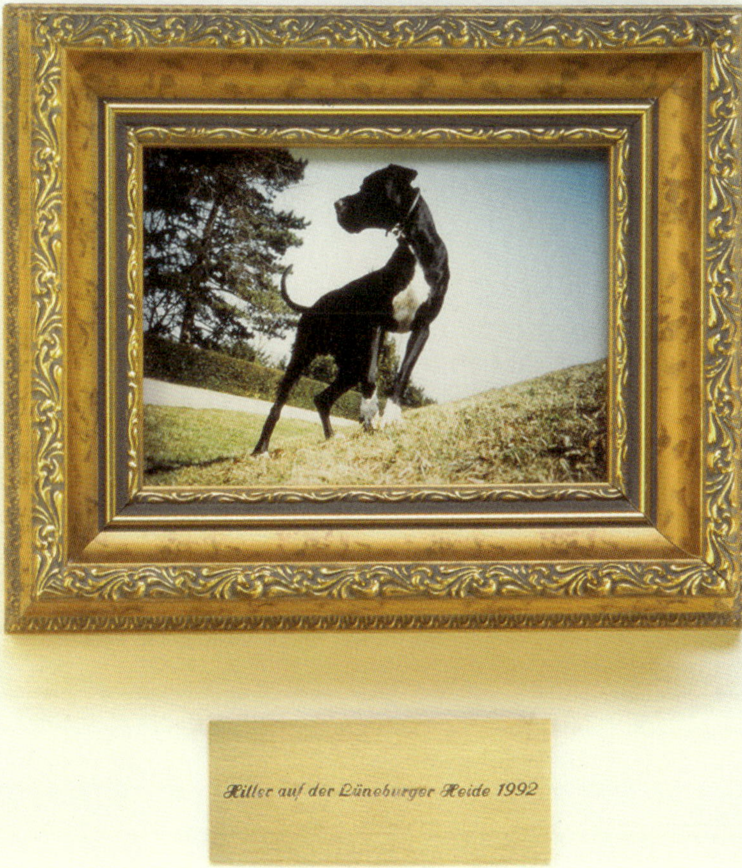

Hitler at the Lueneburger Heide 1992

Staatsgemälde Sammlung

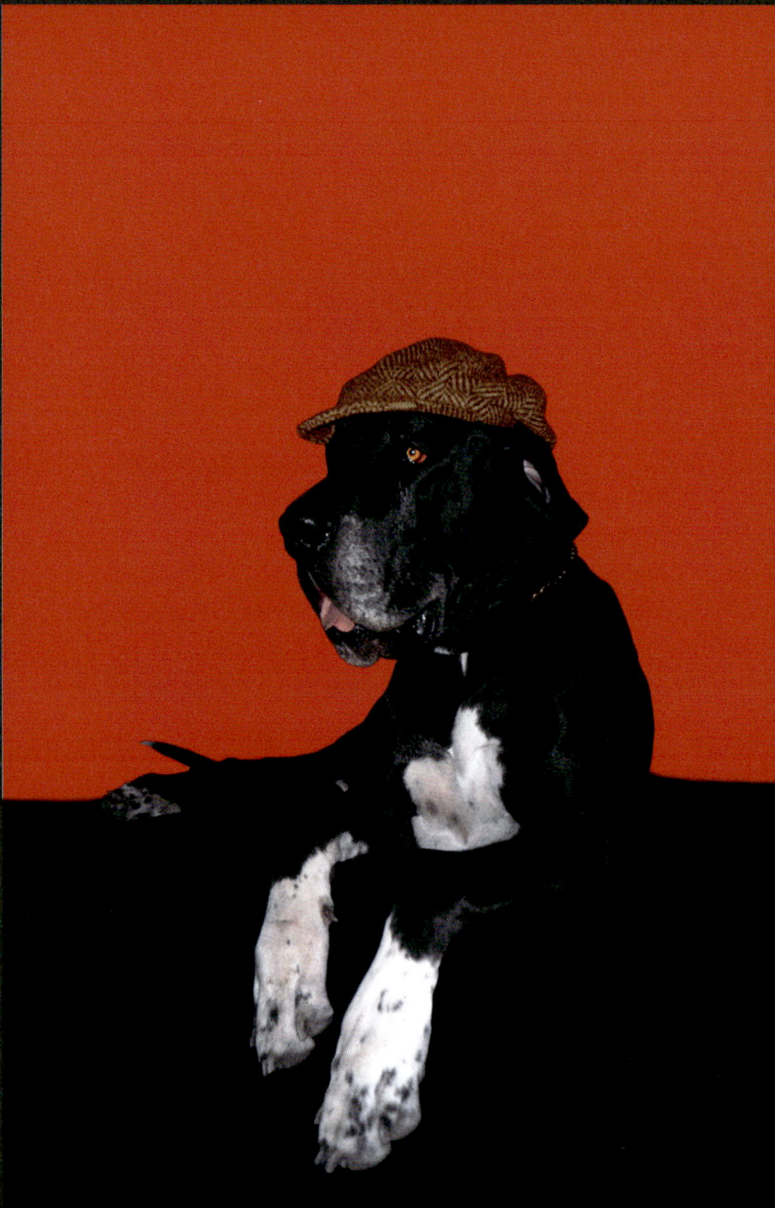

Zivilist

1994

Hitlers Hutprobe

Hitlers hat fitting

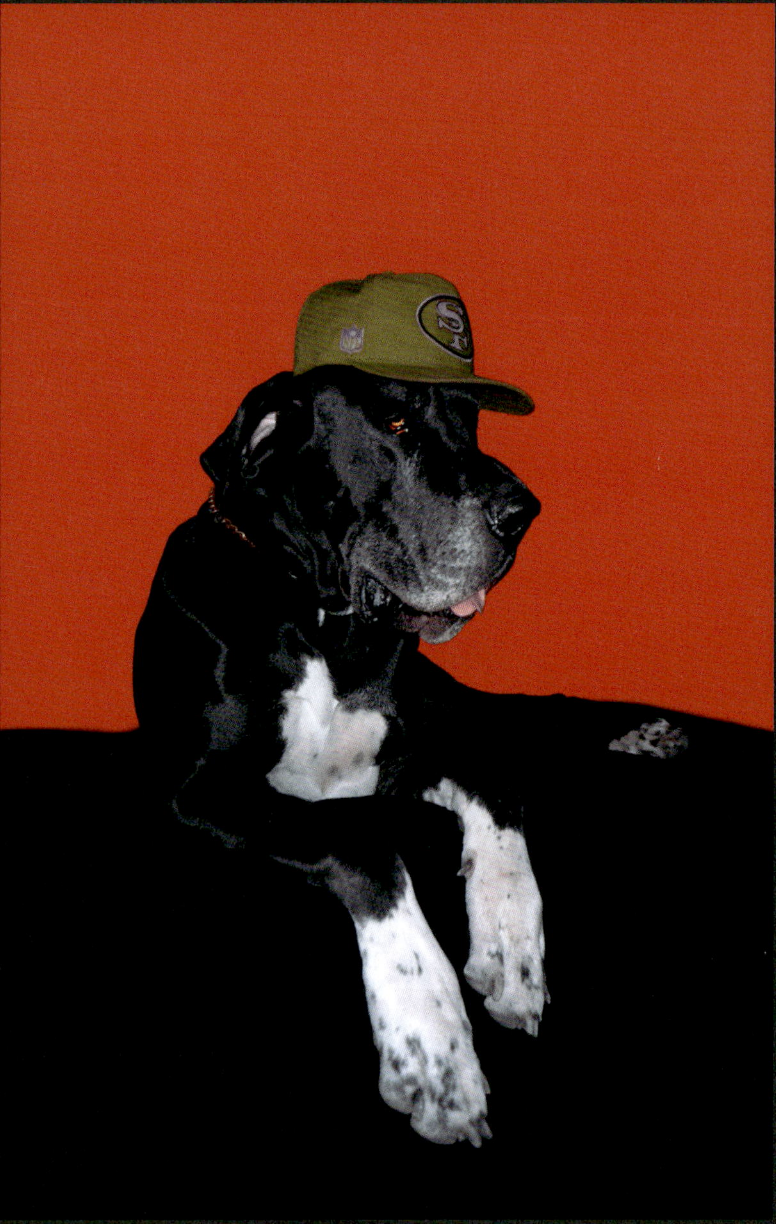

Soldat

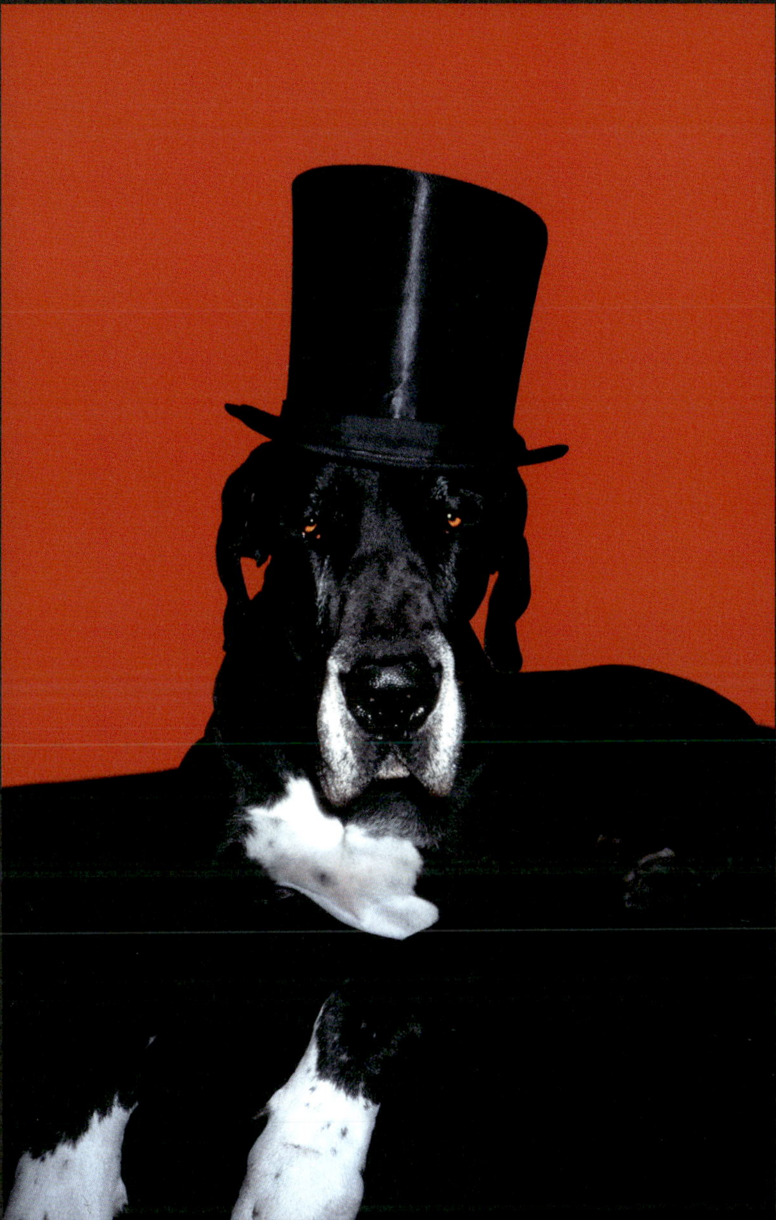

Politiker

DIE BRETTER DIE DIE WELT BEDEUTEN

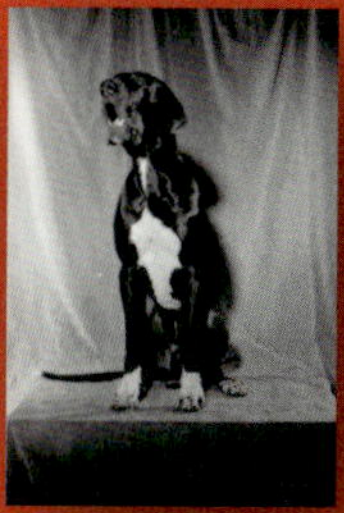

The stage we call the world

MÜNCHEN 1991

FRANKFURT 1993

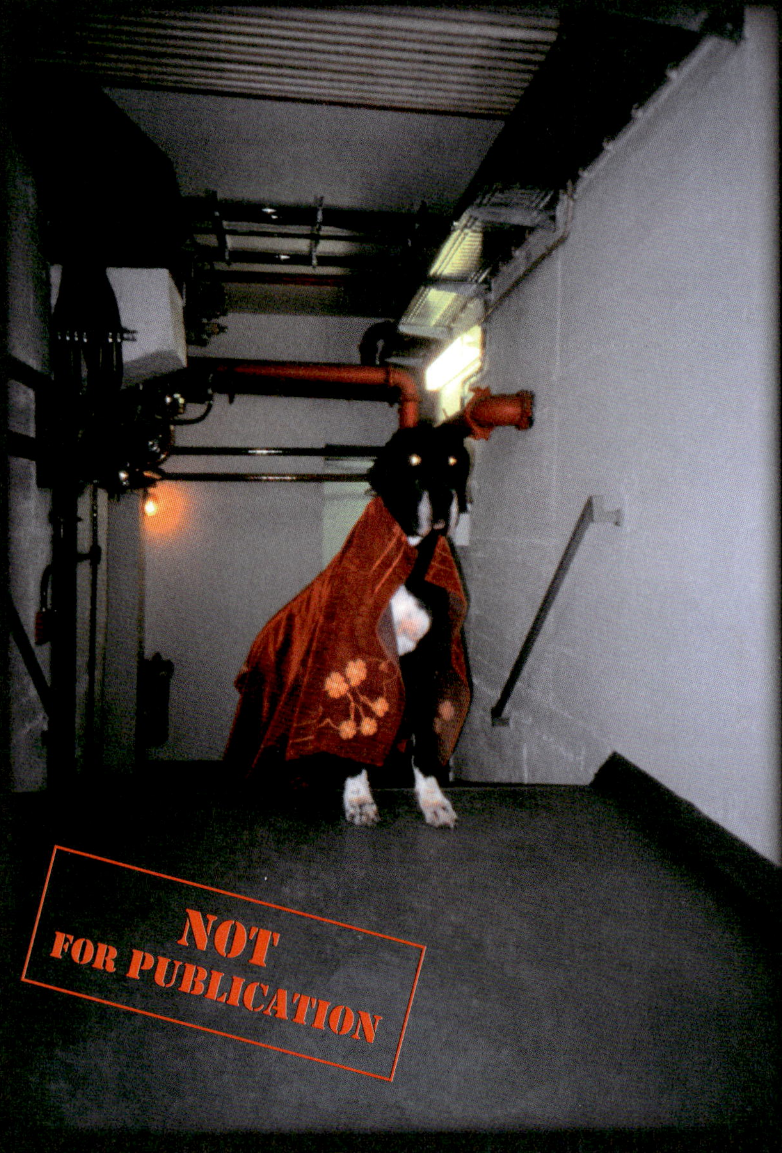

HITLER AUF DEM WEG ZUR MACHTERGREIFUNG

Hitler gaining power

München 1991

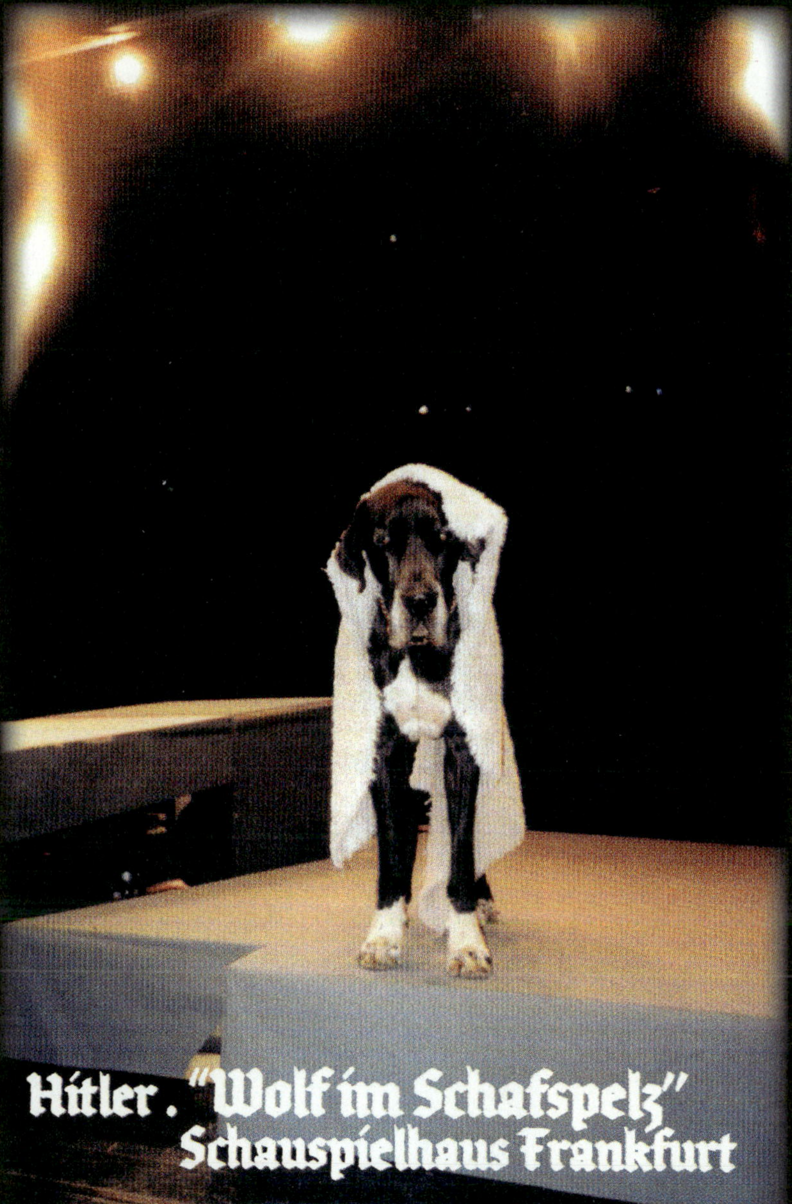

POSTKARTE SCHAUSPIELHAUS FRANKFURT

'Wolf in sheeps clothing'...postcard theatre Frankfurt

Frankfurt 1993

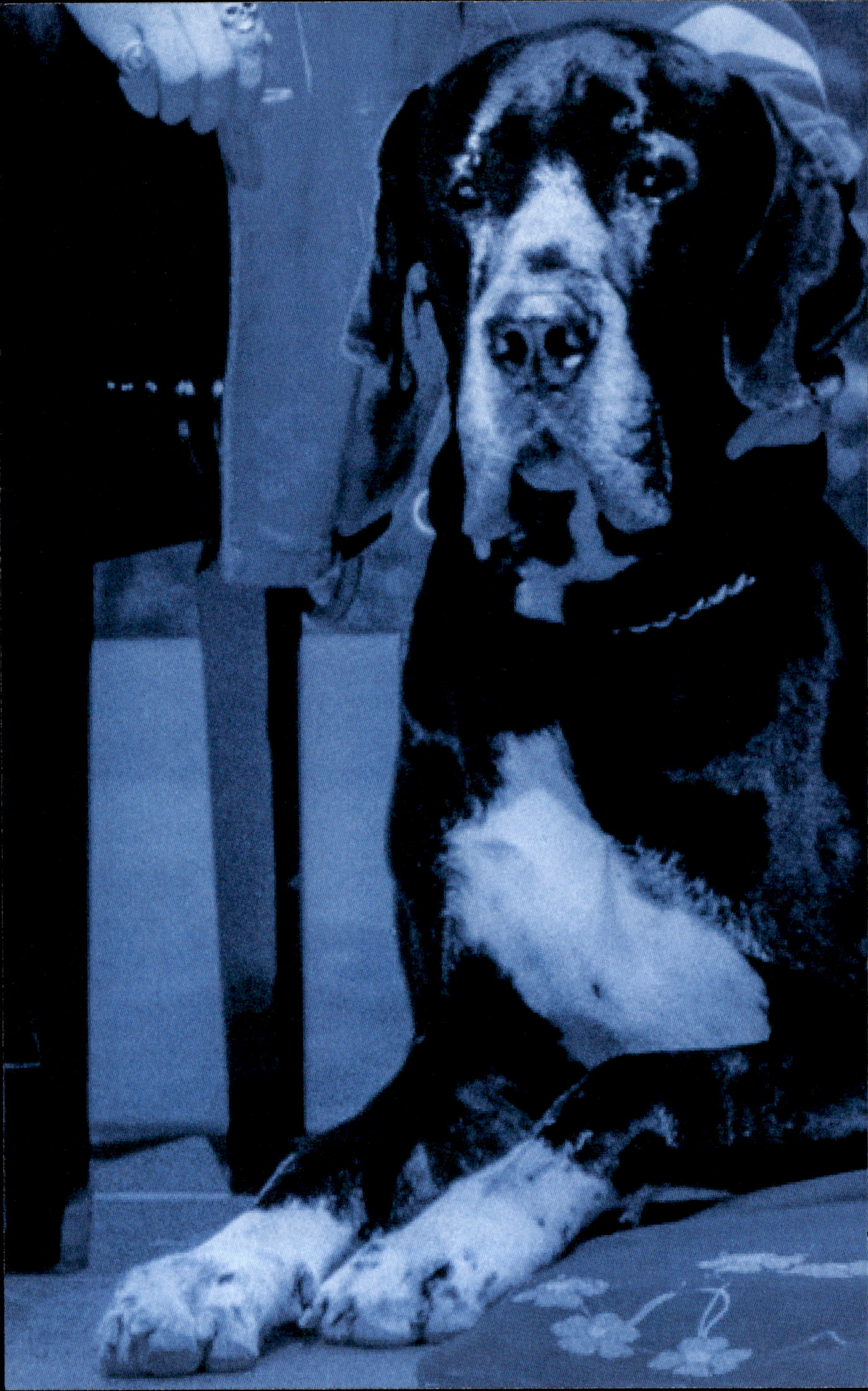

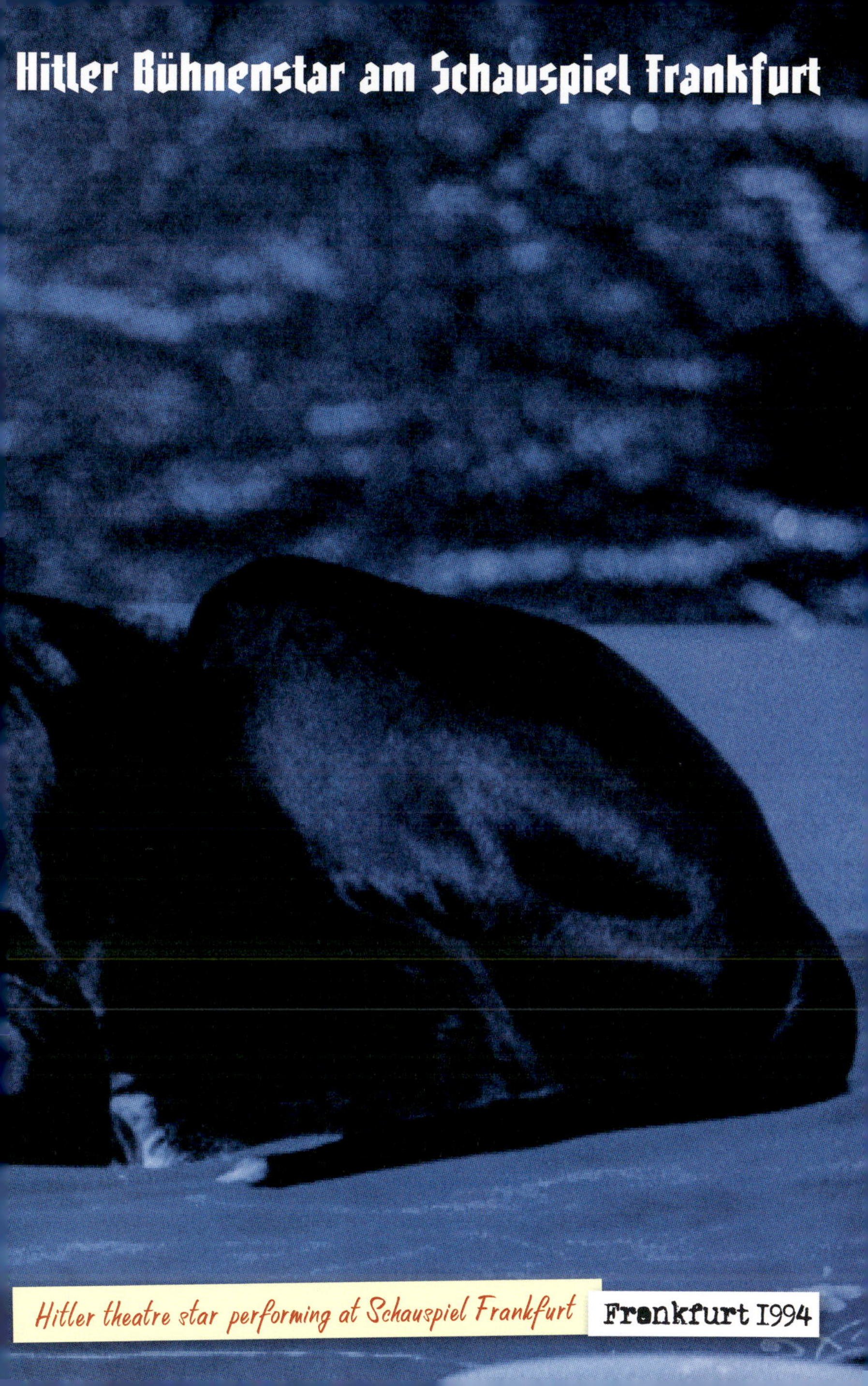
Hitler Bühnenstar am Schauspiel Frankfurt
Hitler theatre star performing at Schauspiel Frankfurt
Frankfurt 1994

HITLER UND SEINE KUMPELS

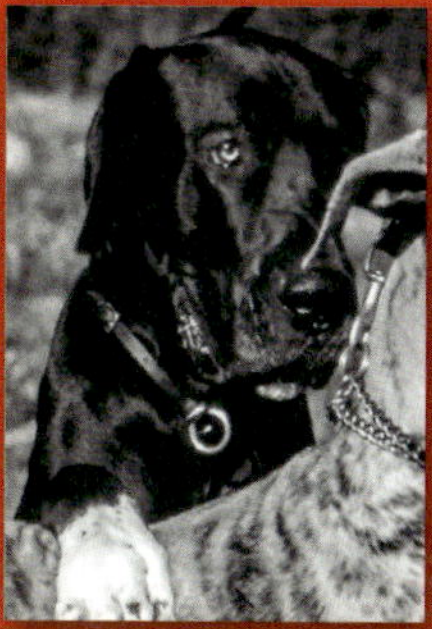

Hitler and his pals

POTSDAM 1994

MAGDEBURG 1993

ROM 1992

BERLIN 1994

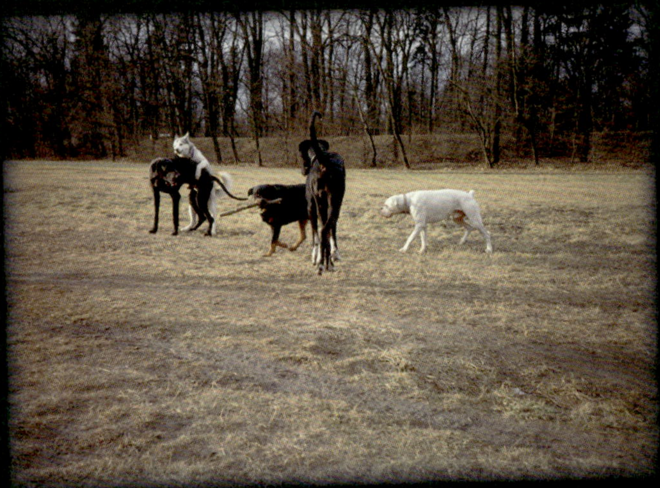

HITLER IN FEINER GESELLSCHAFT

Hitler in fine company

Potsdam 1994

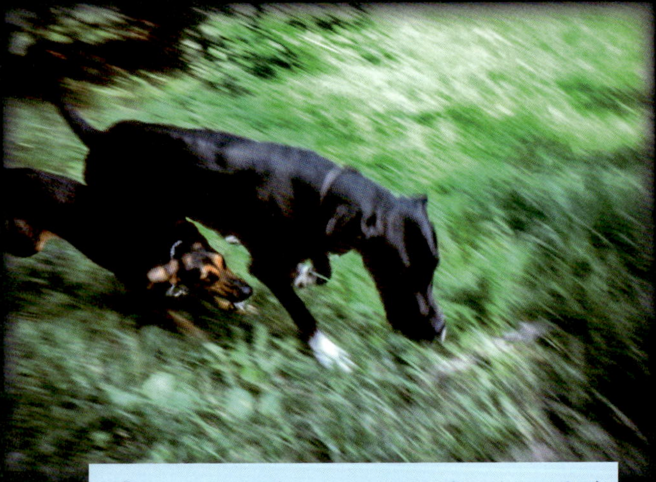

HITLER MIT GOEBBELS IM SCHLEPPTAU

Hitler drags Goebbels behind him

Magdeburg 1993

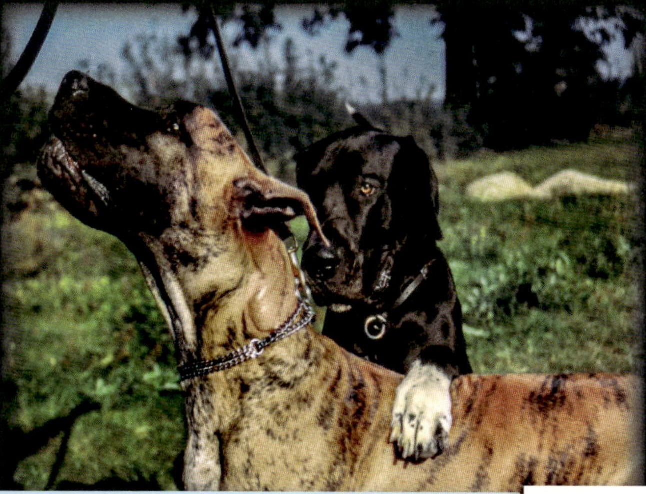

HITLER UMARMT SEINEN FREUND BENITO

Rom 1992

Hitler hugs his friend Benito

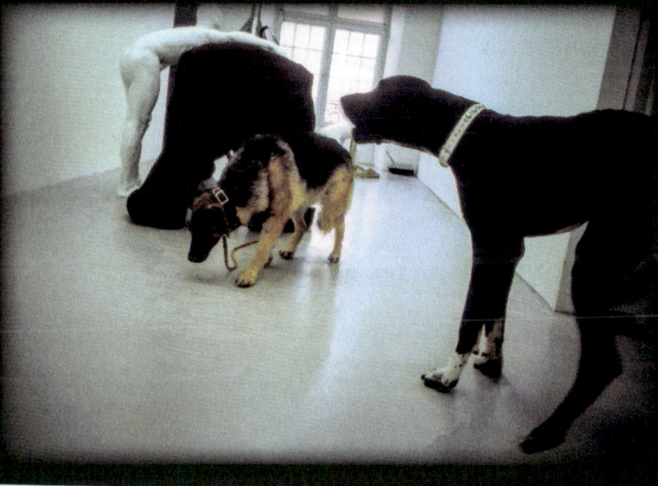

HITLER MACHT GÖRING ZUR SCHNECKE

Hitler turns Goering into a scaredy-cat

Berlin 1994

HITLER

UND SEIN FUHRPARK

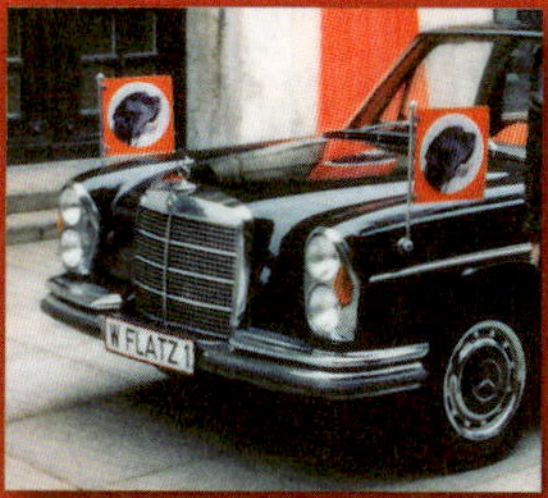

Hitler and his fleet

DRESDEN 1993

BERLIN 1991

POTSDAM 1992

FRANKFURT 1994

KOBLENZ 1992

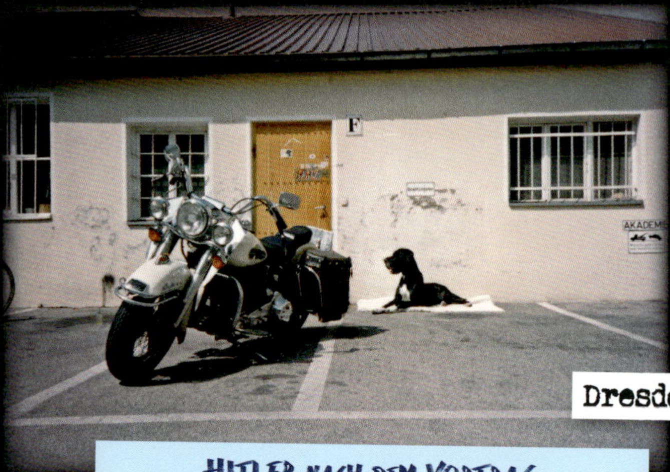

Dresden 1993

HITLER NACH DEM VORTRAG
IN DER AKADEMIE FÜR RASSENHYGIENE
IM VORDERGRUND.. MOTORRAD DER ESKORTE

Hitler after his speech at the academy of race purity
..in the foreground one of his escorts motorbikes

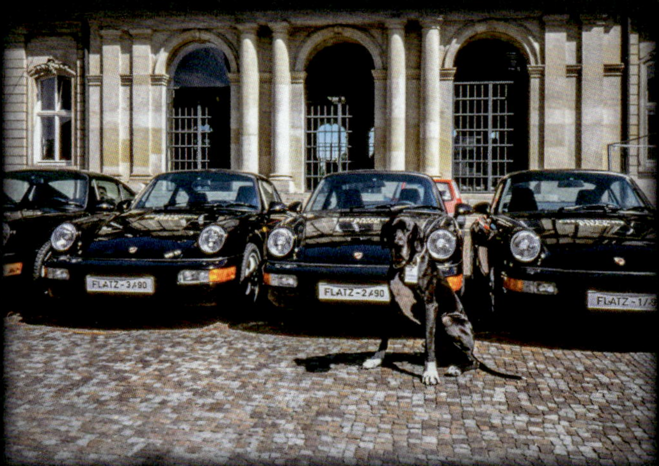

HITLER INSPIZIERT SEINE ESKORTE

Hitler inspects his escort

Berlin 1992

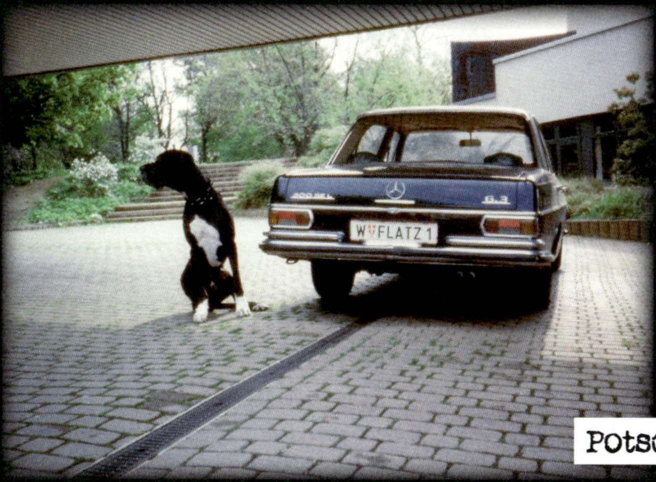

Potsdam 1992

HITLER WARTET UNGEDULDIG AUF SEINEN CHAUFFEUR

Hitler waits impatiently for his chauffeur

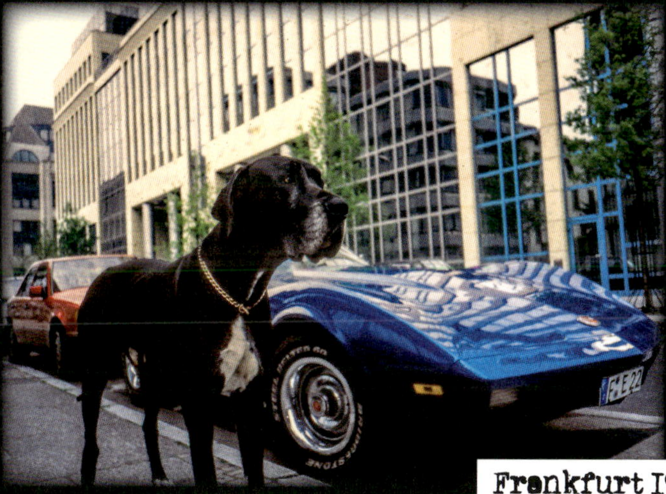

Frankfurt 1994

HITLER UND DER NEUE VOLKSWAGEN

Hitler and the new Volkswagen

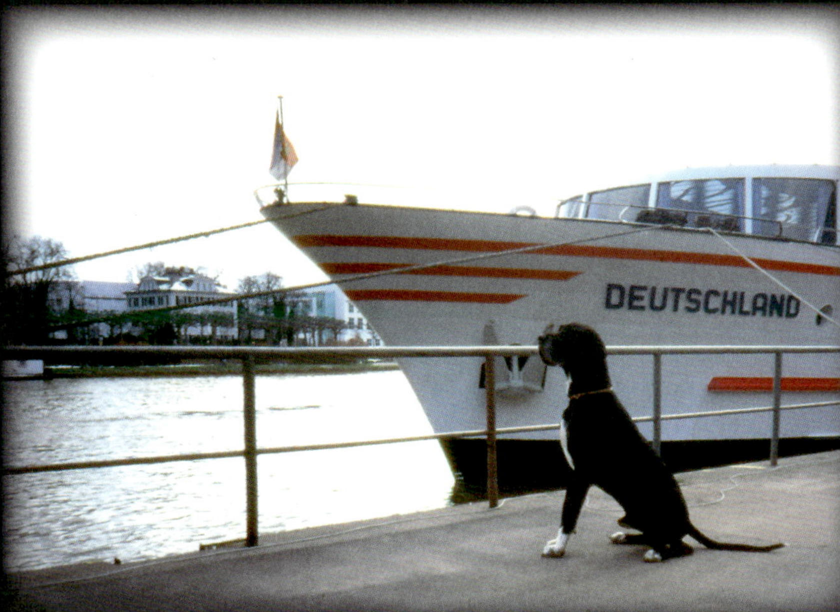

Koblenz 1992

Hitler und Deutschland

Hitler and Germany

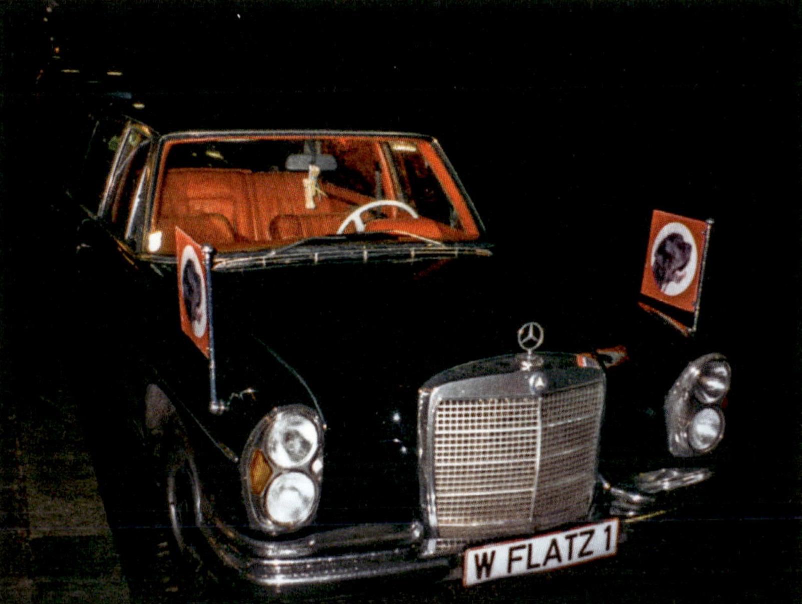

DER FÜHRERWAGEN

The Fuehrers car

Berlin 1991

HITLER

AUF DIENST-REISEN

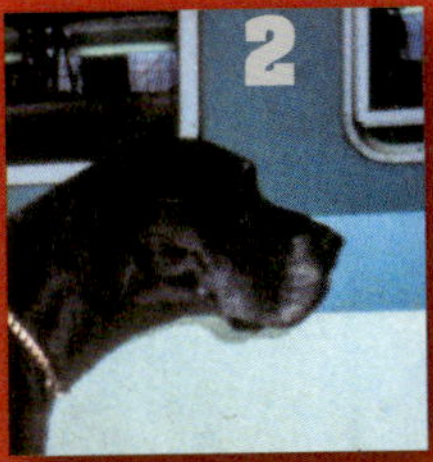

Hitler on business trips

MÜNCHEN 1992

HBF MÜNCHEN 1993

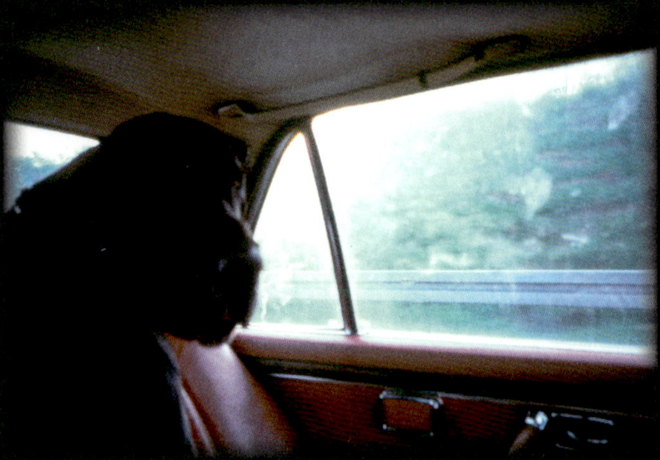

HITLER IN SEINEM DIENSTWAGEN

Hitler in his business car

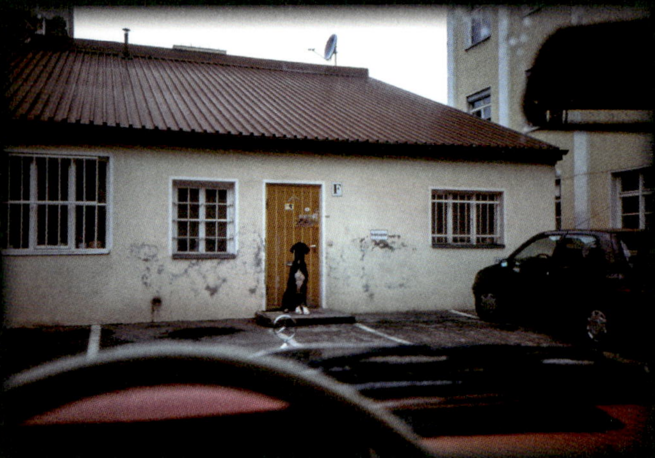

HITLER BESUCHT DIE FAMILIE SEINES FAHRERS

Hitler visits his drivers family

München 1992

HBF München 1993

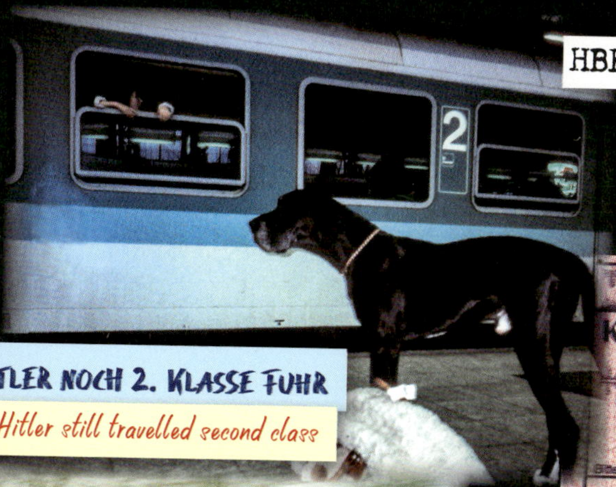

[A]LS HITLER NOCH 2. KLASSE FUHR

When Hitler still travelled second class

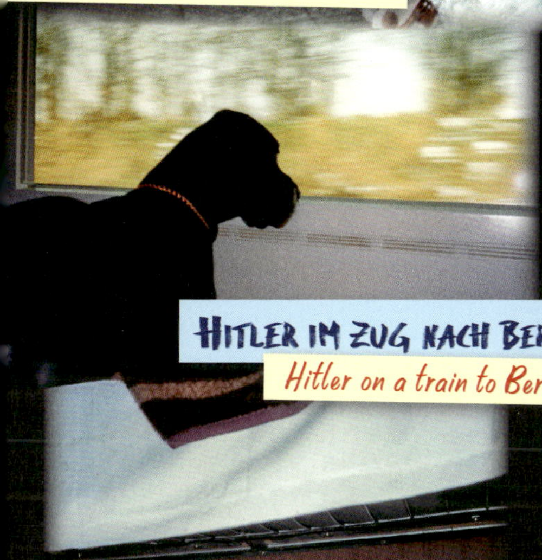

HITLER IM ZUG NACH BERLIN

Hitler on a train to Berlin

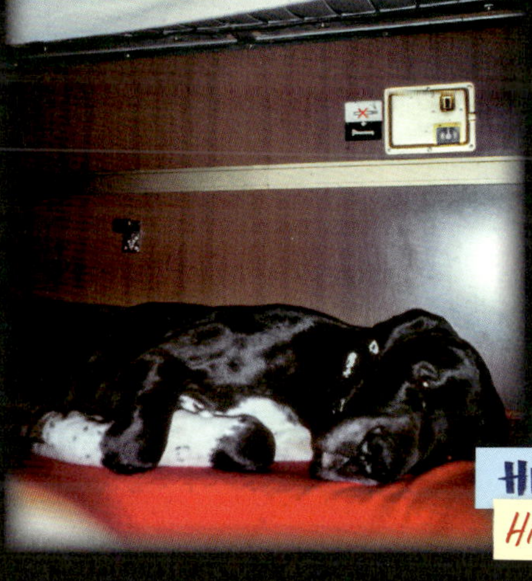

HITLER IM SCHLAFWAGEN

Hitler on the night train

HITLERS

REISEN IN DIE GROSSE WEITE WELT

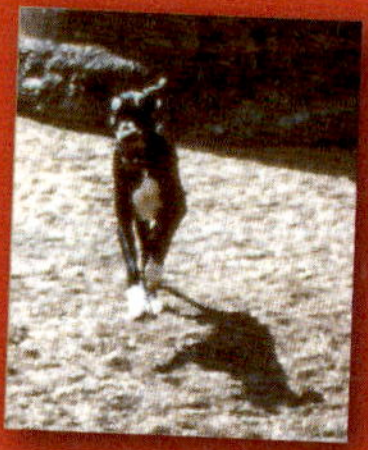

Hitlers trips through the big wide world

ROSENHEIM 1993
NEW YORK 1992
FRANKFURT 1992
MAUTHAUSEN 1994
BERLIN 1996
NÜRNBERG 1992
AACHEN 1994
LINZ 1992
HAMBURG 1992
MÜNCHEN 1994
AUGSBURG 1992
BUXDEHUDE 1992
AUSCHWITZ 1993
DUISBURG 1993
ROSENHEIM 1993
PEKING 1994
OBERSALZBERG 1994
ATHEN 1994

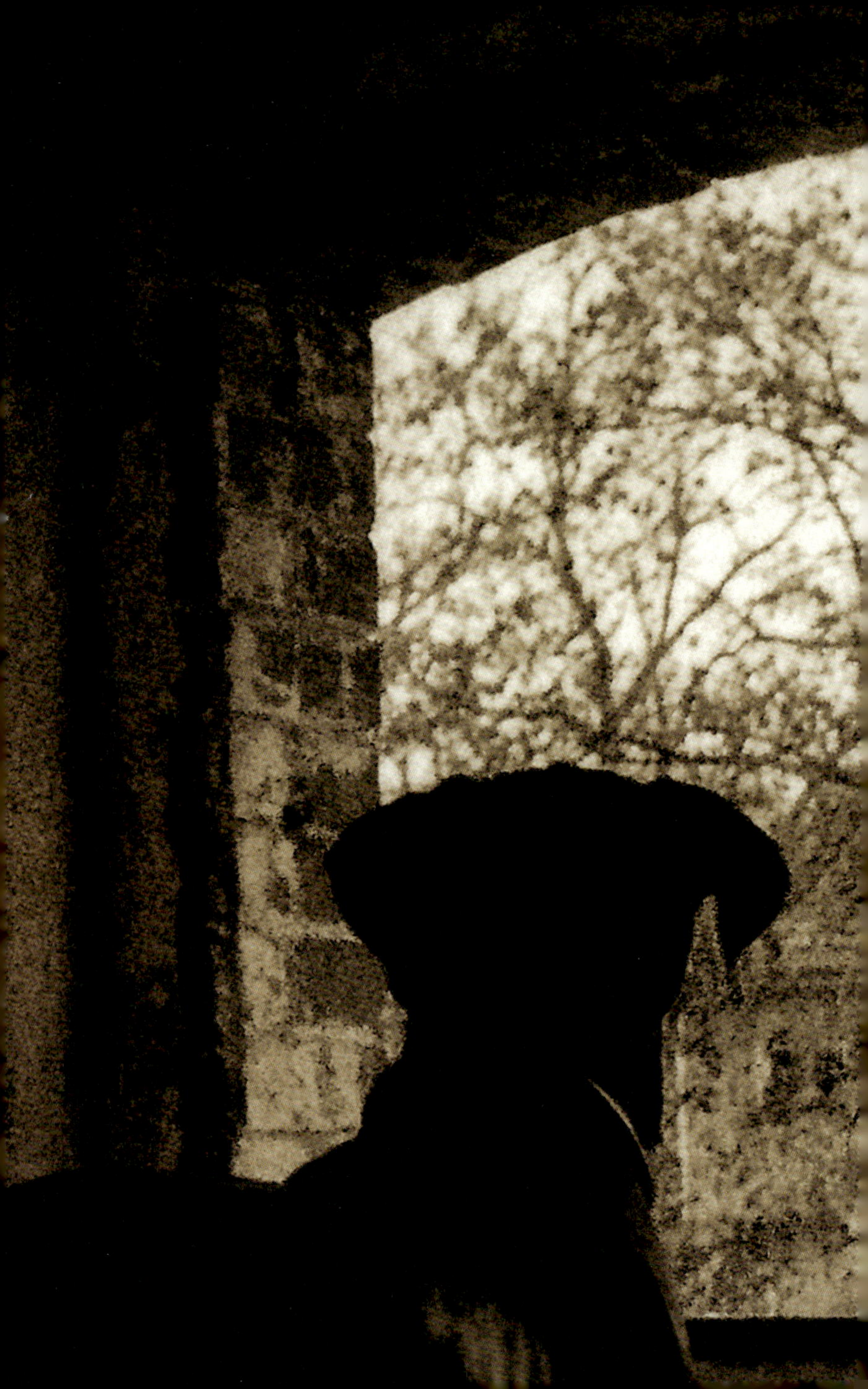

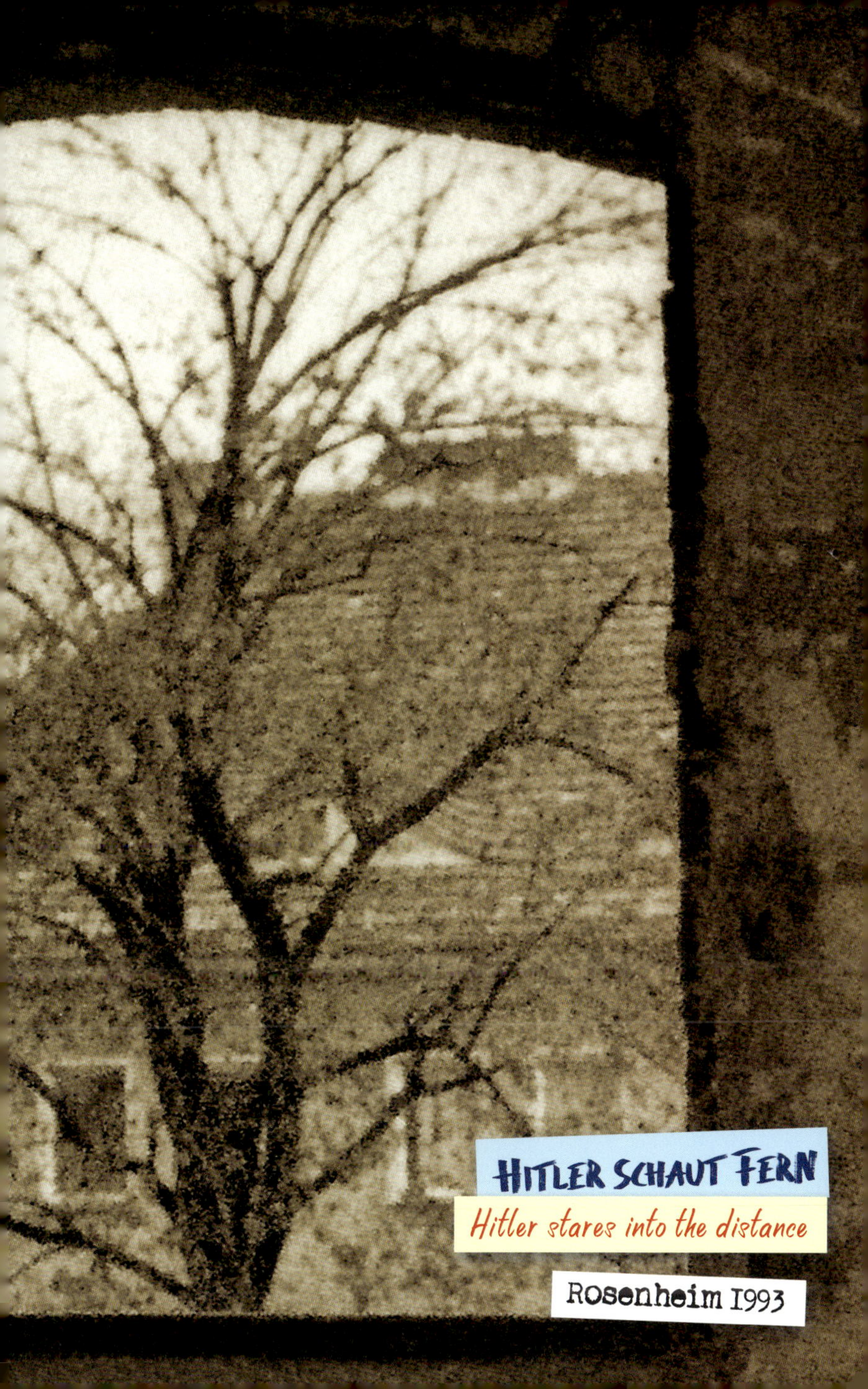

HITLER SCHAUT FERN

Hitler stares into the distance

Rosenheim 1993

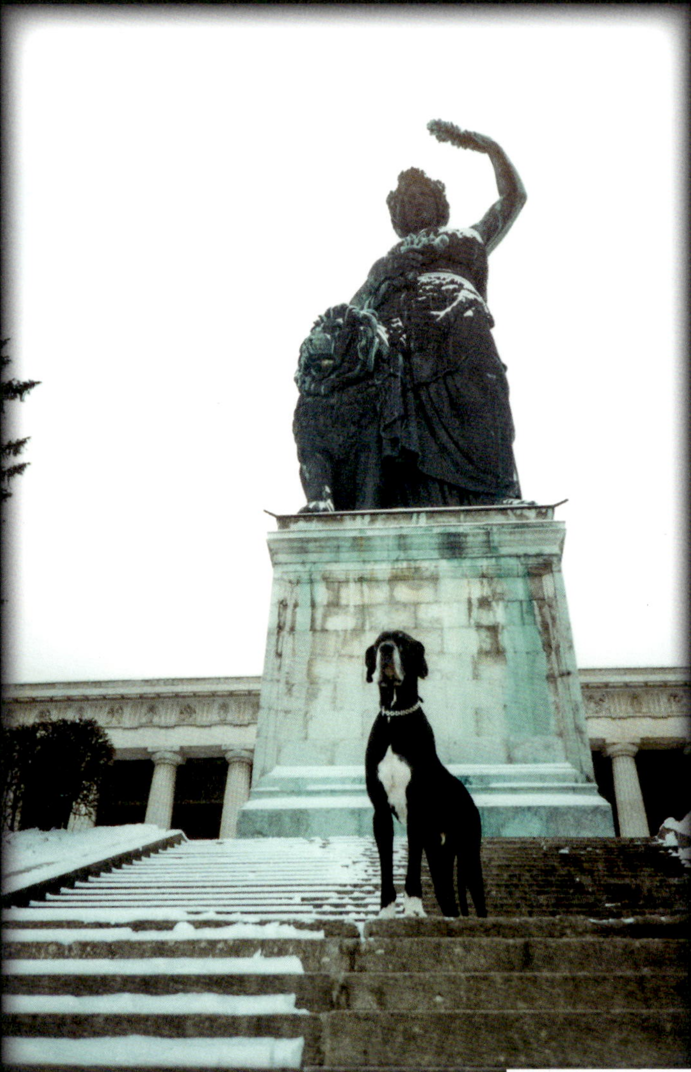

New York 1992

HITLER VOR DER FREIHEITSSTATUE

Hitler in front of the statue of liberty

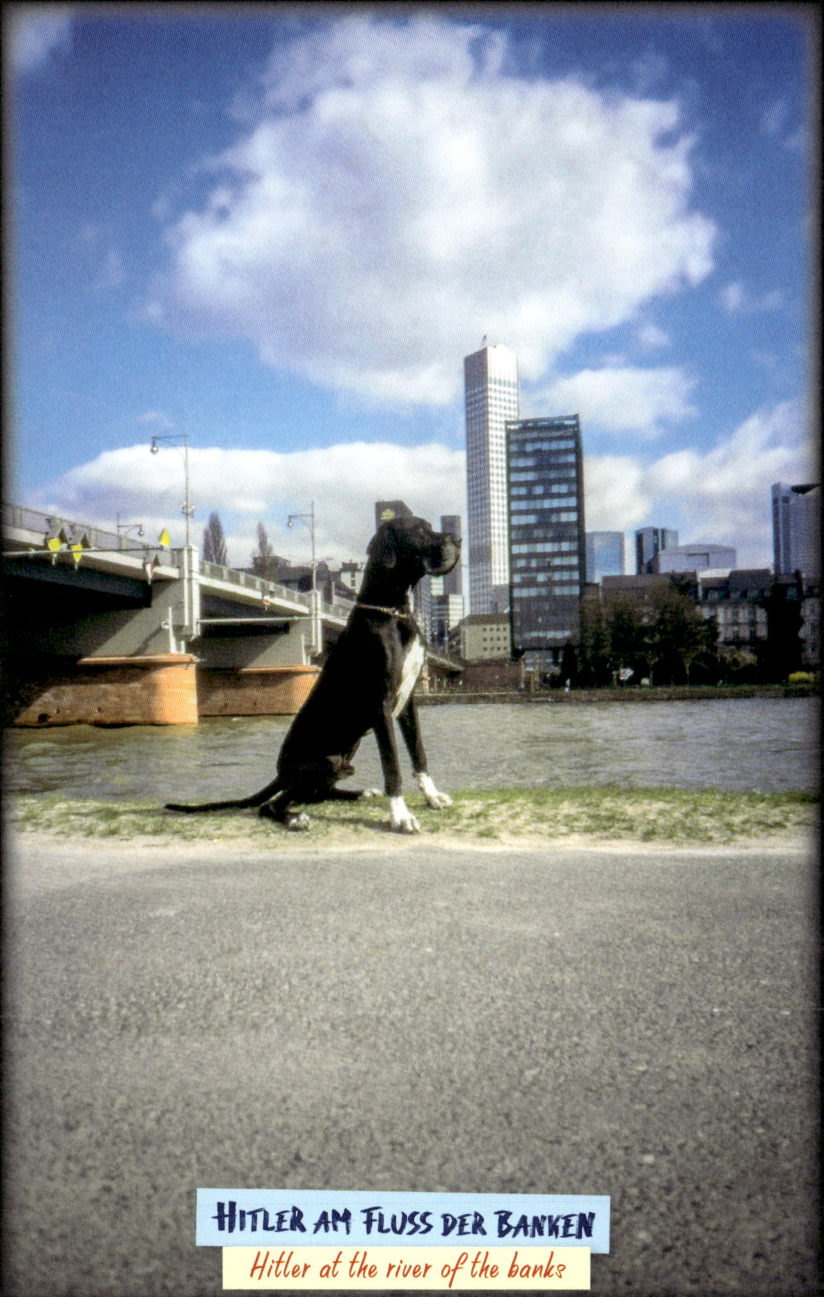

HITLER AM FLUSS DER BANKEN

Hitler at the river of the banks

Frankfurt 1993

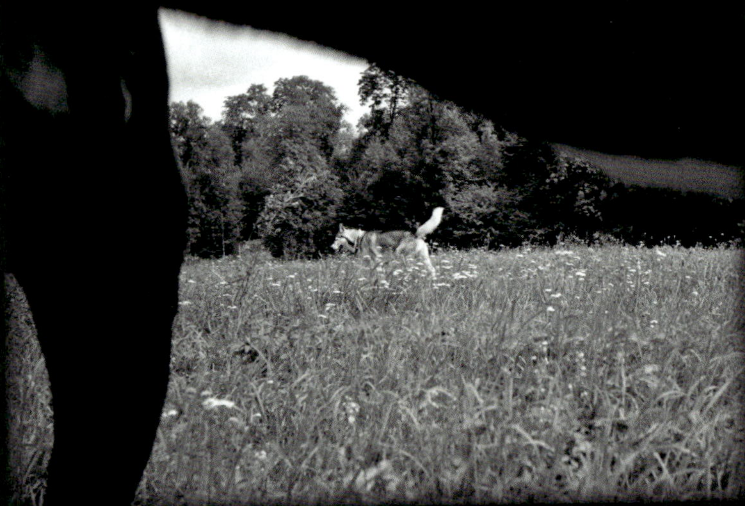

Mauthausen 1994

HITLER BESUCHT DIE VORFAHREN SEINER RASSE IM GNADENHOF MAUTHAUSEN

Hitler visits the ancestor of his race at the mercy courtyard of Mauthausen

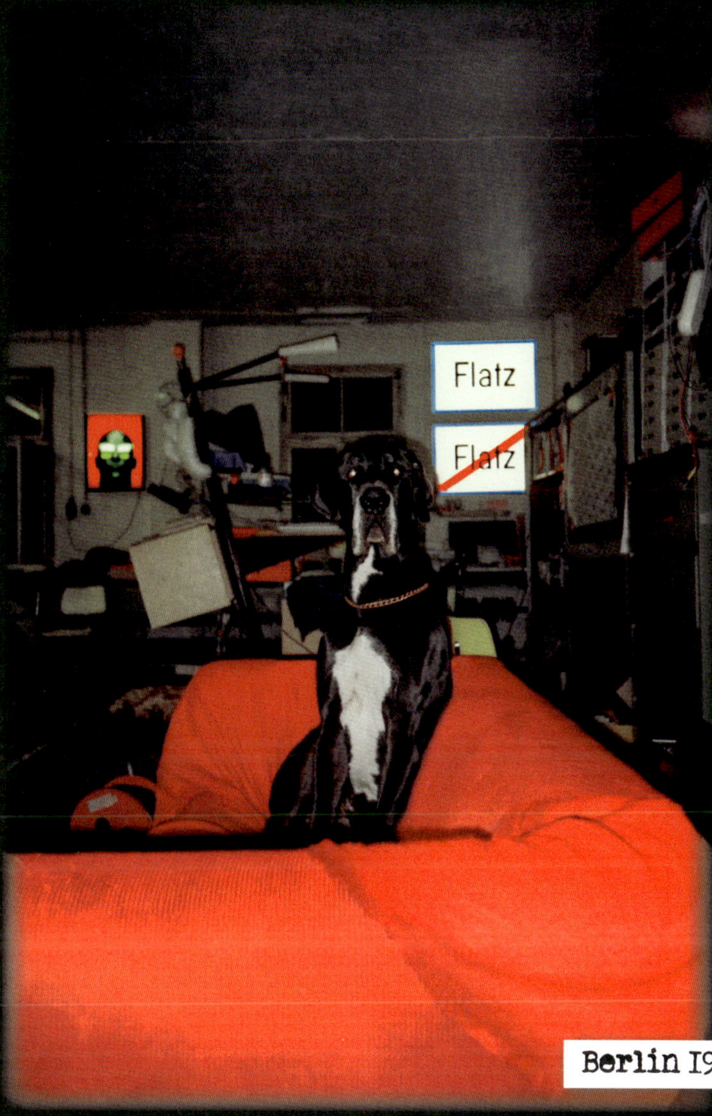

Berlin 1996

HITLER IM FÜHRERBUNKER

Hitler in the Fuehrerbunker

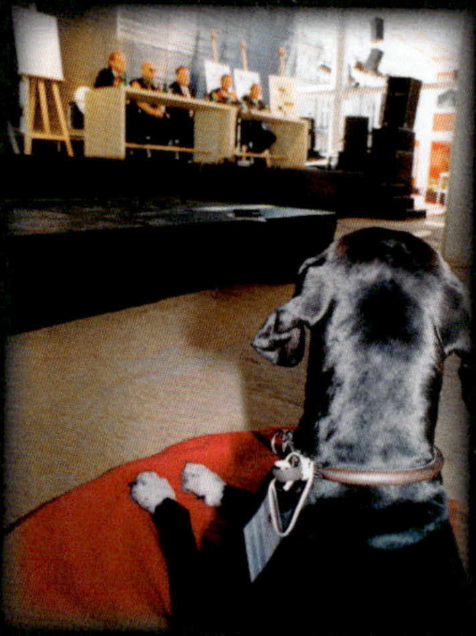

HITLER THE WATCH~~MAN~~ DOG

Hitler the watchdog

Nürnberg 1992

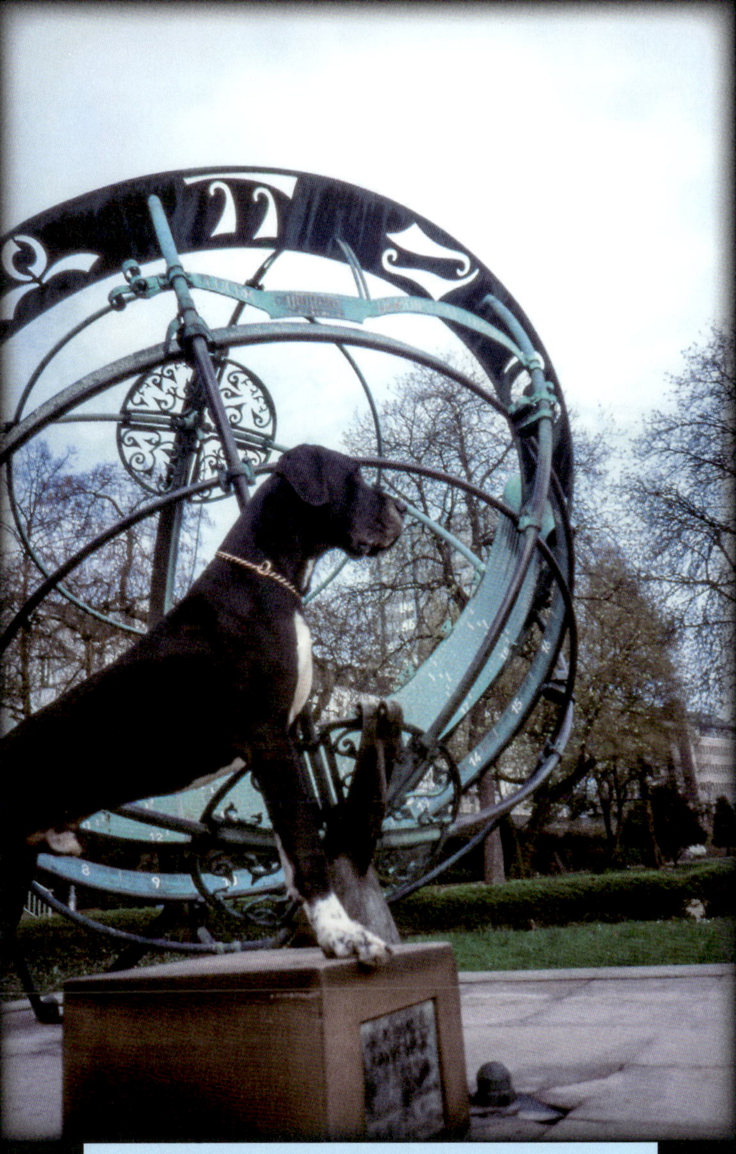

HITLERS VORSTANDSREDE AUF DEM INTERNATIONALEN ASTROLOGENKONGRESS

Hitlers Board speech at the International Astrology Conference

Nürnberg 1992

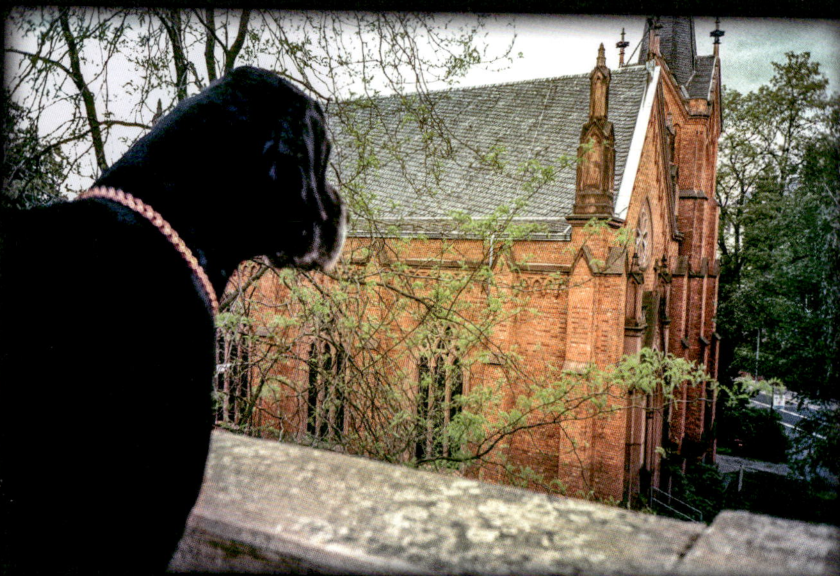

Aachen 1994

HITLER BEGLÜCKT DIE DEUTSCHEN MIT DER KIRCHENSTEUER

Hitler brings joy to the Germans with the church tax

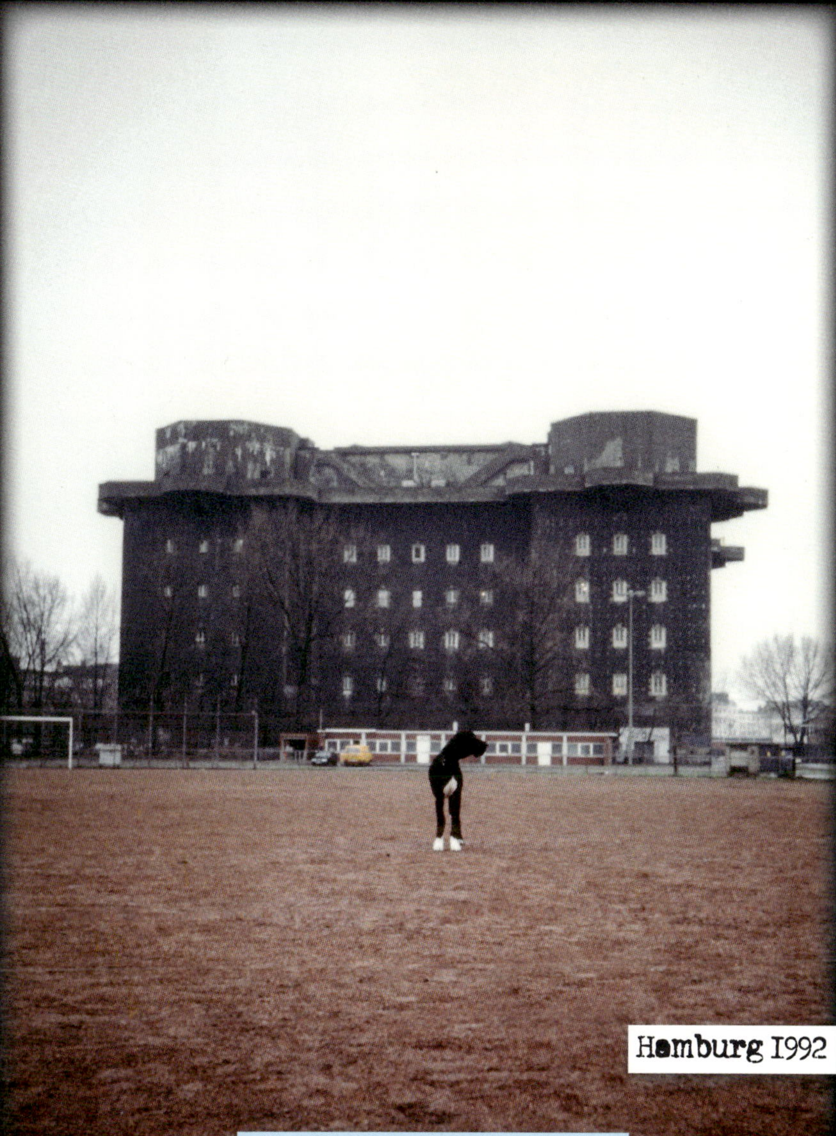

Hamburg 1992

HITLER ERFINDET DEN SOZIALEN WOHNUNGSBAU

Hitler invents social housing

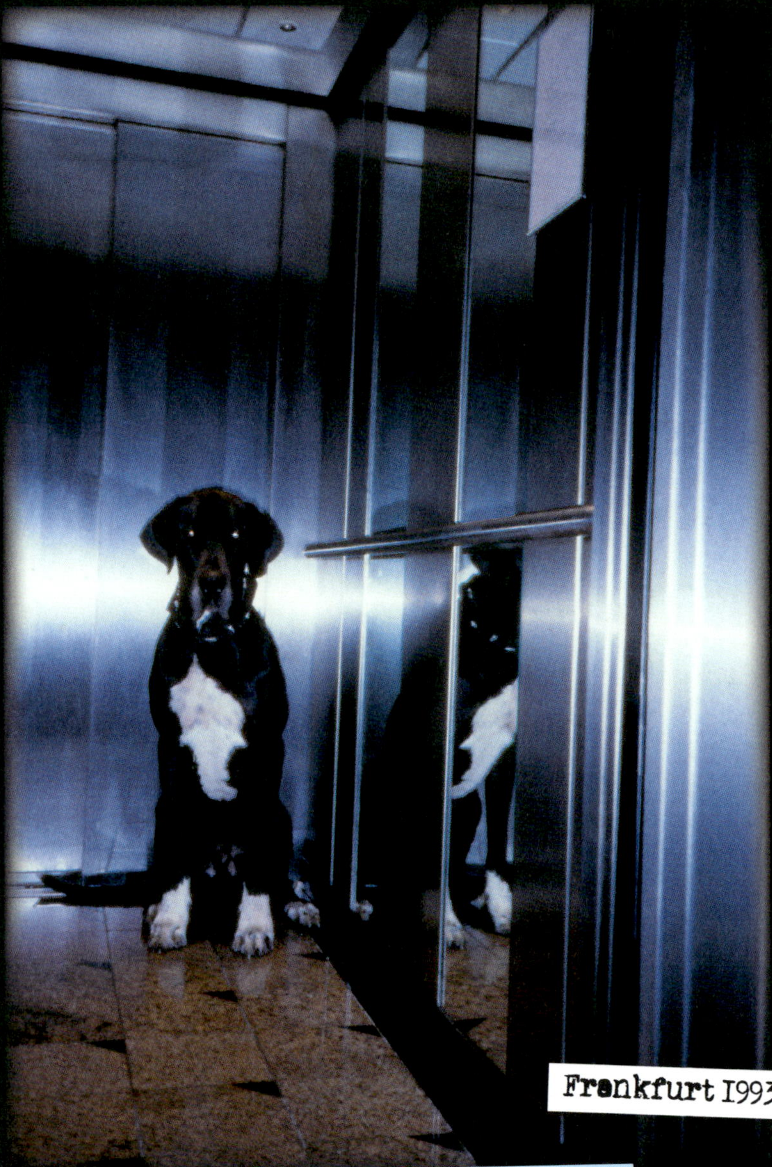

Frankfurt 1993

HITLER IM LIFT DER DEUTSCHEN BANK

Hitler in the lift of the German bank

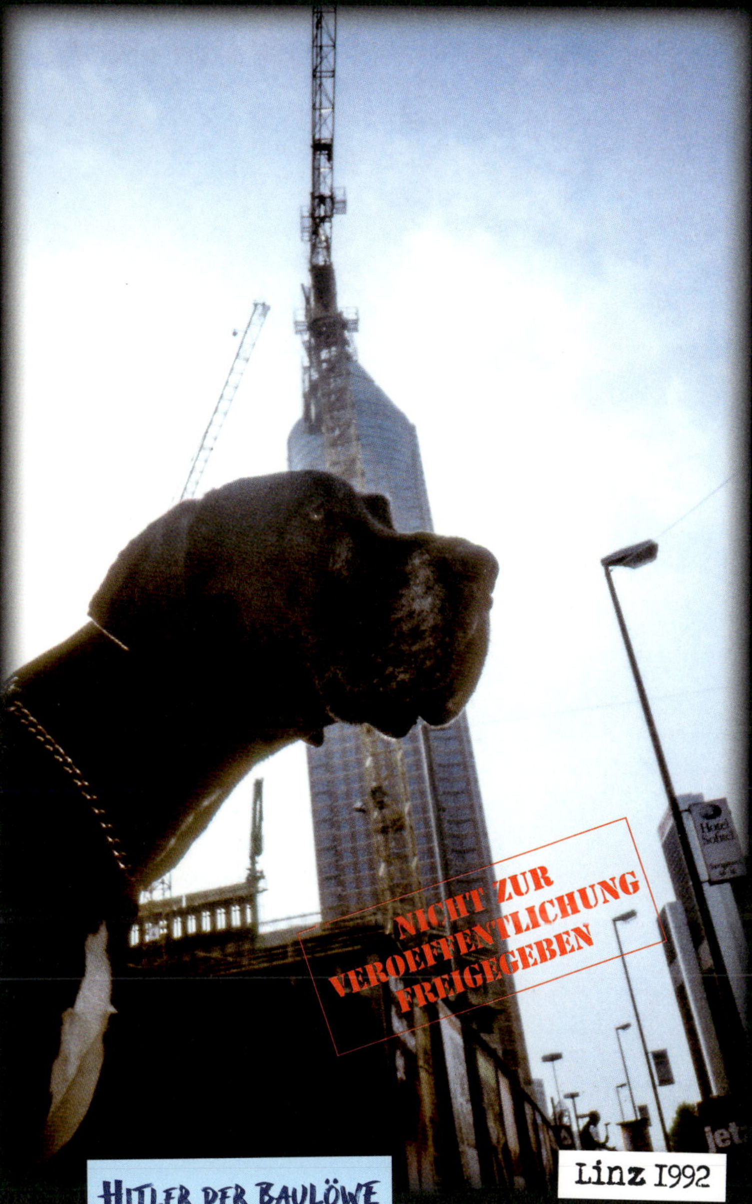

Linz 1992

HITLER DER BAULÖWE

Hitler the construction giant

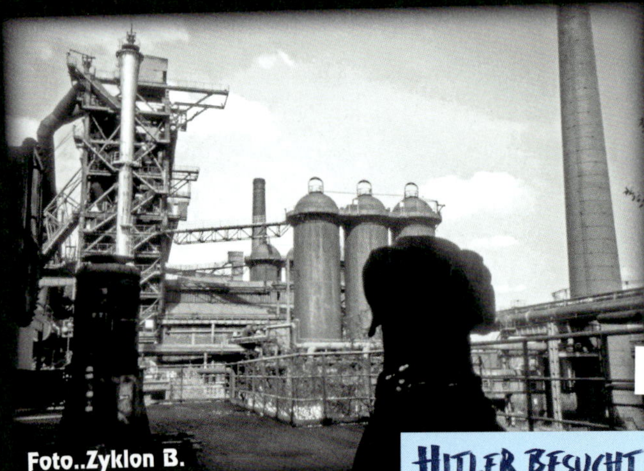

Foto..Zyklon B.

Frankfurt 1992

HITLER BESUCHT DIE IG FARBEN

Hitler visits the IG Farben

HITLER UNZUFRIEDEN NACH DER BESICHTIGUNG EINES KAMPFKRADES

Hitler dissatisfied after the inspection of a war bike

München 1994

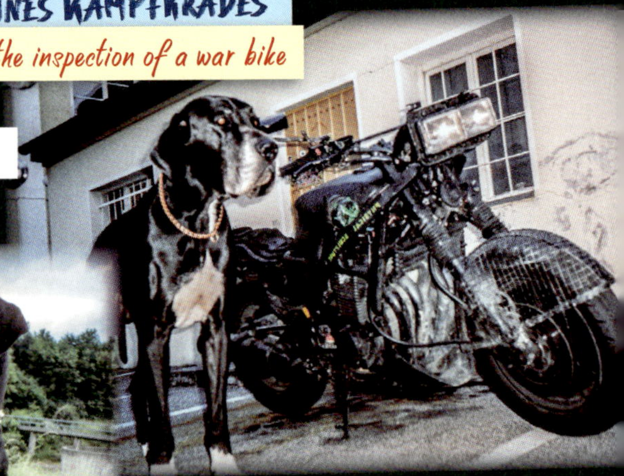

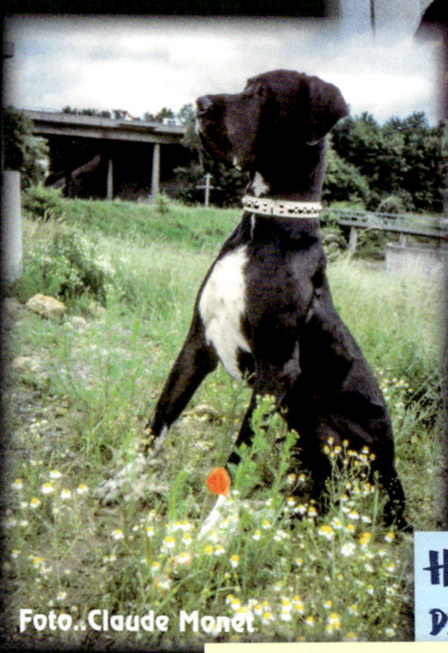

Foto..Claude Monet

Augsburg 1992

HITLER BEOBACHTET DEN FORTGANG DES BAUS DER DEUTSCHEN AUTOBAHN

Hitler observes the progress in the construction of the Geman highways

Buxdehude 1992

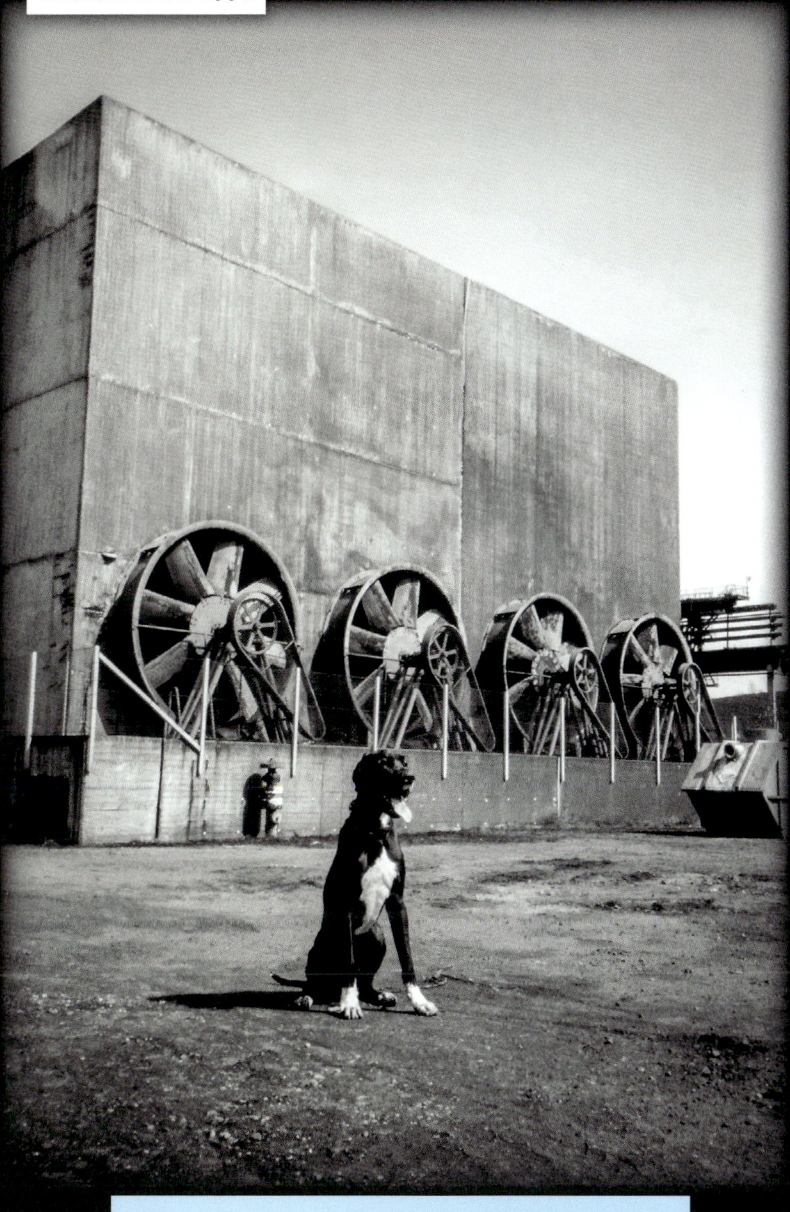

Hitler vor dem Hühner Krematorium

Hitler in front of the chicken crematory

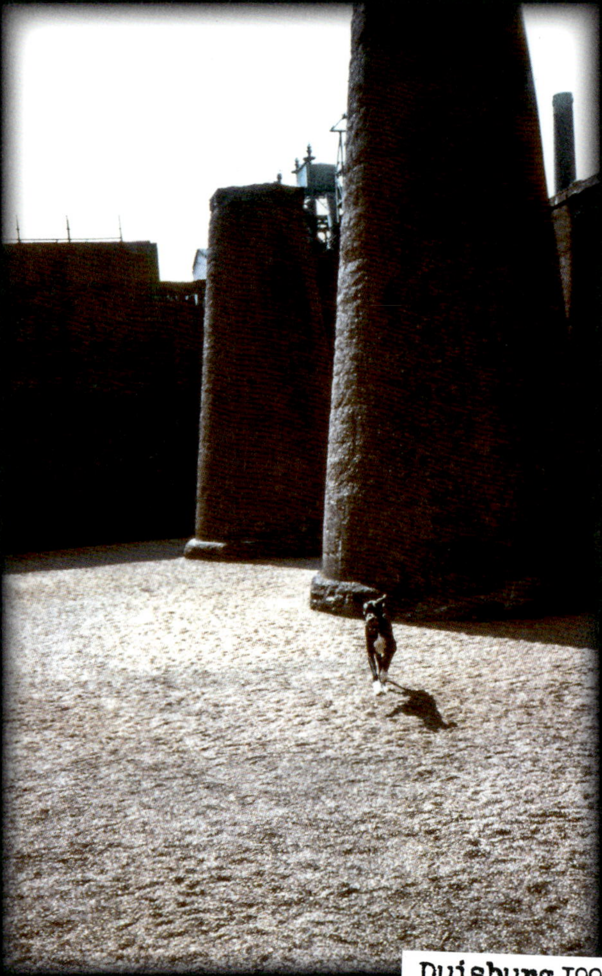

Duisburg 1993

HITLER BEI DER BESICHTIGUNG DER HOCHÖFEN DER STAHLSCHMIEDE KRUPP

Hitler inspecting the Stahlschmiede Krupps furnaces

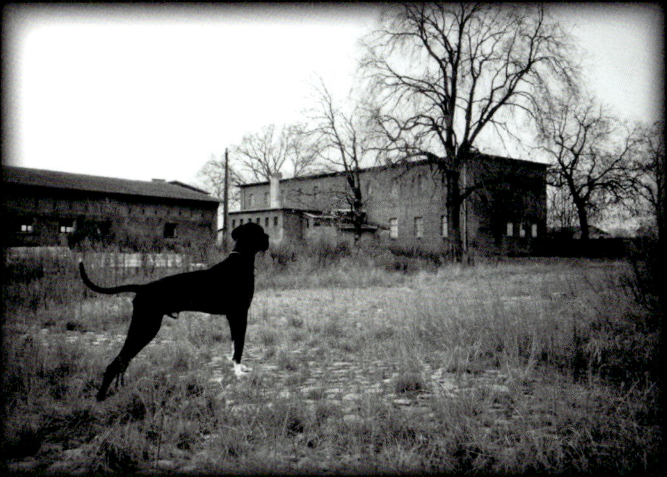

Auschwitz 1993

HITLER VERSTEHT NICHT WARUM DER HIMMEL
SO VERHANGEN IST WENN DIE ZWANGSARBEITER DUSCHEN

Hitler doesn't understand why the prisoners showers make the sky go dark

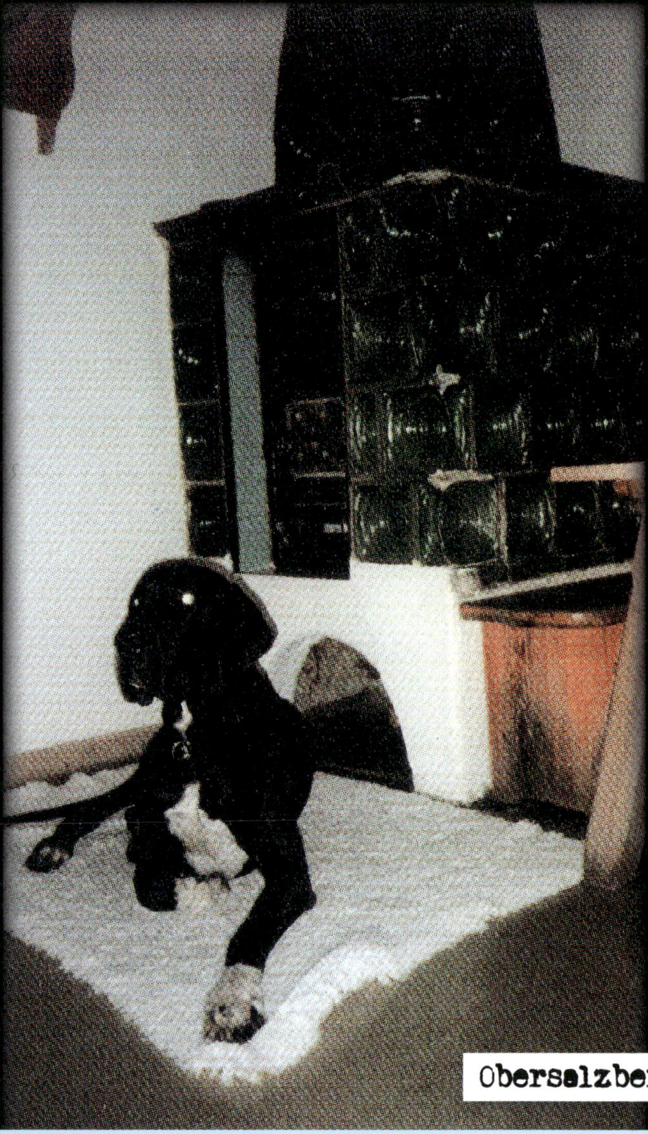

Obersalzberg 1994

HITLER ALLEIN ZU HAUSE AUF MUSSOLINI WARTEND

Hitler home alone waiting for Mussolini

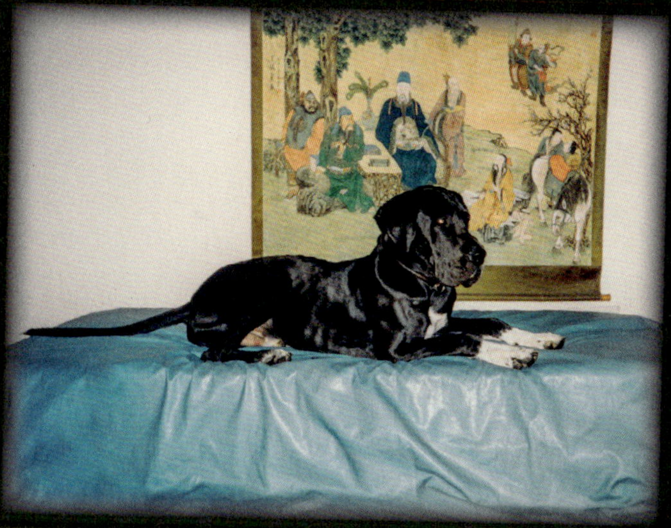

HITLER BEIM KAISER VON CHINA

Hitler visits the emperor of China

Peking 1994

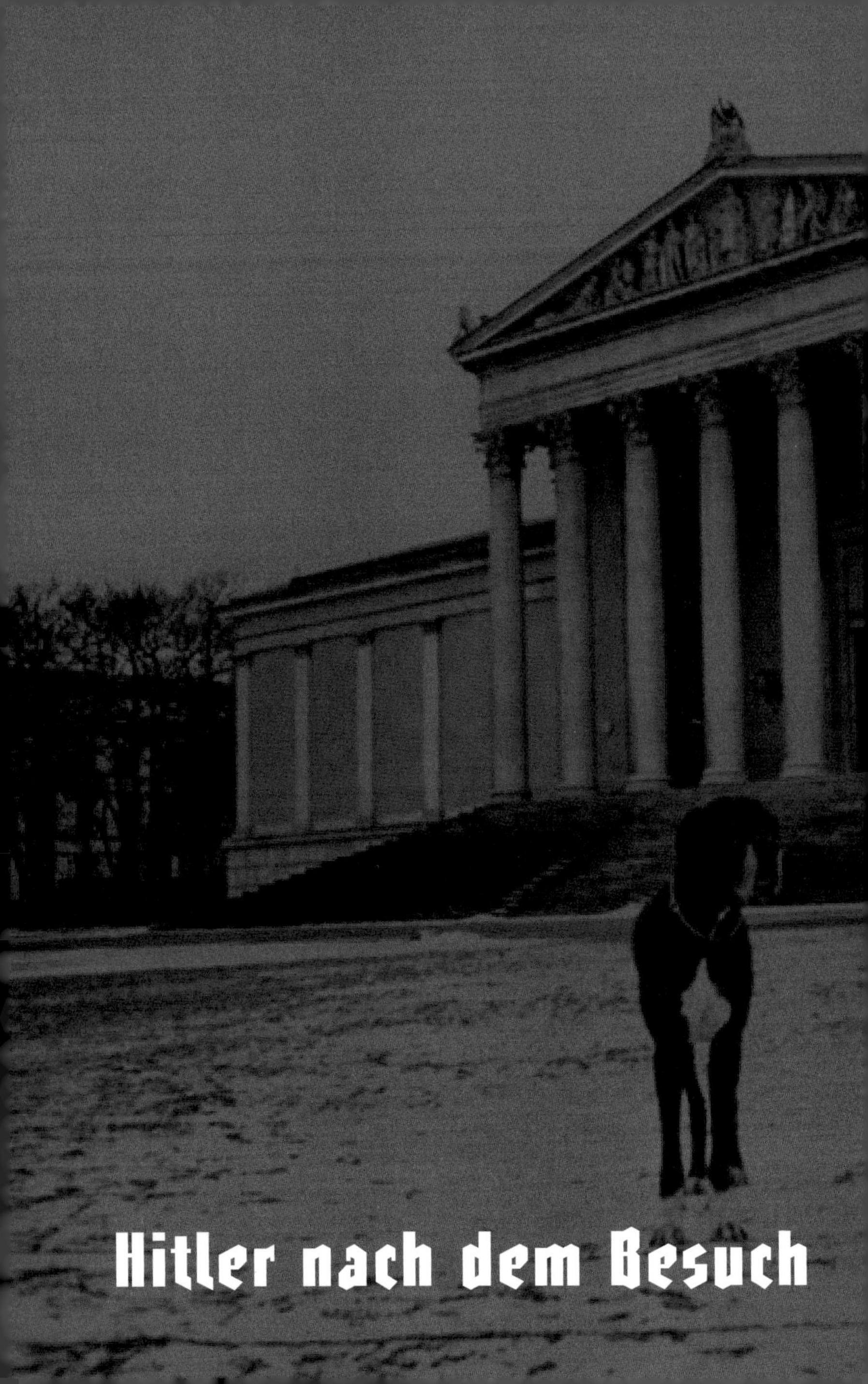

Hitler nach dem Besuch

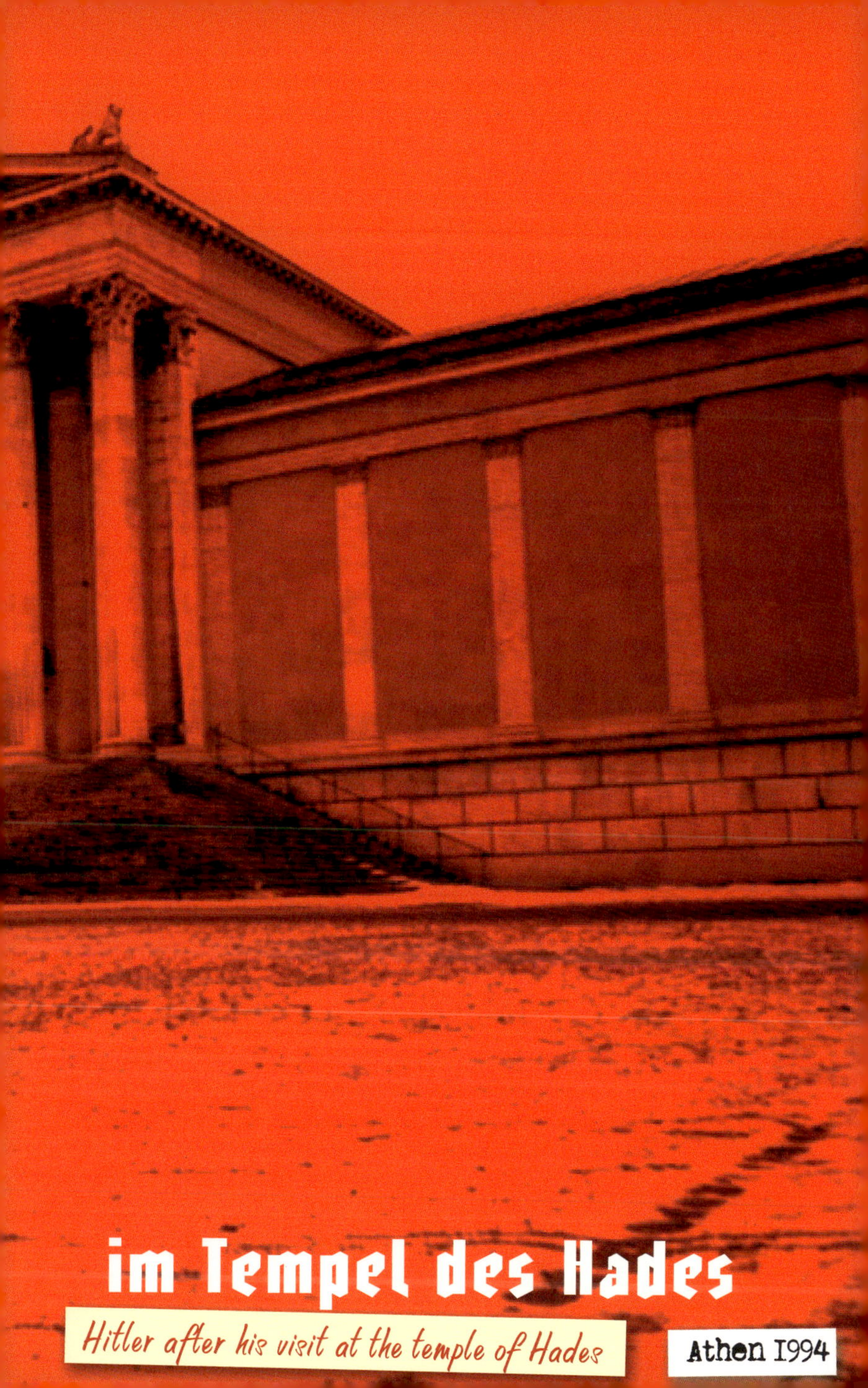
im Tempel des Hades
Hitler after his visit at the temple of Hades
Athen 1994

Hitlers Heimliche Reise nach Jerusalem

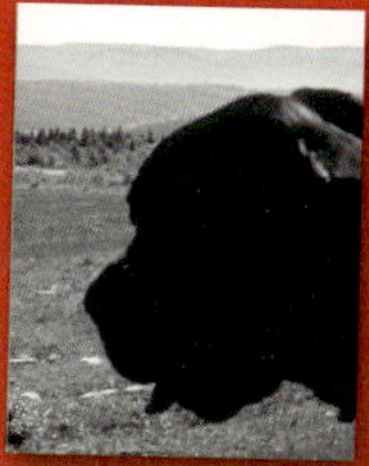

Hitlers secret journey to Jerusalem

Israel 1993

Hitler vor dem Grabmal Jesu

Hitler in fron of Jesus' tomb

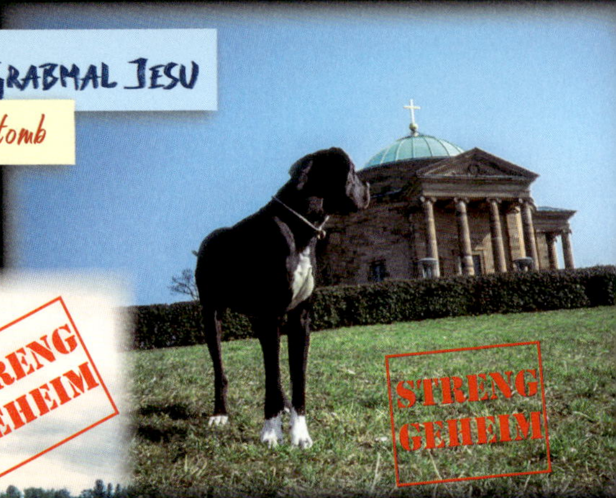

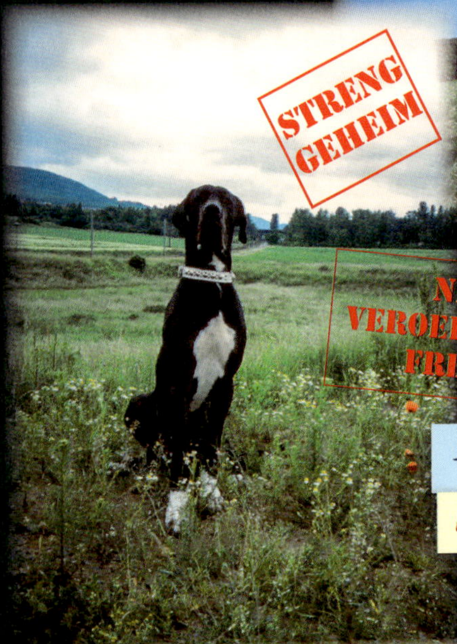

Hitler am See Genezareth

Hitler at the sea of Galilee

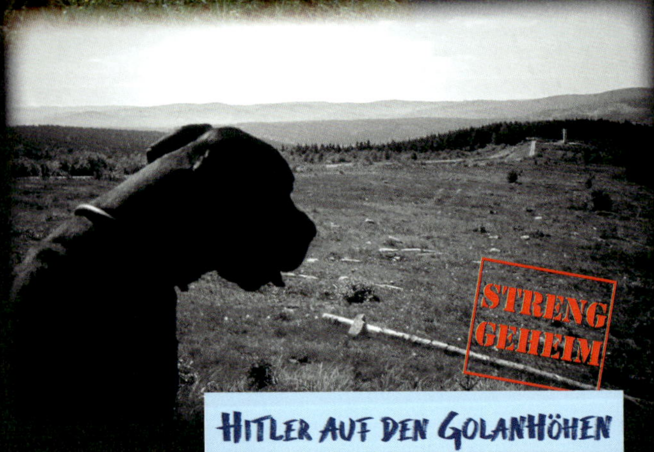

Hitler auf den Golanhöhen

Hitler on the Golan heights

Israel 1993

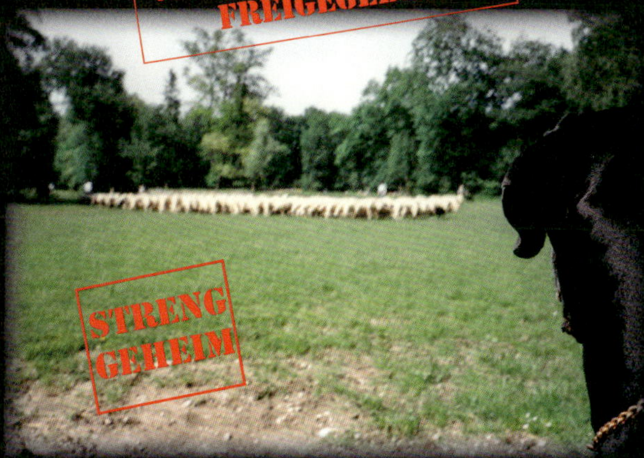

HITLER UND DAS SCHWEIGEN DER LÄMMER

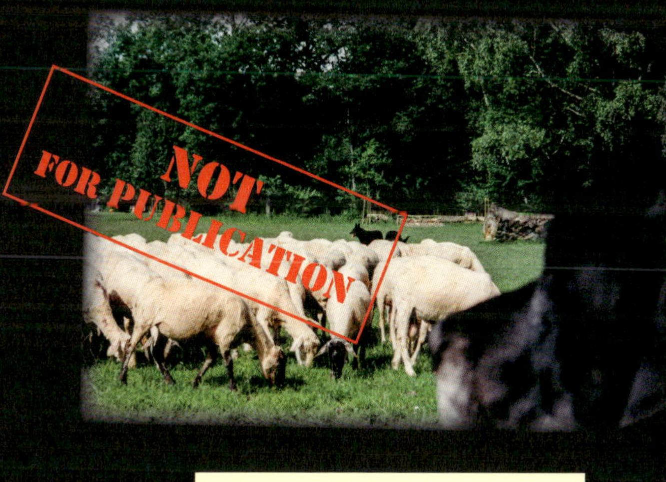

Hitler and the silence of the lambs

HITLER
THE BUSINESS-DOG

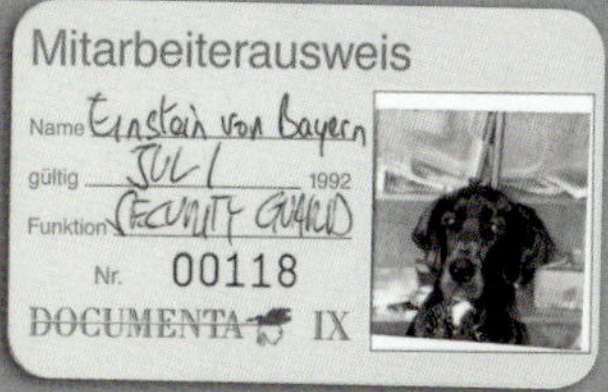

Hitler the business-dog

KASSEL 1992

PETTENHOFEN 1994

MÜNCHEN 1995

BÖBLINGEN 1995

HALLE 1994

BONN 1991

PARIS 1994

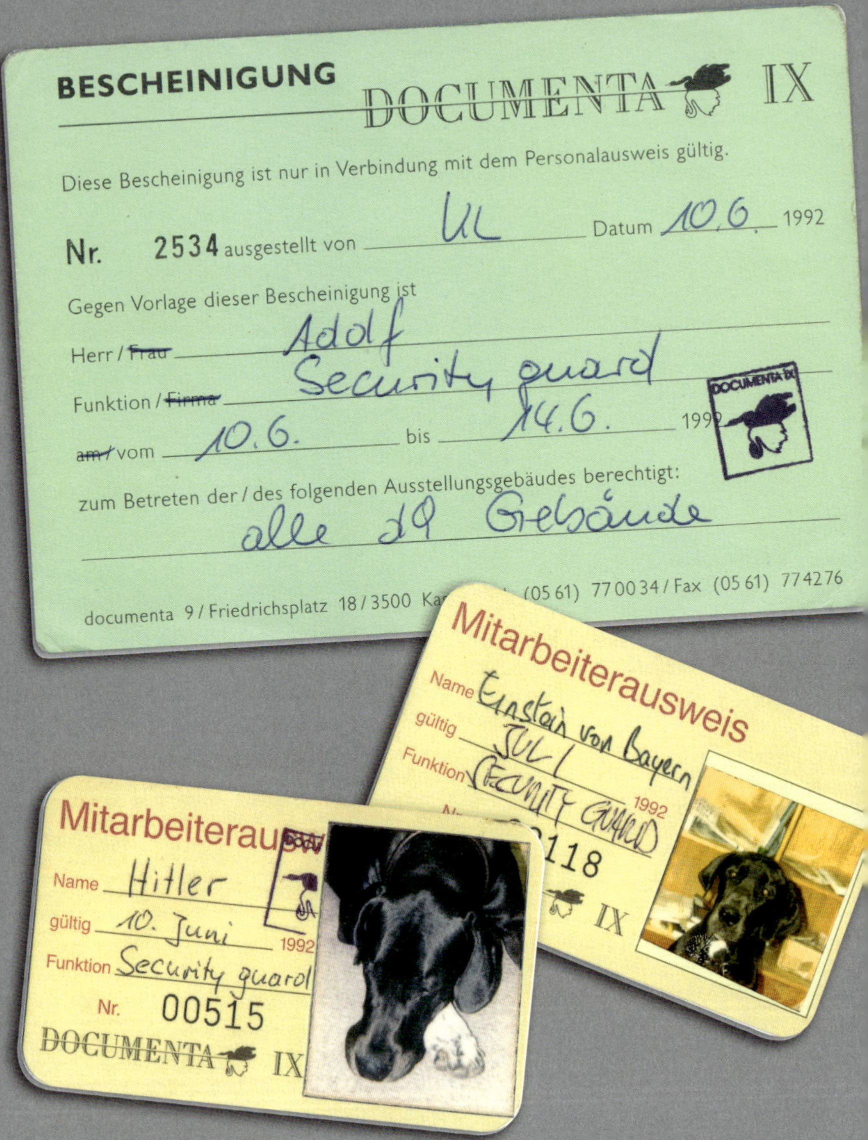

MITARBEITERAUSWEIS

staff ID

Kassel 1992

"Aber ehrlich ..."
Prod.-Nr. 6347/0959 - 0972

Bescheinigung

Für die von/bis gezahlten Vergütungen ____________

Mitwirkung als: Hund

Wichtiger Hinweis: Nach den neuen Richtlinien zur Sozialversicherung muß ab 01.01.1990 jede Tätigkeit bei der AOK gemeldet werden. Aufgrund dieser Gesetzgebung müssen wir Sie bitten, diese Bescheinigung ordnungsgemäß auszufüllen. - Danke!

Hitler *(Name)*	7/91 *(Geb.-Datum)*
Adolf *(Vorname)*	Einstein von Bayern *(Geburtsname)*
Pettenhofen/München *(Wohnort)*	Bayern *(Geburtsort)*
Pettenhofenstr. 22 F *(Straße)*	dtsch *(Staatsangehörigkeit)*

Sozial-Versicherungsnummer: ____________

Ich bin
- o Schüler
- o Student (Immatrikulationsbescheinigung bitte beilegen)**
- o Hausfrau/-mann
- o Rentner/-in
- o arbeitslos gemeldet
- x selbständig

und versichere, daß meine berufsmäßige Tätigkeit in den letzten 12 Monaten incl. heute 50 Arbeitstage nicht überschritten hat.
(** für Studenten außerhalb der Semesterferien)

Ich stehe bei einem Arbeitgeber in einem regelmäßigen versicherungspflichtigen Beschäftigungsverhältnis.

Firma: Flak

Es handelt sich um eine Nebentätigkeit, die weniger als 50 Tage jährlich umfaßt.

Nur bei Arbeitslosigkeit:
Ich bitte um Ausstellung einer Bescheinigung über Nebeneinkommen. Ja / Nein

Gleichzeitig übertrage ich der Frankfurter Filmproduktion sämtliche Urheberrechte an hergestellten Bild- und Tonträgern, auch zur Verwendung im Rahmen anderer Sendungen und zur Übertragung an Dritte.

DM ____________ erhalten

11/4/94 *(Ort, Datum)*

[signature] *(Unterschrift)*

1994 Hitlers erster Vertrag

HITLERS ERSTER VERTRAG

Hitlers first contract

Pettenhofen 1994

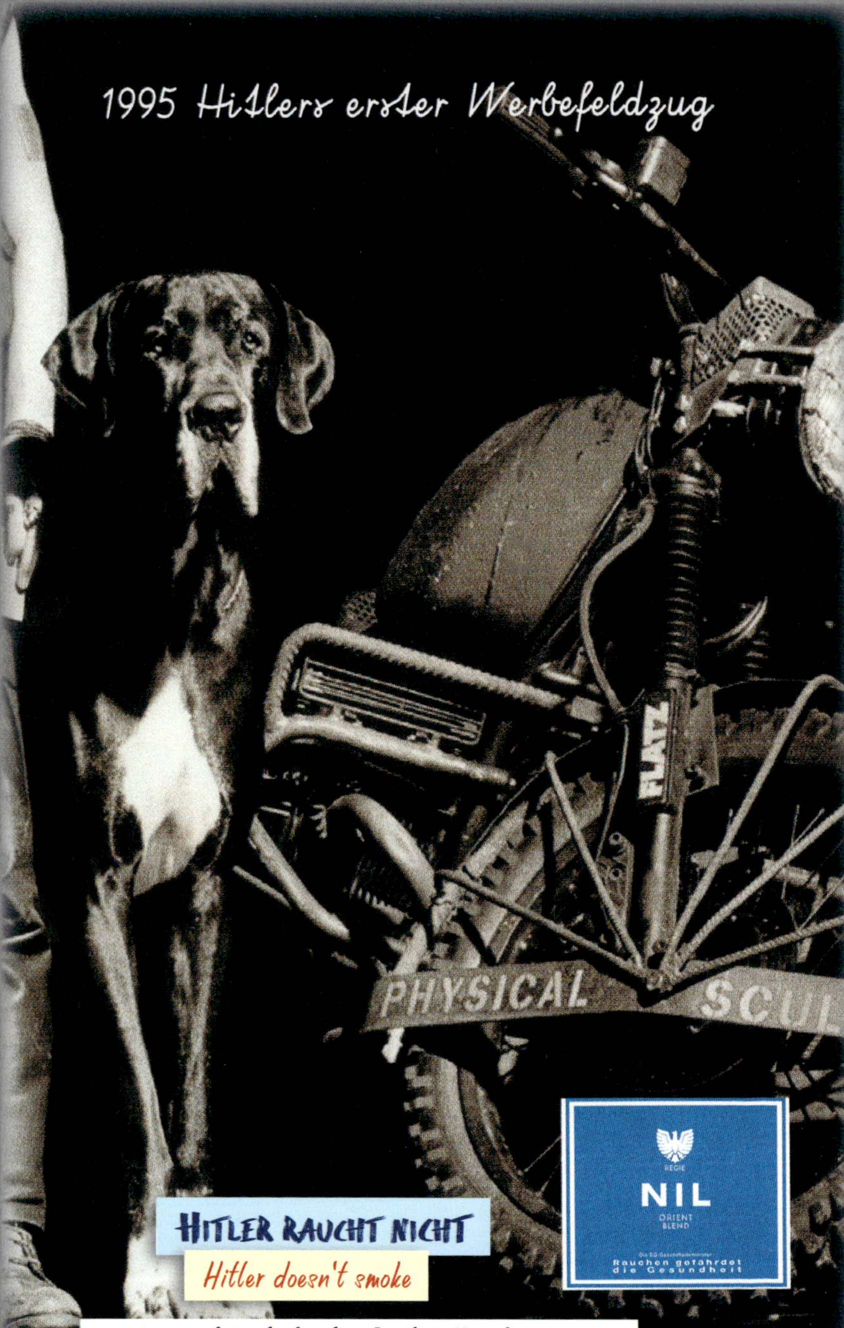

Unterschleißheim bei München 1995

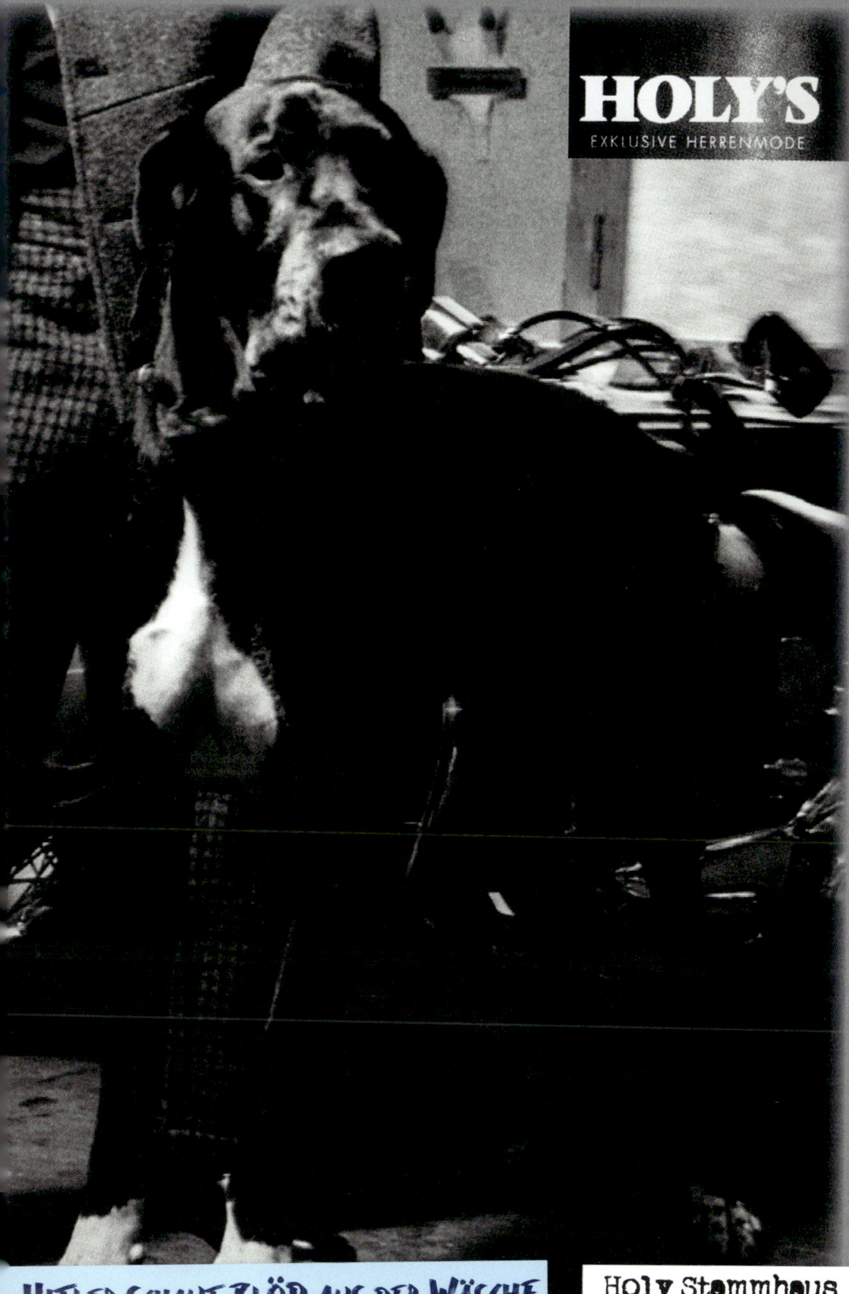

HITLER SCHAUT BLÖD AUS DER WÄSCHE

Hitler looking daft

Holy Stammhaus

Böblingen 1995

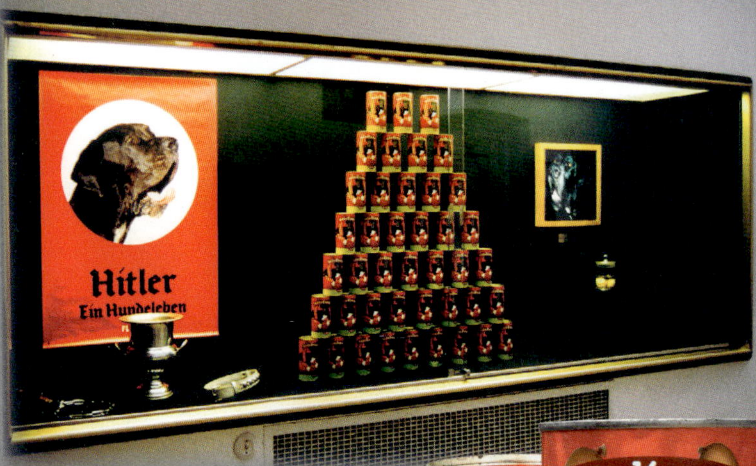

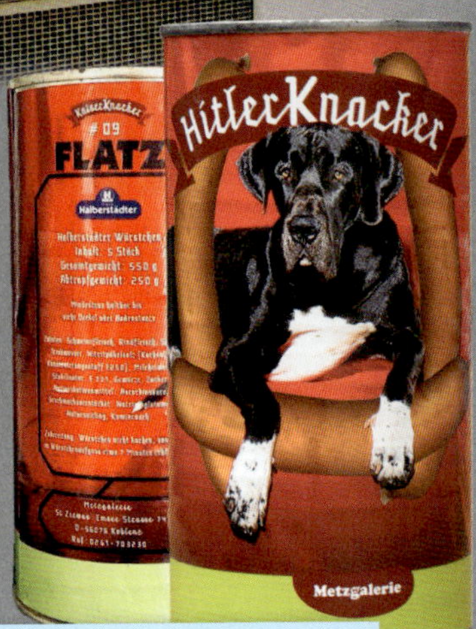

ANLÄSSLICH DER LEBENSMITTELKNAPPHEIT
ERFINDET HITLER DIE DOSENWURST

Due to food shortages Hitler invents canned sausages

Halle 1994

Bonn 1991

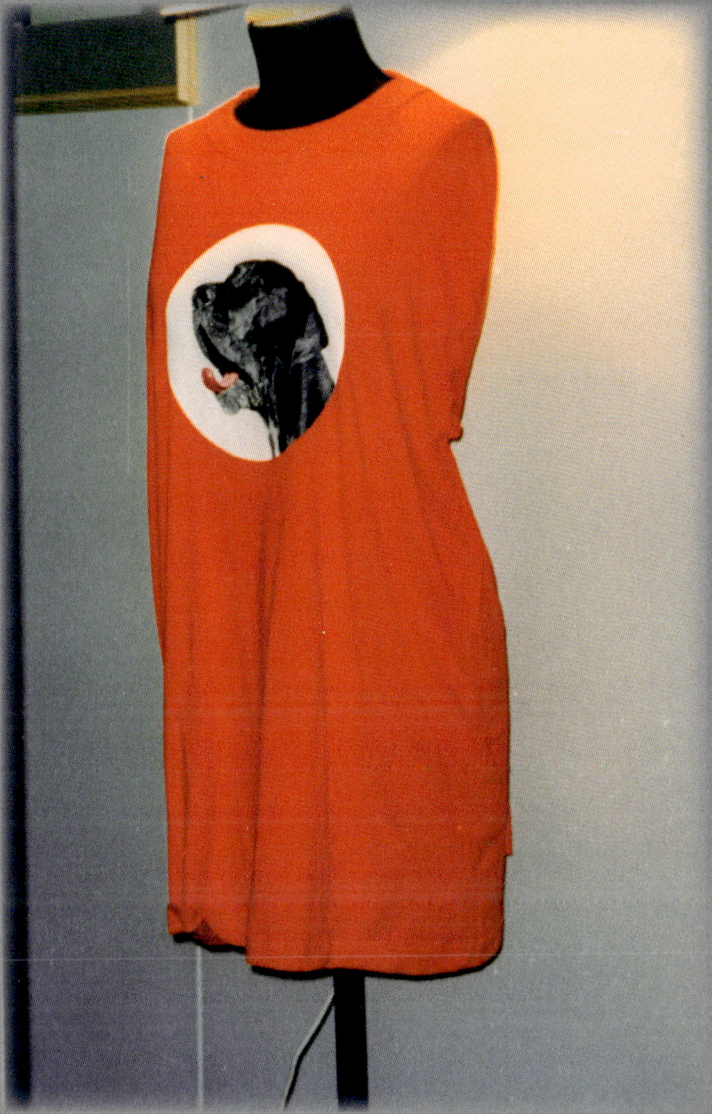

UMSTANDSKLEID AUS DER VON HITLER GENEHMIGTEN KOLLEKTION „ARIER FIRST"

Pregnancy clothes from the Hitler approved collection 'Aryans First'

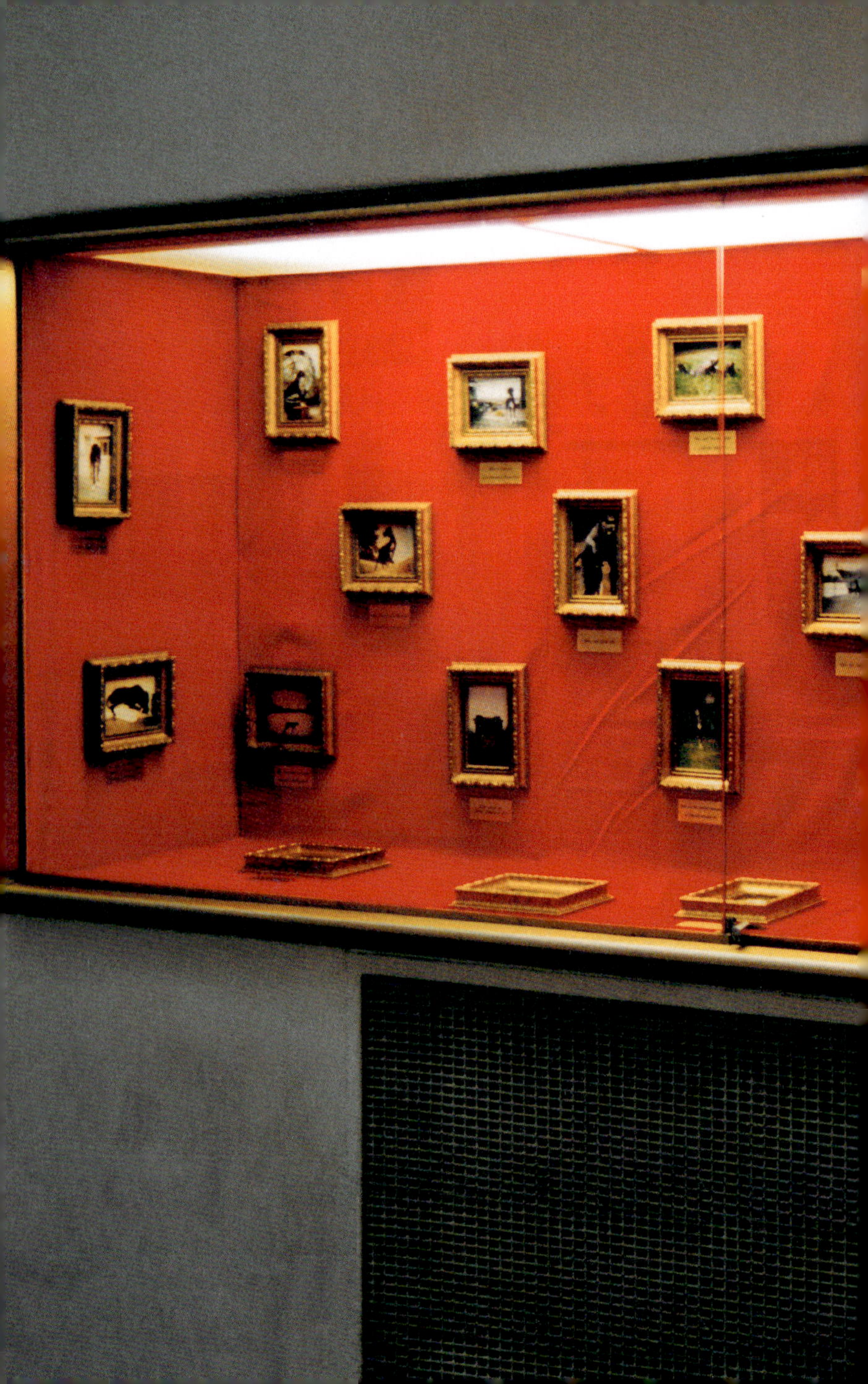

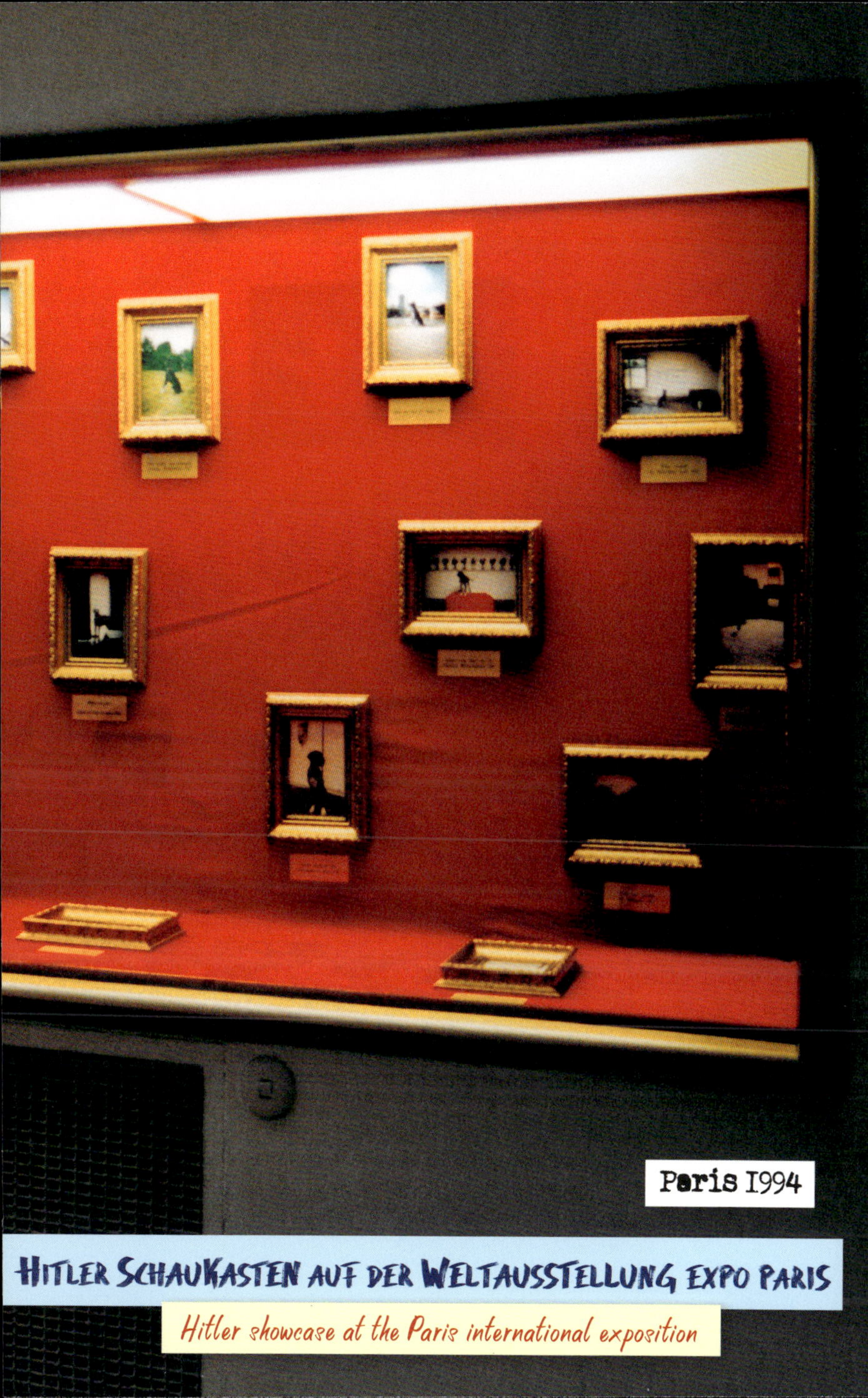

Paris 1994

HITLER SCHAUKASTEN AUF DER WELTAUSSTELLUNG EXPO PARIS

Hitler showcase at the Paris international exposition

HITLER

UND DIE POLITIK

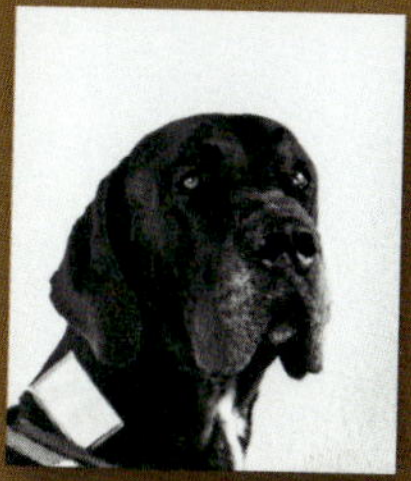

Hitler and politics

LONDON 1993

BERLIN 1992

BAYERISCHER WALD 1991

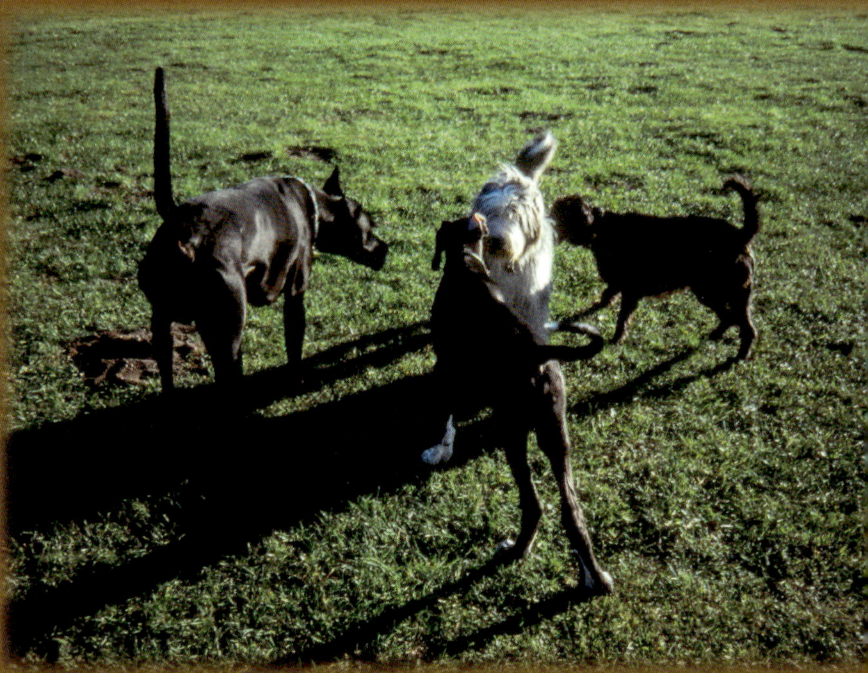

London 1993

Hitler beim Gipfeltreffen

Hitler at the summit meeting

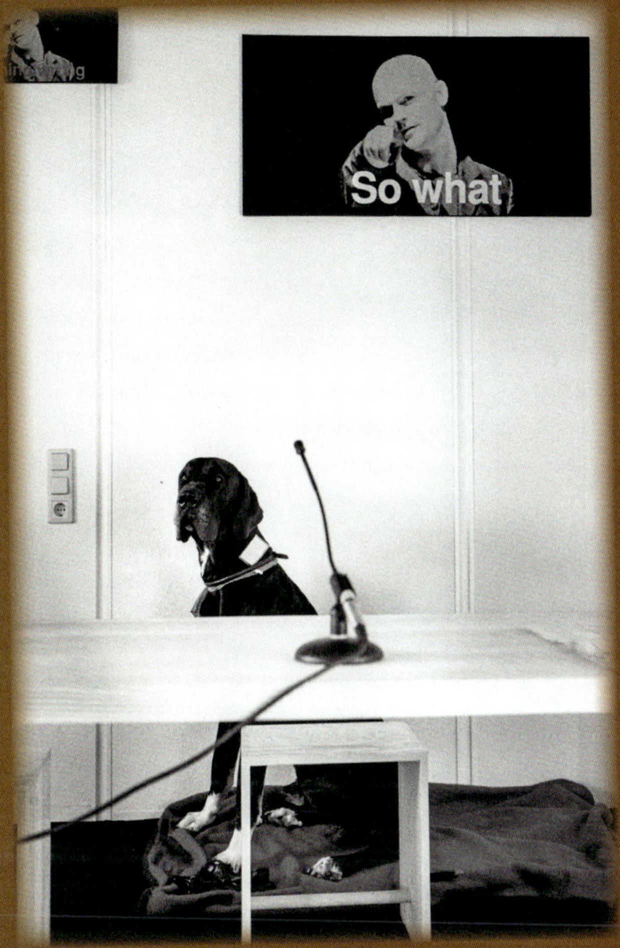

London 1993

HITLER SPRICHT LEIDER KEIN ENGLISCH

Unfortunately, Hitler does not speak English

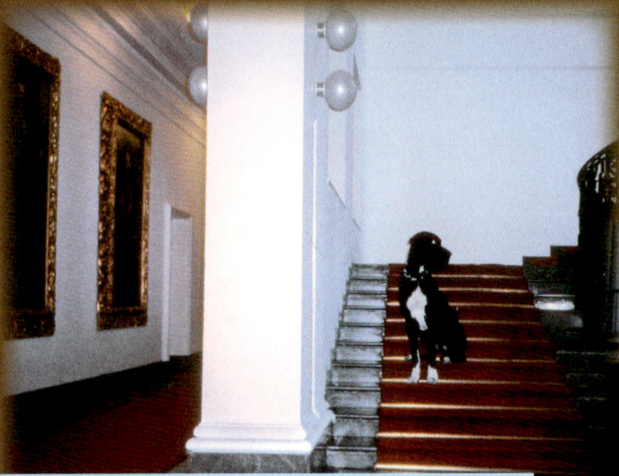

HITLER ERWARTET HOHEN BESUCH

Hitler awaits an important visit

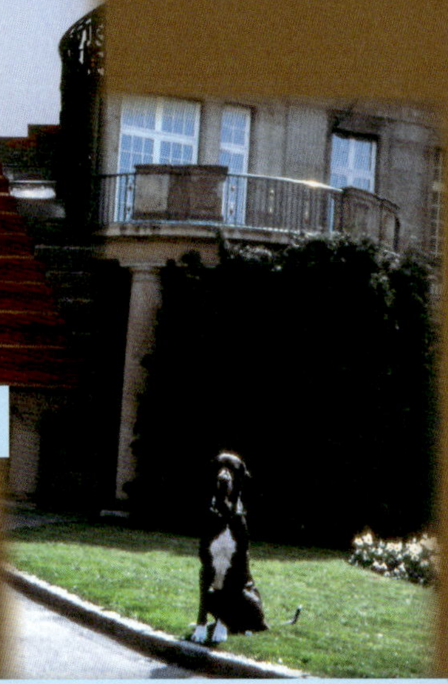

HITLER WARTET VOR DER STAATSKANZLEI

Hitler waiting in front of the state chancellery

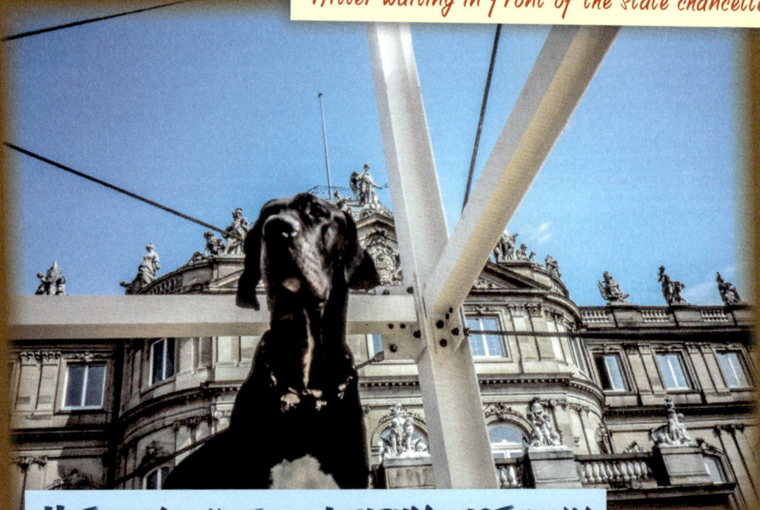

HITLER VERLÄSST DAS INNENMINISTERIUM

Hitler leaves the ministry of the interior

Berlin 1992

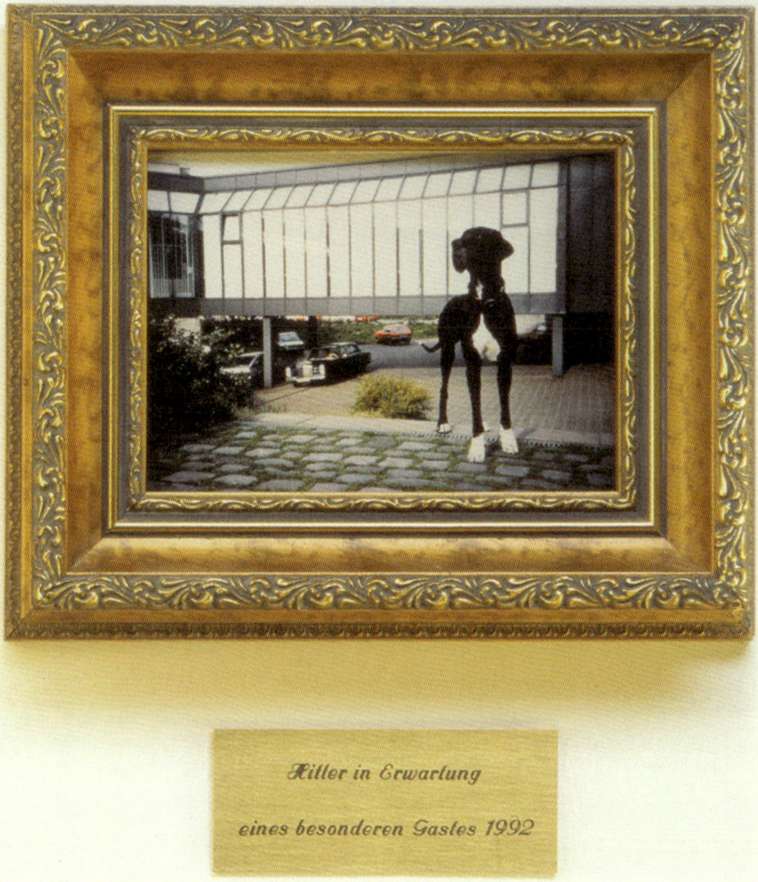

Hitler in Erwartung

eines besonderen Gastes 1992

Hitler in expectation of a special guest 1992

Staatsgemälde Sammlung

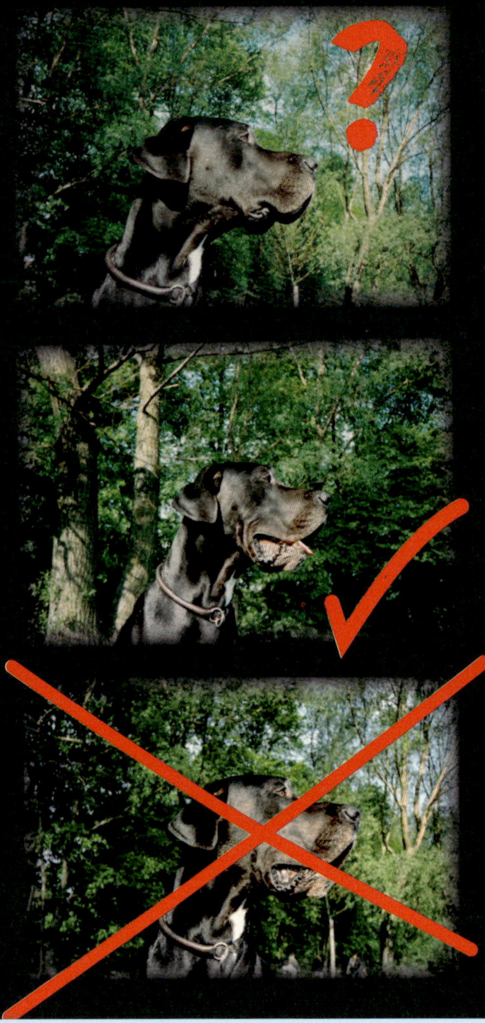

HITLERS ERSTE PORTRAIT SITZUNG IM GRÜNEN
FÜR DAS NEUE WAHLPLAKAT

Hitlers first photo shoot in the forest for the new election poster

Bayerischer Wald 1991

Atelier
FLATZ
Leibfotograf Hitler

Hitler und die Industrie

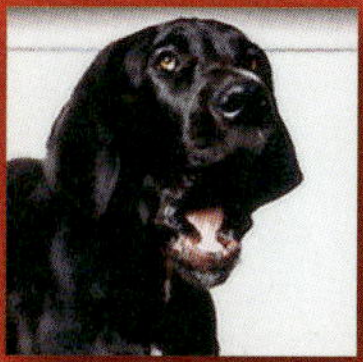

Hitler and the industry

Wolfsburg 1991

Stuttgart 1991

Weimar 1993

Paris 1993

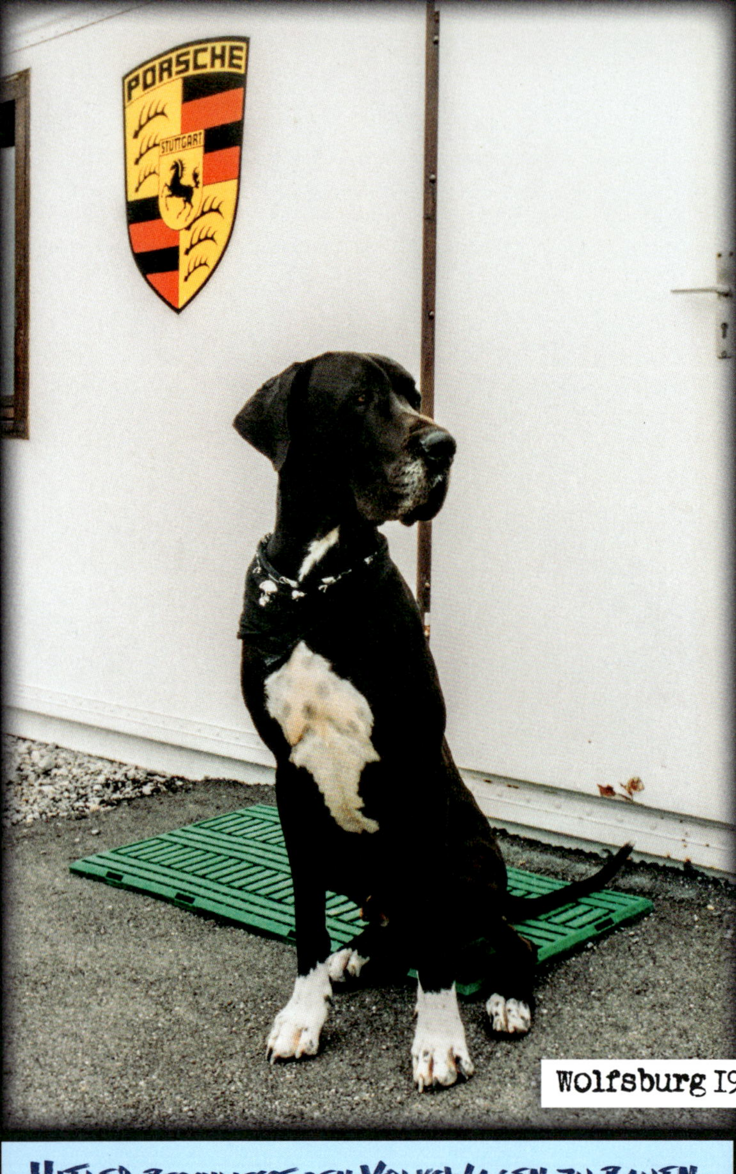

Wolfsburg 1991

Hitler beschliesst den Volkswagen zu bauen

Hitler decides to build the Volkswagen

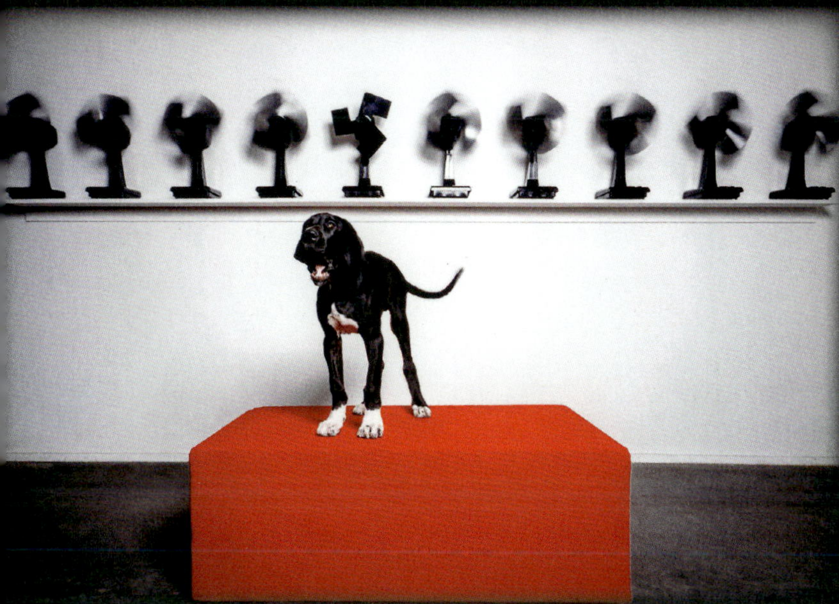

HITLERS ERSTE REDE VOR DER DEUTSCHEN MOTORENINDUSTRIE

Hitlers first speech in front of the German motor industry

Stuttgart 1991

Weimar 1993

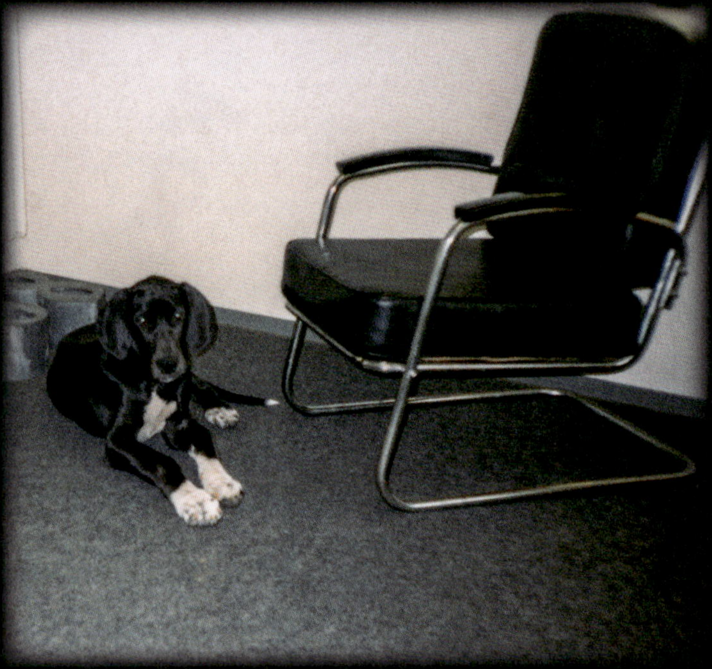

„Ich kann beim besten Willen kein Hakenkreuz erkennen"
kommentiert Hitler das Stuhl Modell von Le Corbusier

"I can not see the swastika with the best of intentions"
Hitler commented on the chair design by Le Corbusier

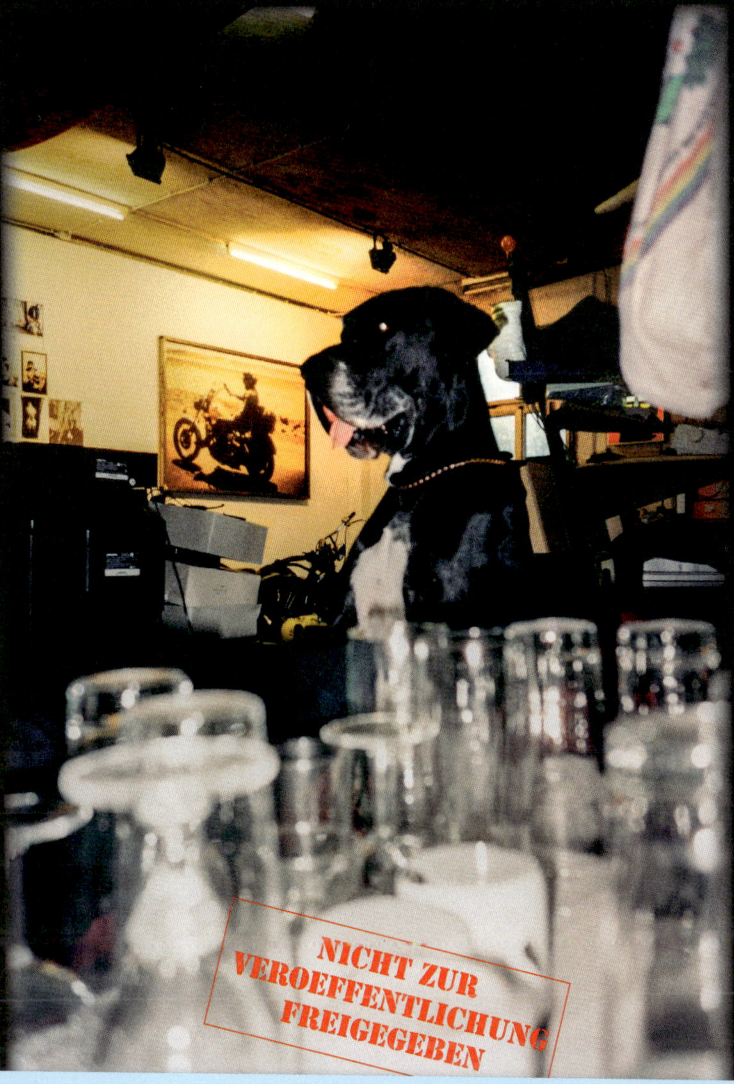

HITLER LEICHT ANGETRUNKEN AUF DER PREMIERENFEIER DES FILMES „EASY GOING – TRIUMPH DES WILLENS" VON LENI RIEFENSTAHL

Paris 1994

Hitler lightly drunk at the Premiere Party of the movie 'Easy Going – Triumph of the Will' by Leni Riefenstahl

KRIEG

Hitler

bereitet seine Geschichte vor

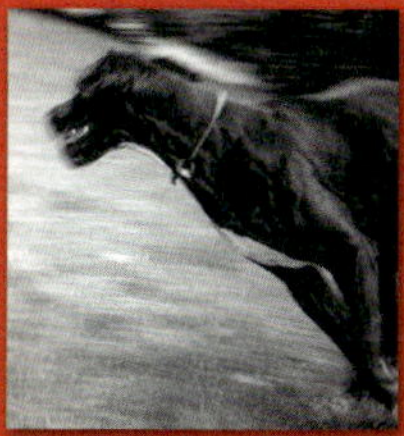

Hitler prepares his history

Dessau 1992

Nürnberg 1991

Hof 1992

Bayreuth 1992

Suhl 1992

Travemünde 1991

Zugspitze 1992

Verdun 1994

München 1994

Stalingrad 1992

Berlin 1993

Polen 1992

Wien 1991

Ostfront 1994

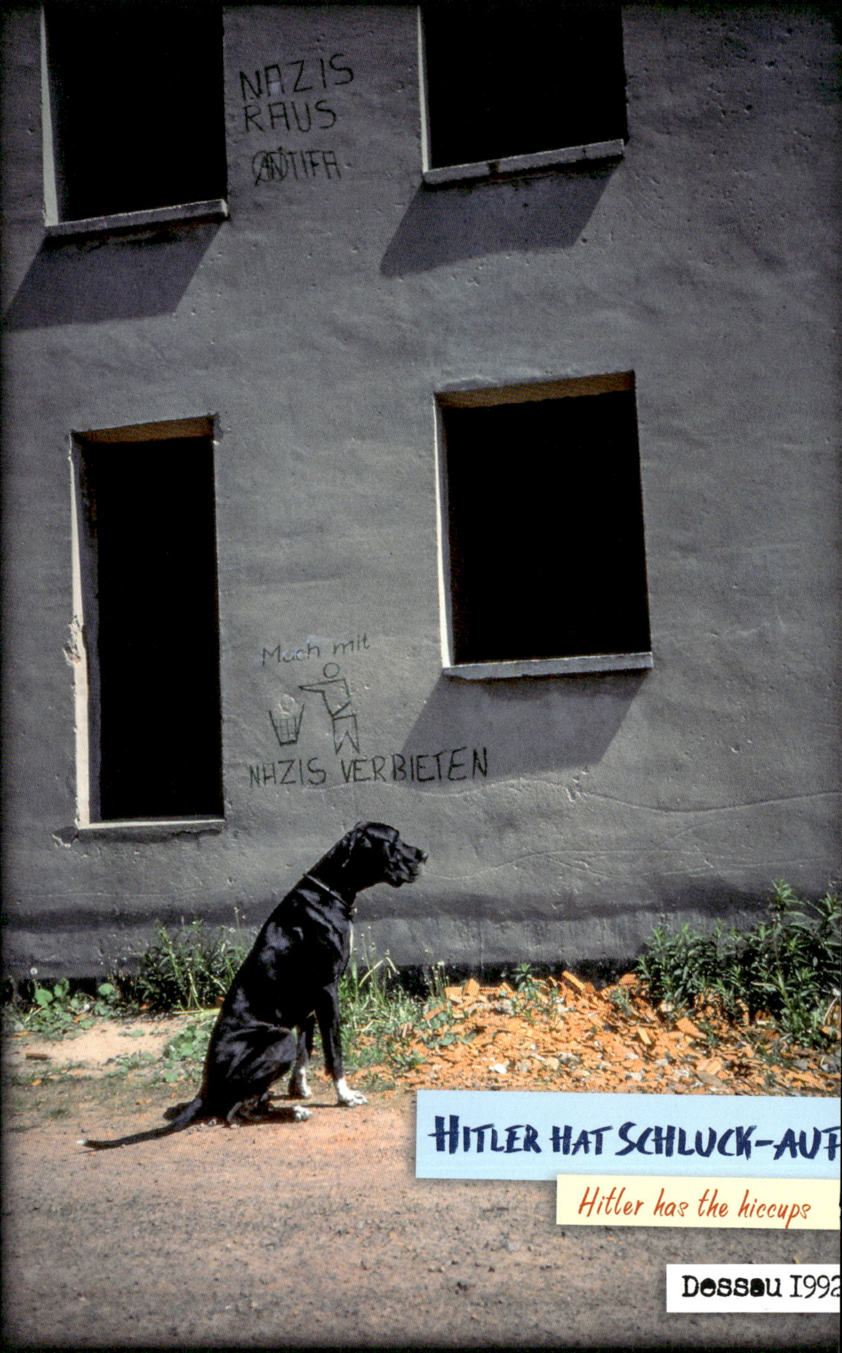

HITLER HAT SCHLUCK-AUF

Hitler has the hiccups

Dessau 1992

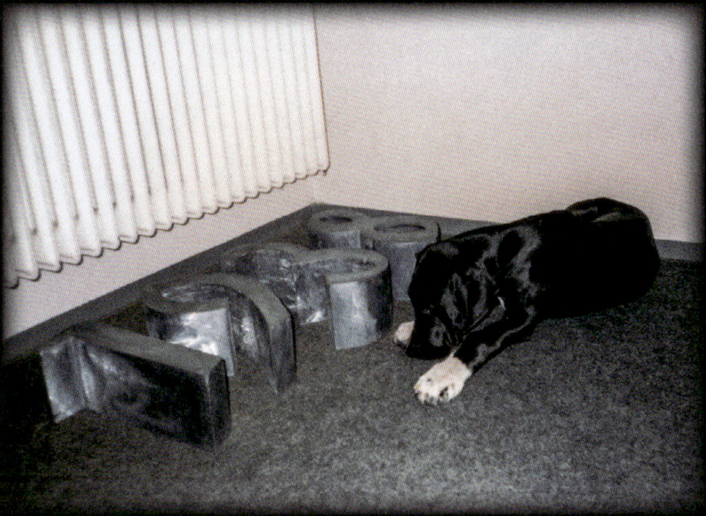

HITLER BESCHLIESST DIE HÜHNERVERNICHTUNG

Hitler decides the order of extermination of the chickens

Nürnberg 1991

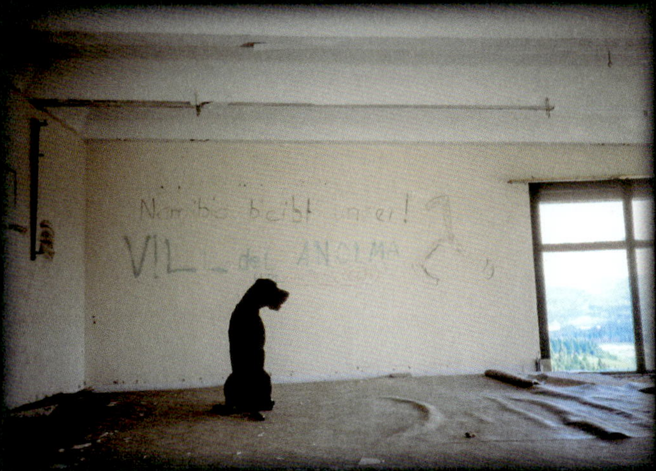

HITLER KANN NICHT LESEN

Hitler can't read

Dessau 1992

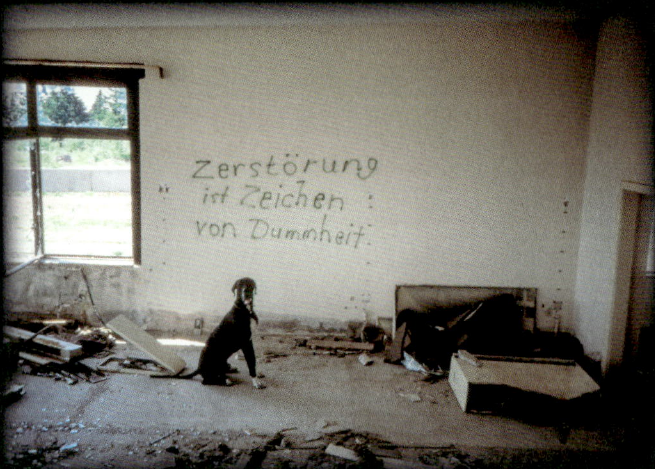

HITLER VERSTEHT DIE MENSCHHEIT NICHT

Hitler doesn't understand mankind

Hof 1992

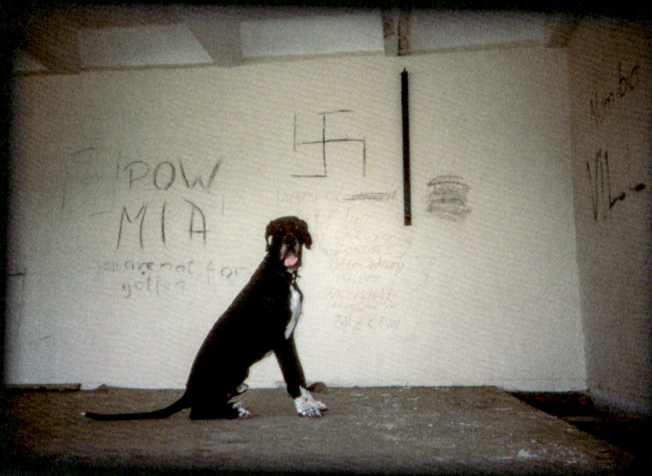

HITLER FINDET DAS ALLES AUCH NICHT IN ORDNUNG

Hitler thinks that all of this is out of order

Bayreuth 1992

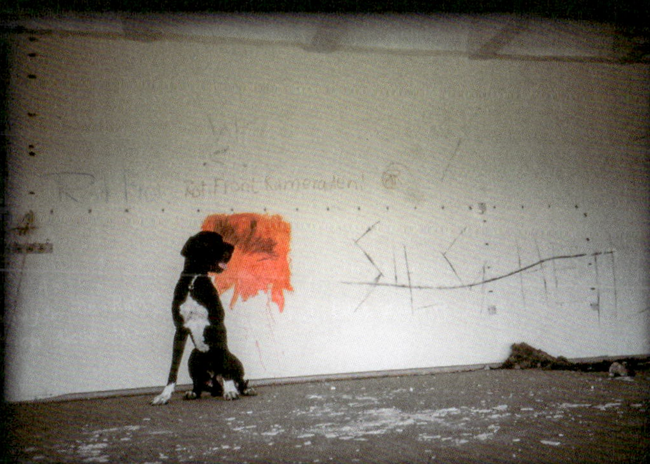

HITLER KAPIERT GAR NIX MEHR

Hitler doesn't understand anything anymore

Suhl 1992

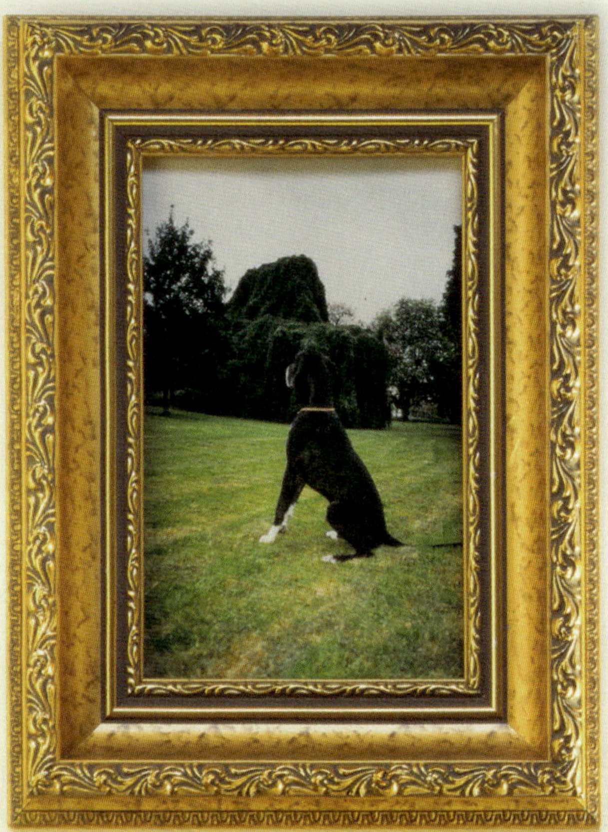

Hitler besichtigt einen mustergültig getarnten Kampfpanzer 1995

Hitler witnesses a perfectly camouflaged tank 1995

Staatsgemälde Sammlung

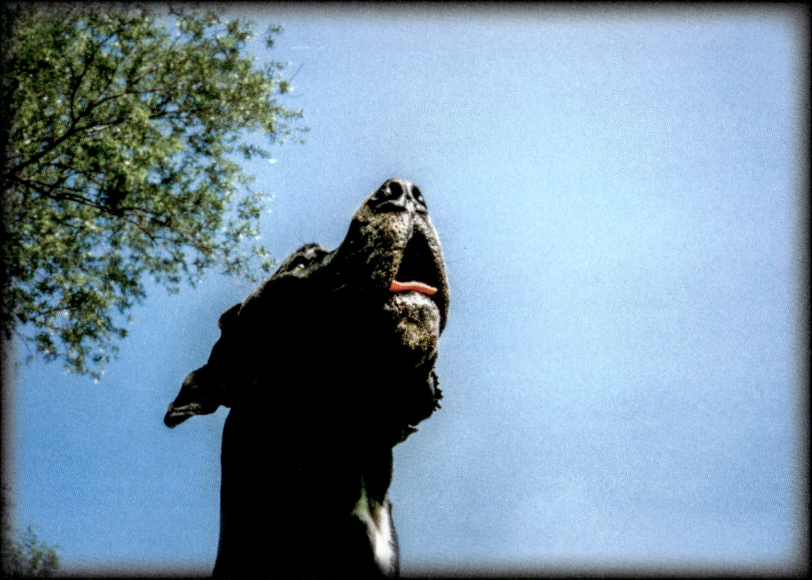

Travemünde 1991

HITLER FÄLLT DIE KLAPPE RUNTER BEIM START DER V2 RAKETE

Hitlers jaw drops as the V2 rocket starts

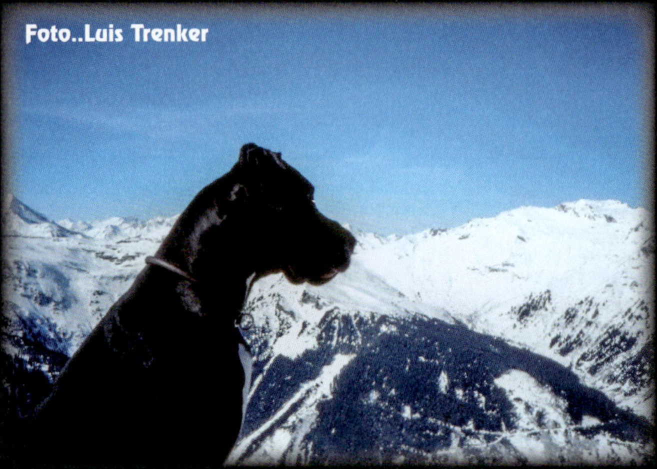

HITLERS SEHNSUCHTSVOLLER BLICK NACH ÖSTERREICH

Hitlers longing look to Austria

Zugspitze 1992

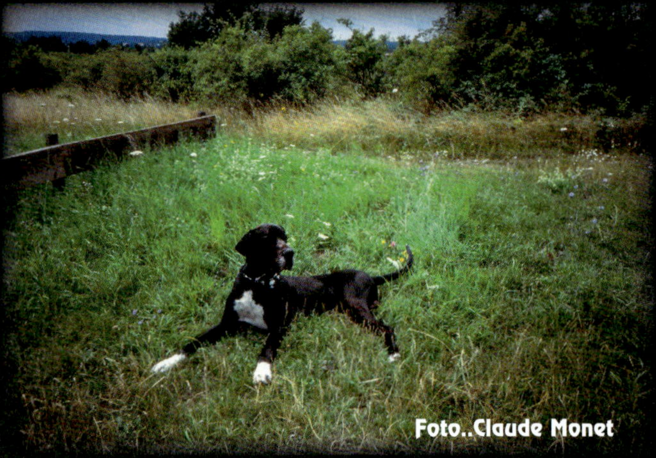

HITLER BESICHTIGT DAS SCHLACHTFELD VON VERDUN

Hitler visits the battlefield of Verdun

Verdun 1994

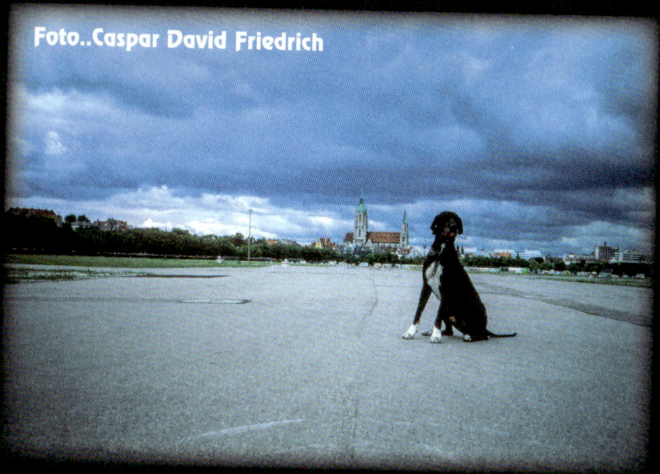

HITLER NACH DEM BIERKAMPF AUF DER OKTOBERWIESE

München 1994

Hitler after the beerfights at the Oktoberfest

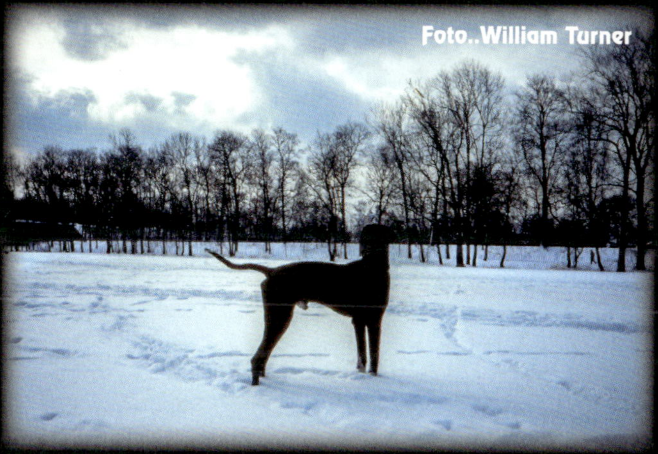

HITLER IM WALD VOR STALINGRAD

Stalingrad 1992

Hitler in the forest in front of Stalingrad

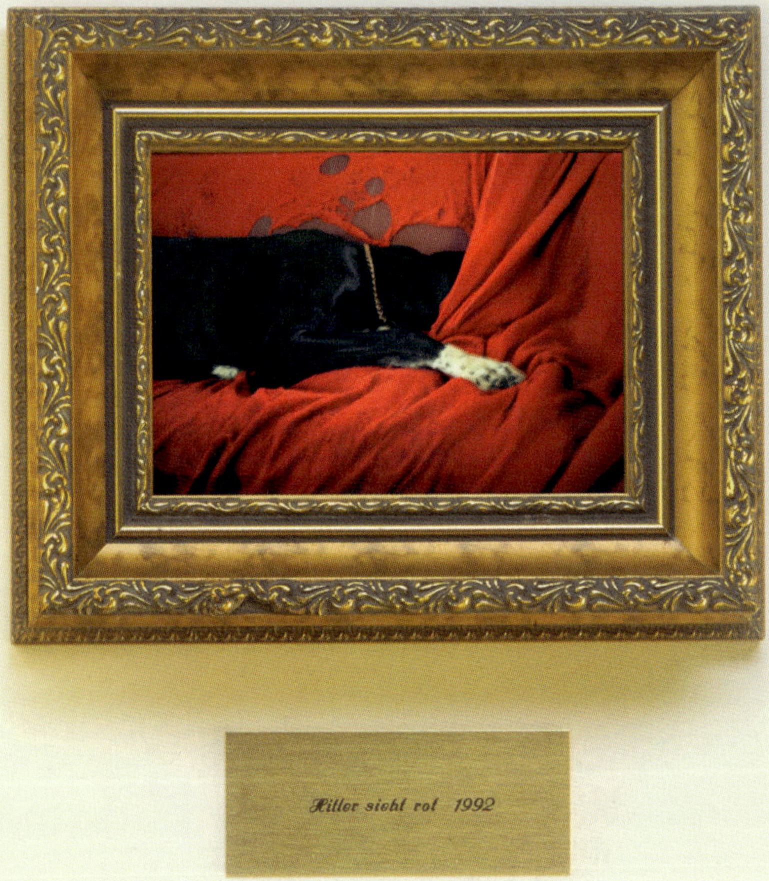

Hitler sees red 1992

Staatsgemälde Sammlung

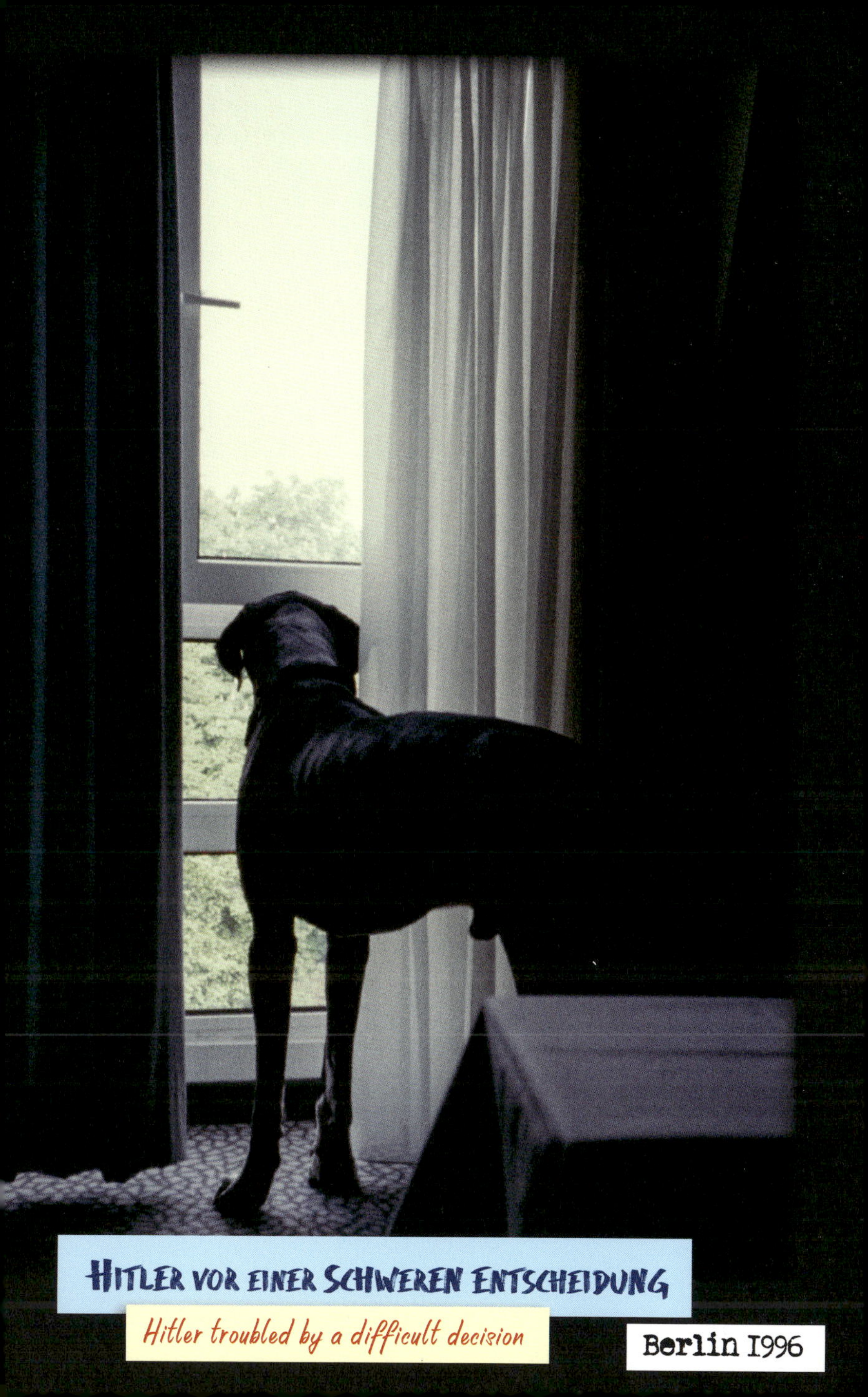

HITLER VOR EINER SCHWEREN ENTSCHEIDUNG

Hitler troubled by a difficult decision

Berlin 1996

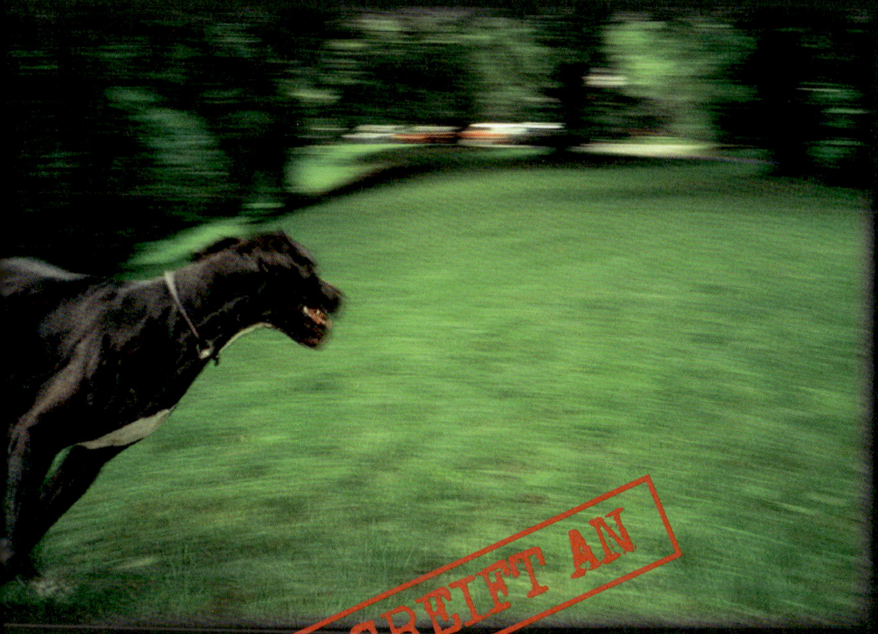

HITLER GREIFT AN

Krieg

WAR

HITLER ATTACKS

Polen 28.05.1996 1:57

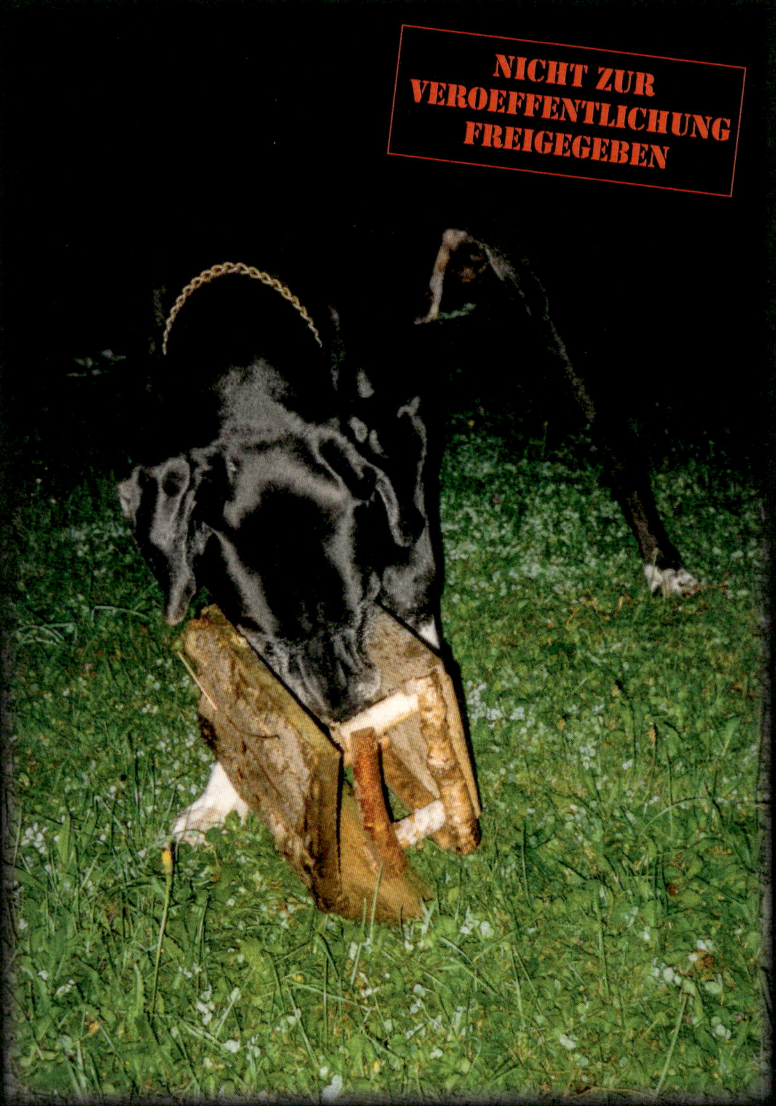

HITLER MACHT POLEN ZU KLEINHOLZ

Hitler makes mincemeat out of Poland

Polen 1992

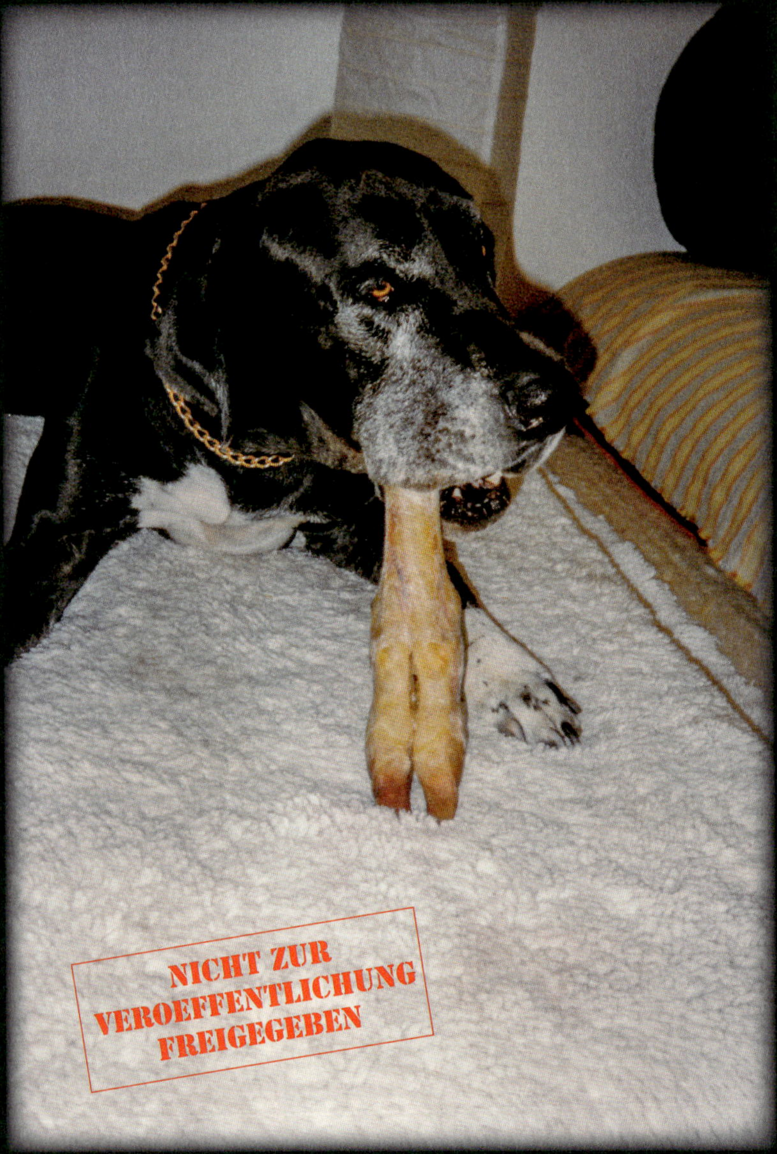

HITLER VERSPEIST ÖSTERREICH

Hitler devours Austria

Wien 1991

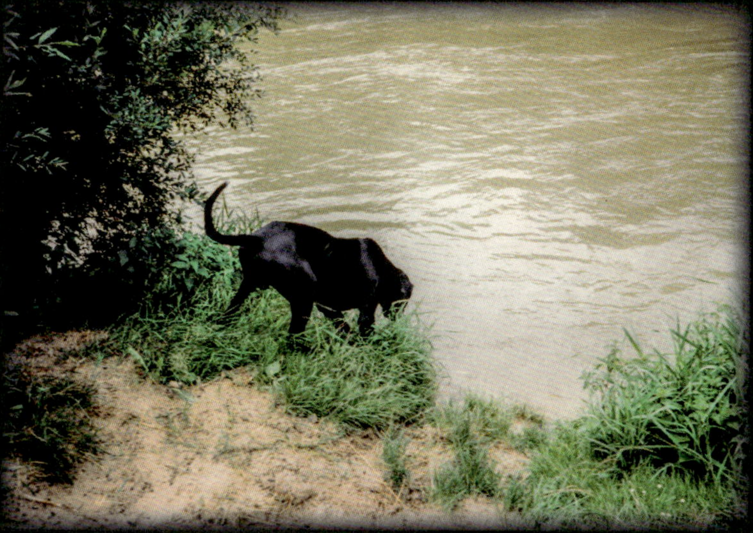

HITLER GEHT IN DER WOLGA BADEN

Hitler attempts to have a bath in the Wolga

Stalingrad 1996

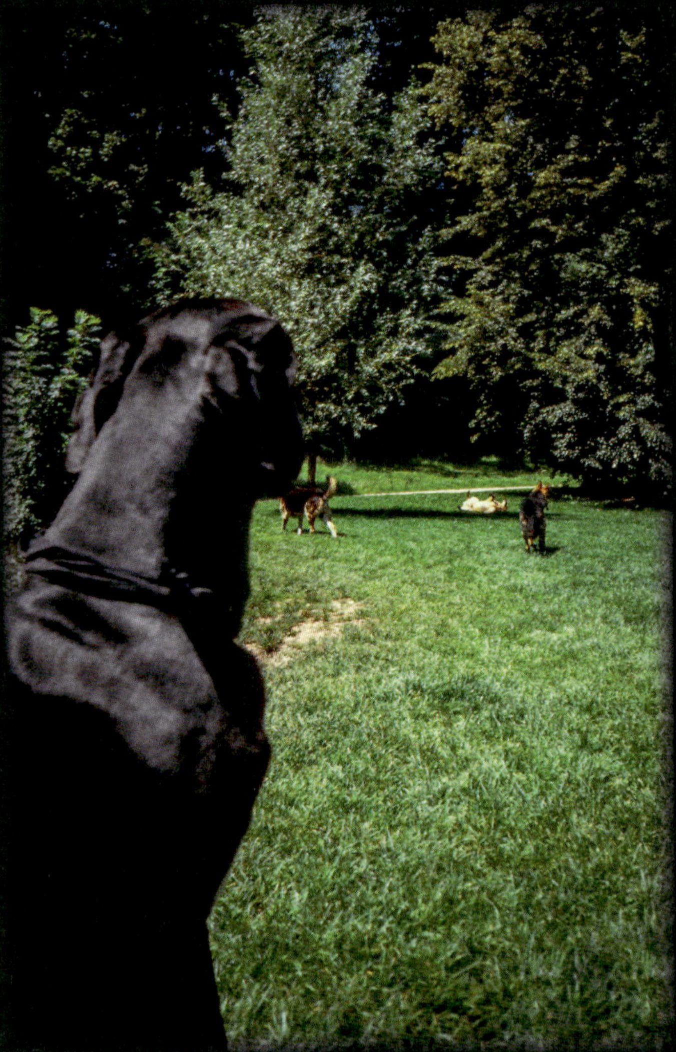

HITLER BEOBACHTET DIE BERGUNG EINES VERWUNDETEN SOLDATEN DURCH KAMERADEN DER SCHÄFERHUNDBRIGADE

Hitler observes the rescue of a wounded comrade through German shepherds

Ostfront 1994

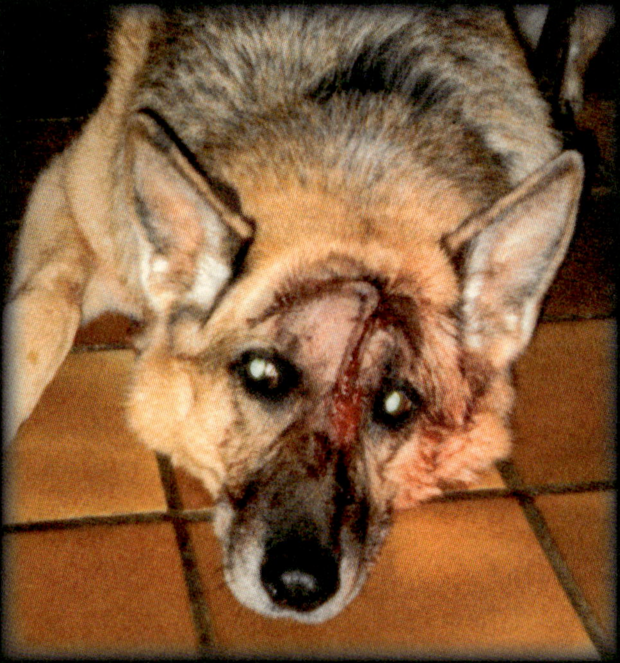

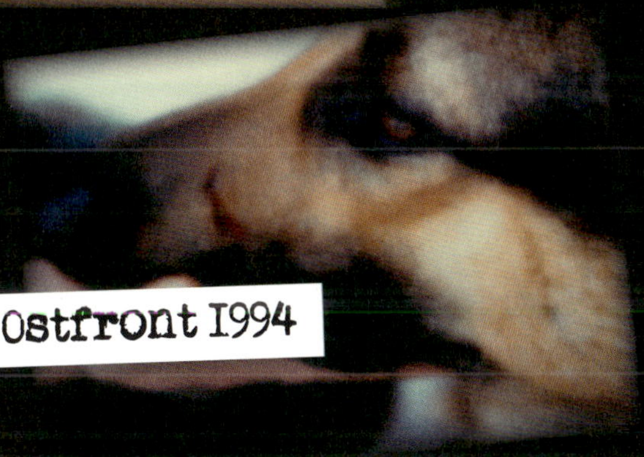

HITLER BESUCHT DIE VERWUNDETEN SOLDATEN UND DENKT..
„OB MAN DIE KAMERADEN
NOCHMAL AN DIE FRONT SCHICKEN KANN?"

Hitler visits the wounded soldiers and wonders,
if the comrades can be sent to the front line again

Hitler nach Begehung der Versehrten Allee

Hitler after a walk through the avenue of the veterans

Berlin 1993

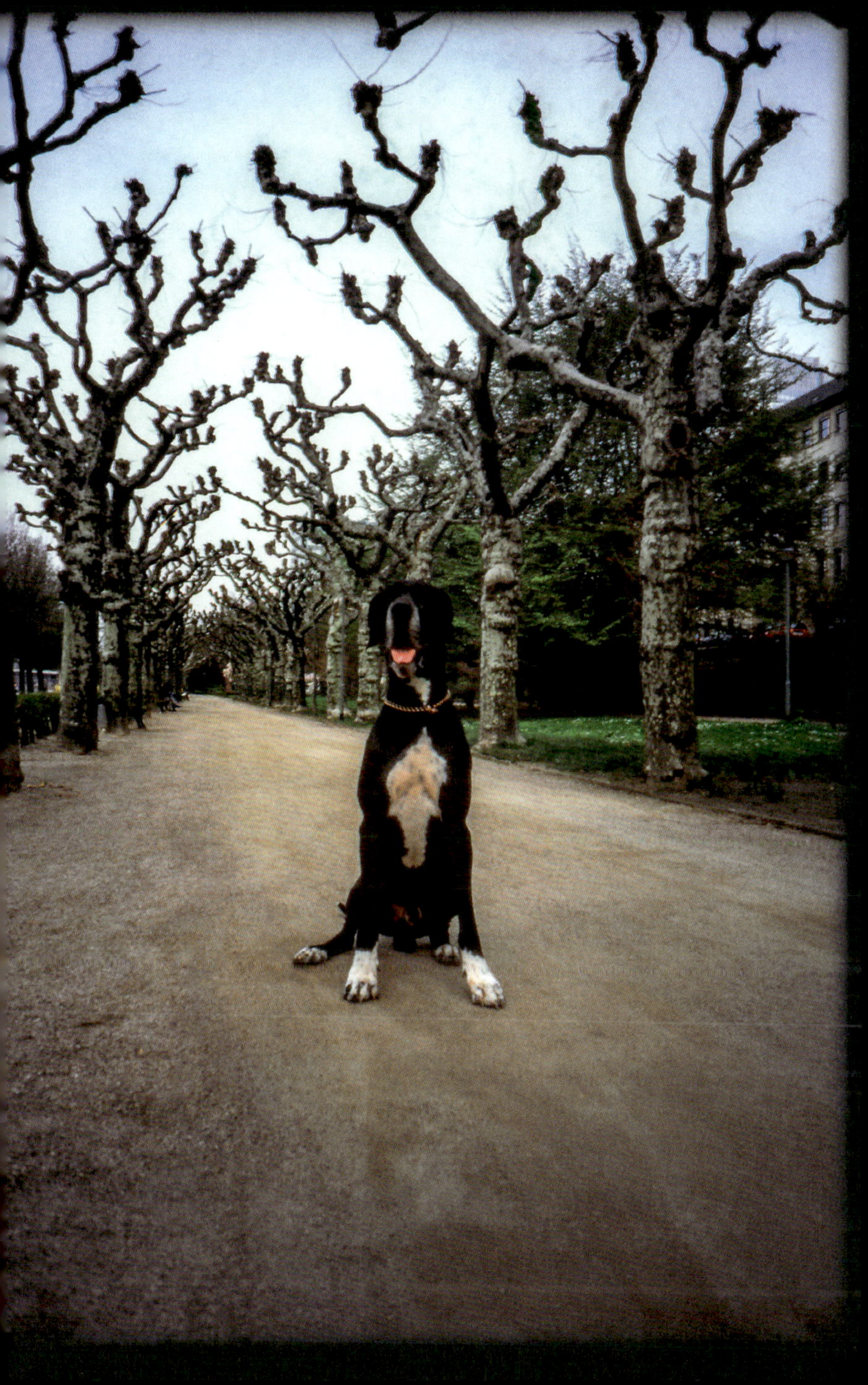

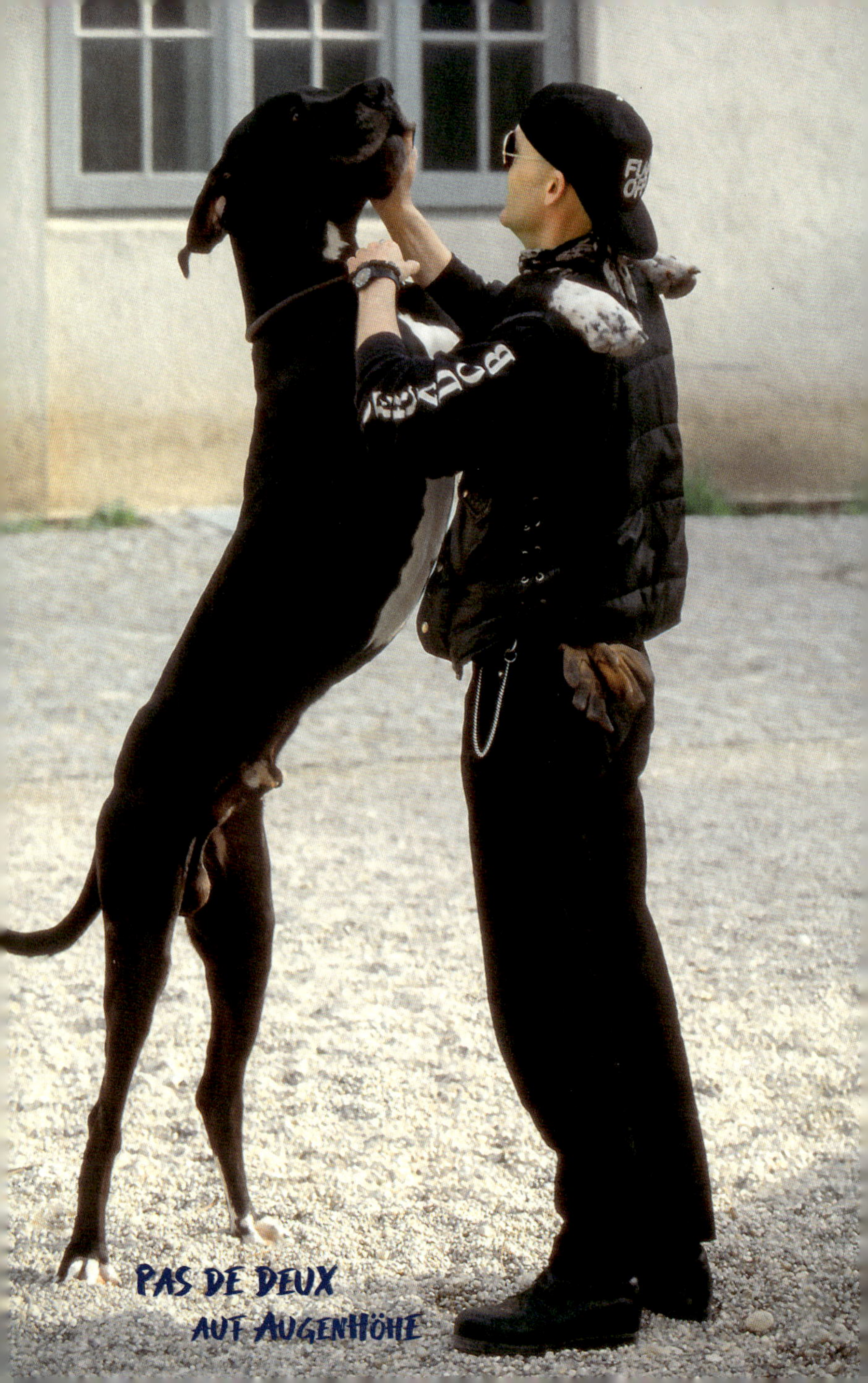

PAS DE DEUX
AUF AUGENHÖHE

Hitler, sein Führer und die MenschenWesen

Hitler, his leader and mankind

München 1991

Passau 1991

Kassel 1992

Frankfurt 1995

Berlin 1991

Rom 1991

Wien 1991

Paris 1994

Berlin Zoo 1993

Wolfsburg 1993

Stuttgart 1991

Dachau 1992

Köln 1993

Pasing 1992

Wolfsschanze 1995

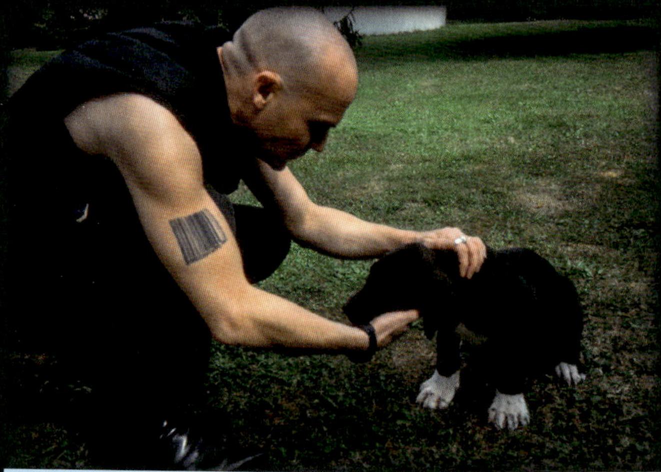

KLEIN HITLER IN GUTEN HÄNDEN

Little Hitler in good hands

Englischer Garten
München 1991

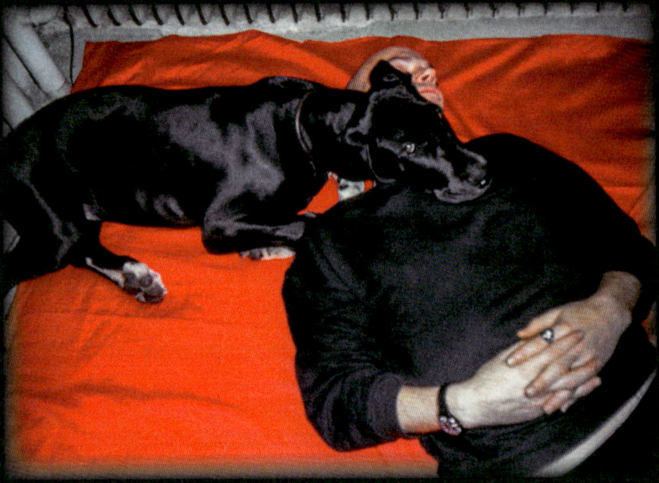

SIAMESISCHE ZWILLINGE

Siamese twins

Beim Führer zu Haus
München 1991

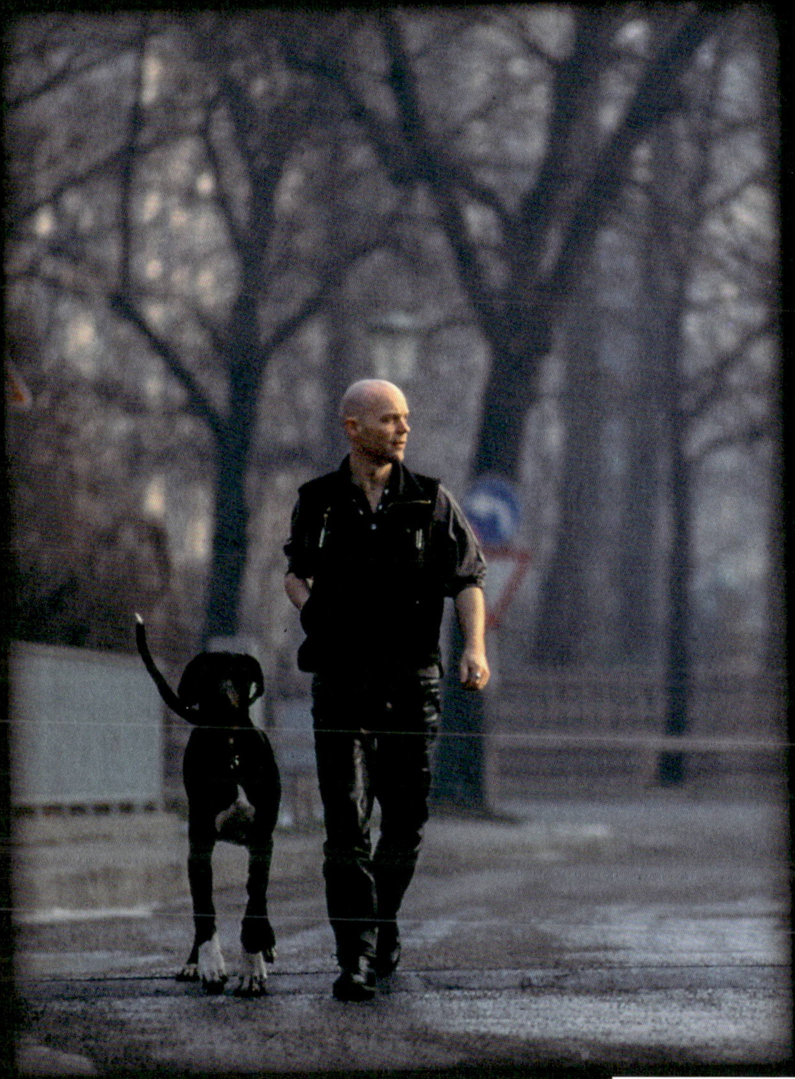

Jung Hitler und sein Führer

Young Hitler and his leader

Praterinsel

München 1991

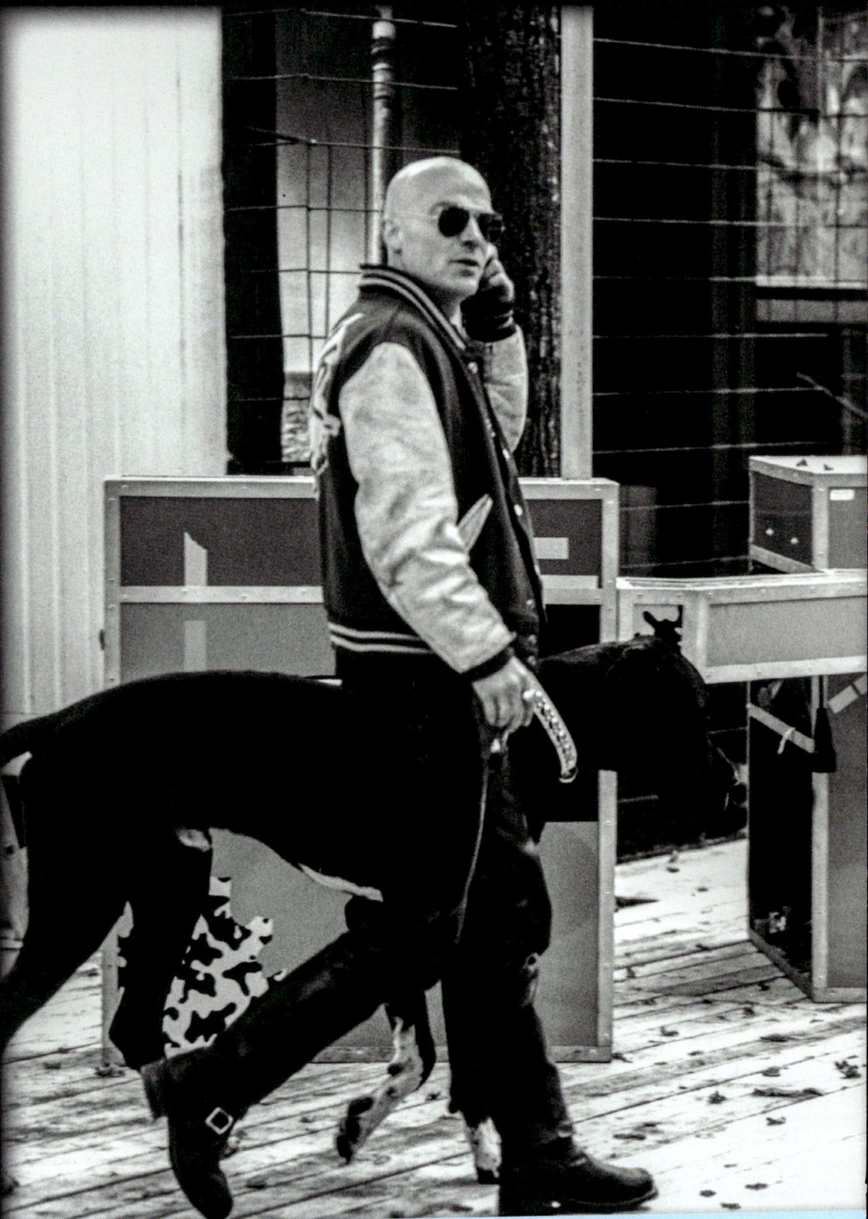

HITLER LERNT VOM FÜHRER „BEI FUSS“ IM BOOTCAMP NIEDERBAYERN

Hitler being taught 'heel' by his leader in bootcamp Lower Bavaria

Passau 1991

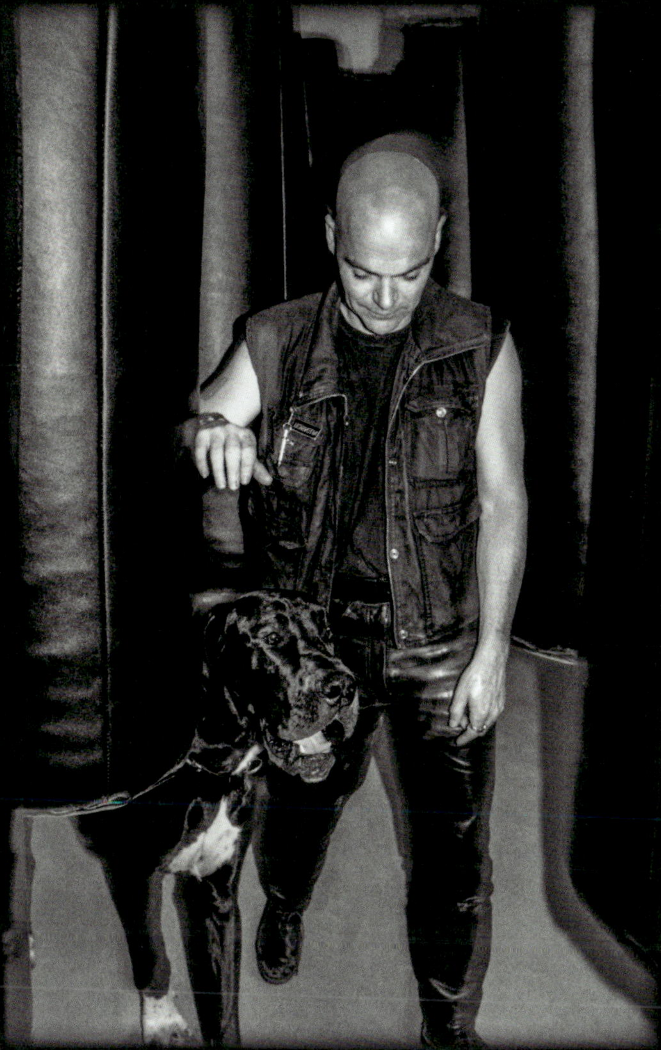

HITLER WIRD VON SEINEM FÜHRER IN DER AUSSTELLUNG DOCUMENTA IX DURCH DAS WERK „BODYCHECK PHYSICAL SCULPTURE" DES KÜNSTLERS UND LANDSMANNES FLATZ GEFÜHRT

Hitler is guided through the Documenta IX exhibition by his leader ..and gets shown the art piece 'Bodycheck Physical Sculpture' by the artist and compatriot FLATZ

Kassel 1992

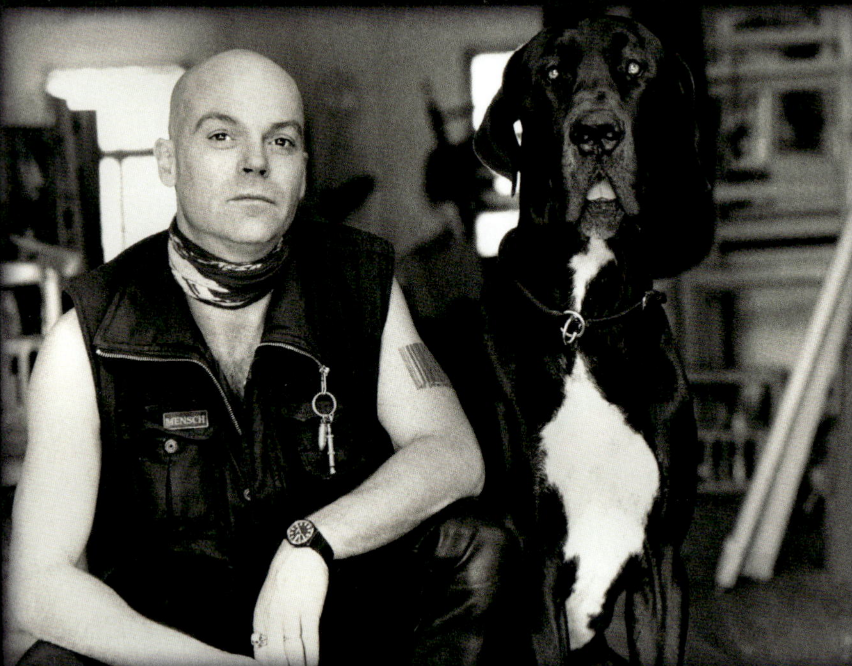

TWO REALLY GOOD FELLOWS.. WER IST DER GRÖSSERE HUND..

.. Who is the bigger dog..

Führeratelier München

München 1991

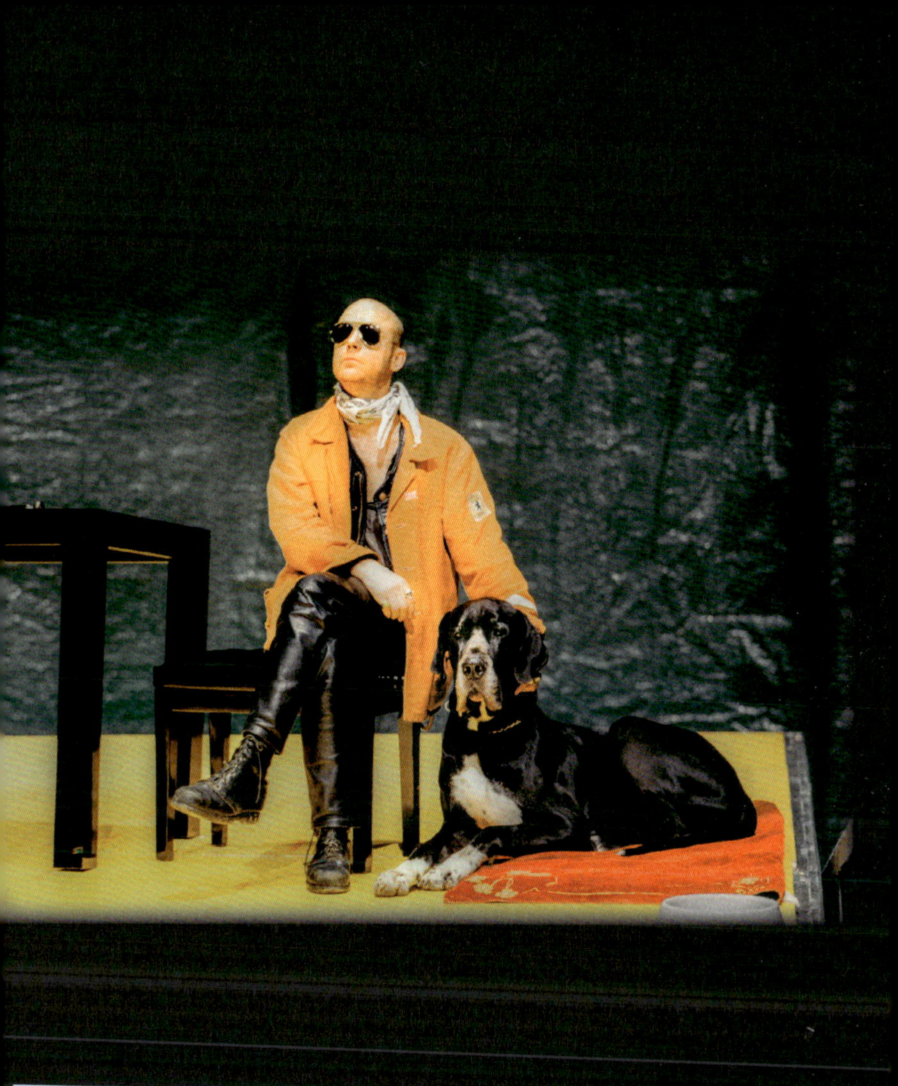

Two cool guys im „Gleichgewicht" von Botho Strauss

Two cool guys in 'Gleichgewicht' by Botho Strauss

Schauspiel Frankfurt

Frankfurt 1995

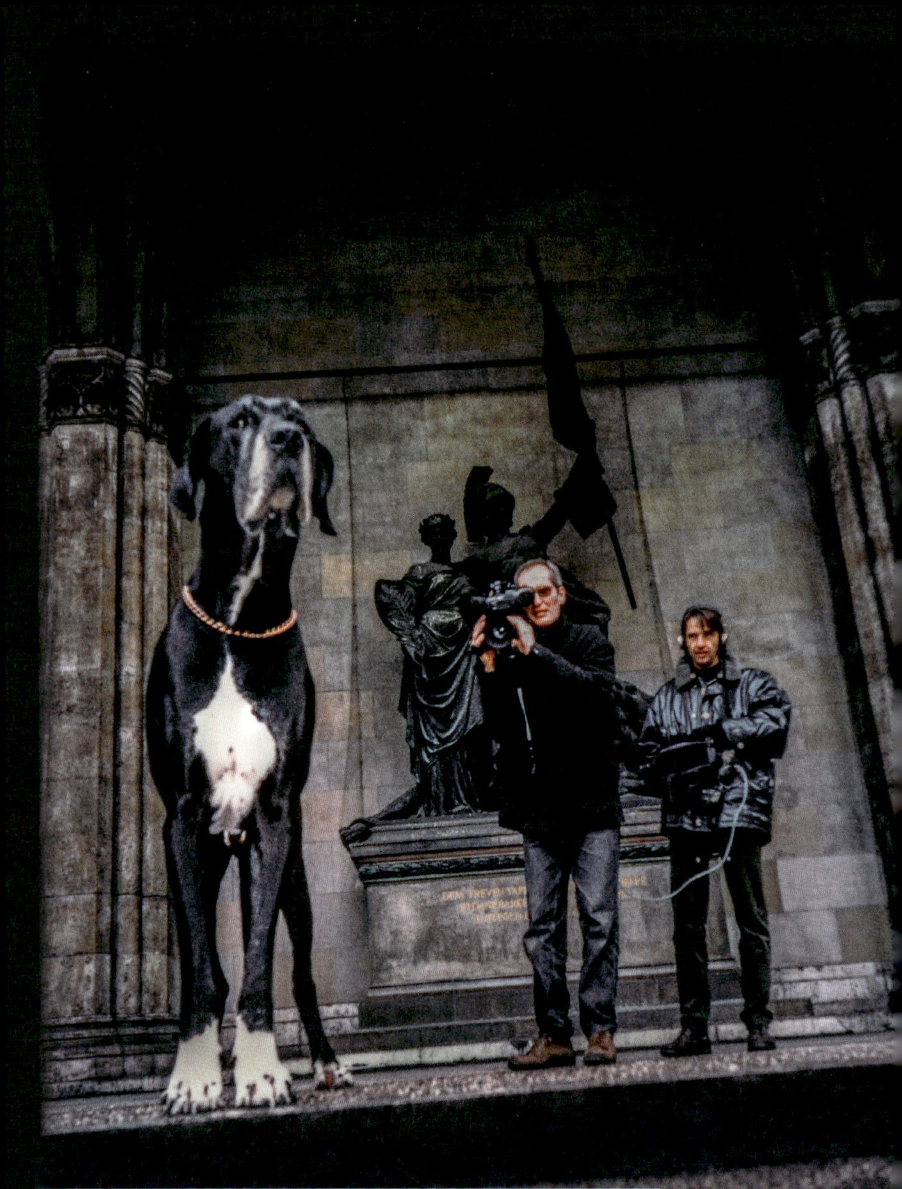

SCHWEIGEND BEOBACHTET HITLER DIE ENTFERNUNG EINES STÖRENFRIEDES WÄHREND SEINER REDE VOR DER FELDHERRNHALLE

Hitler silently watches the disposal of a troublemaker during his speeck in front of the Feldherrnhalle

München 1992

VON VORNE:

HITLER UND SEIN FÜHRER IM VOLKSGARTEN

from the front: Hitler and his leader at Berlin Volksgarten

Berlin 1991

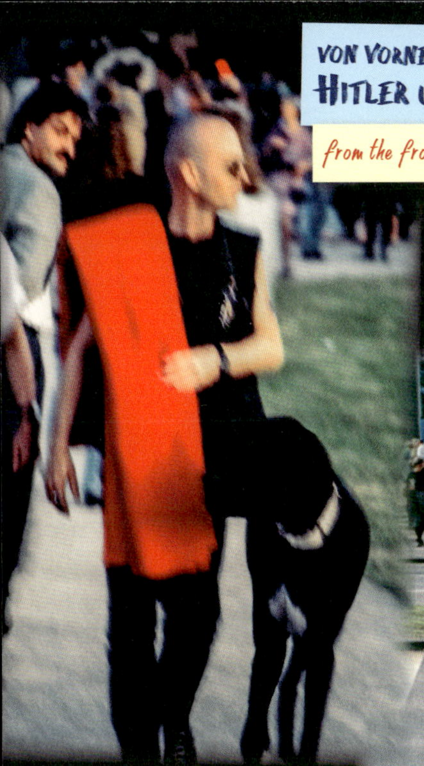

VON HINTEN: IN ROM

from behind: in Rome

Rom 1991

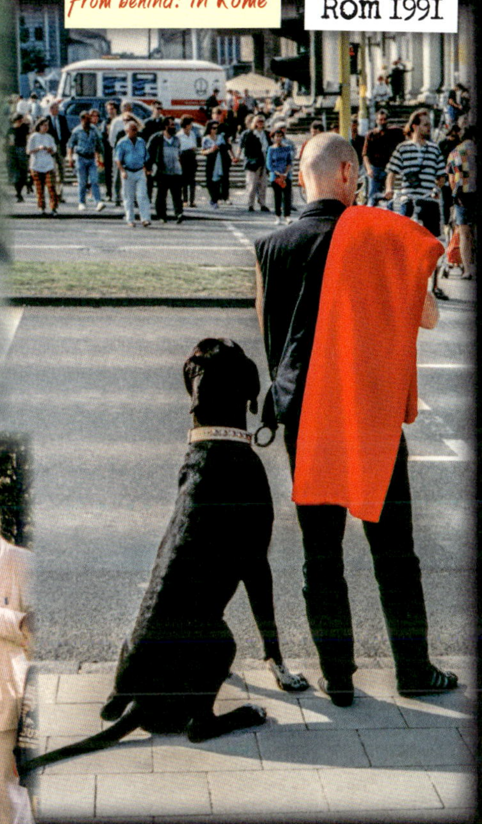

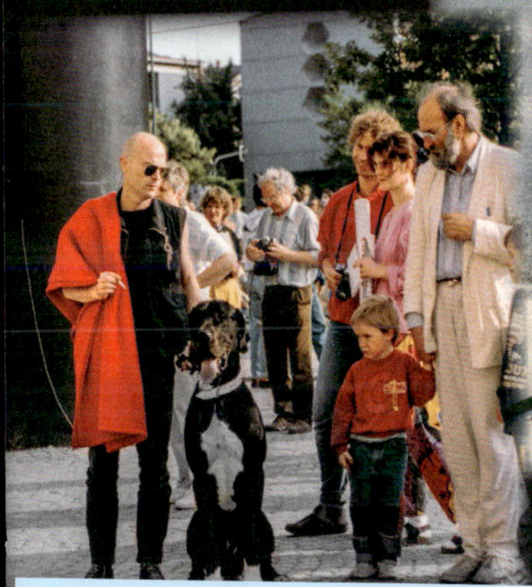

HITLER LANGWEILT DAS GESCHWÄTZ VON SIGMUND FREUD BEI EINEM FAMILIENSPATZIERGANG IM PRATER

Hitler bored by Sigmund Freuds chatter on a family walk in the Prater

Wien 1991

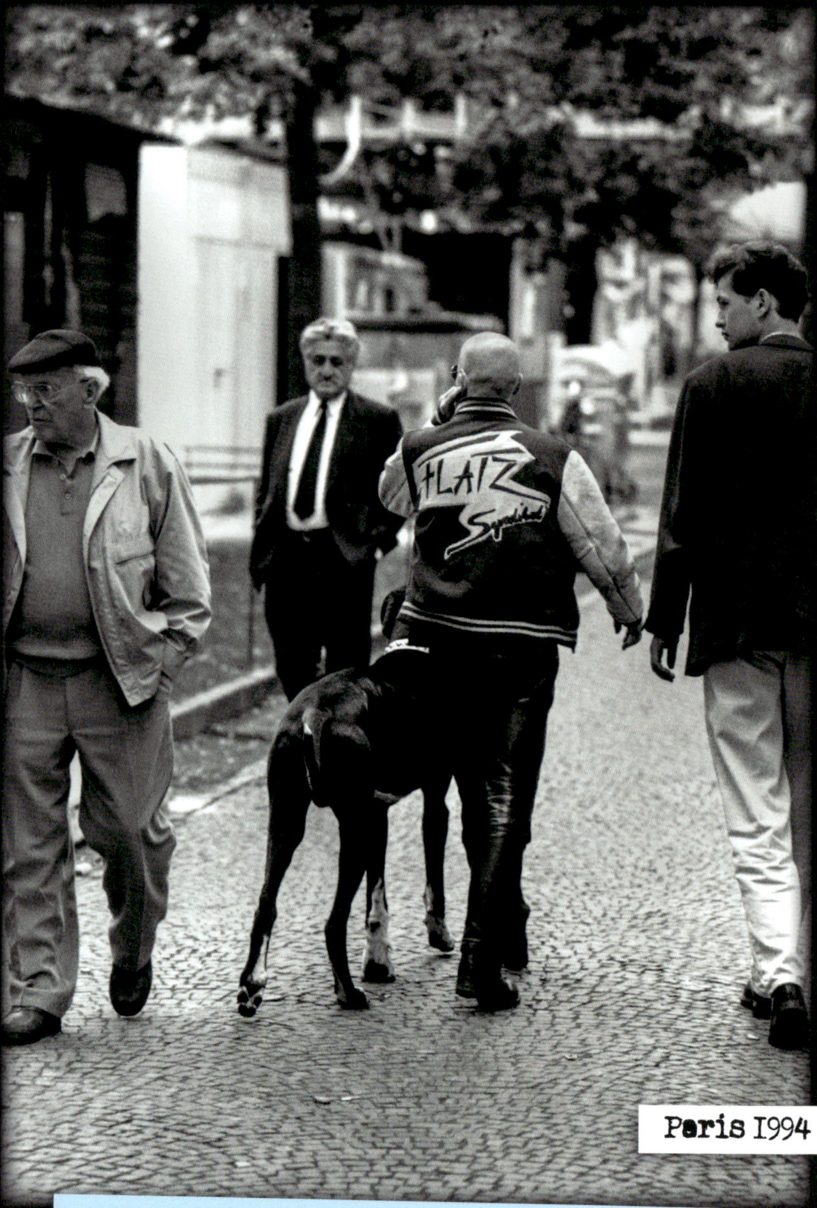

Paris 1994

HITLER UND SEIN FÜHRER.. BEIDE MITGLIED DER FSP ..FLATZ SYNDIKAT PARTEI.. MARSCHIEREN IN PARIS EIN

Hitler and his leader – both members of FSP marching into Paris

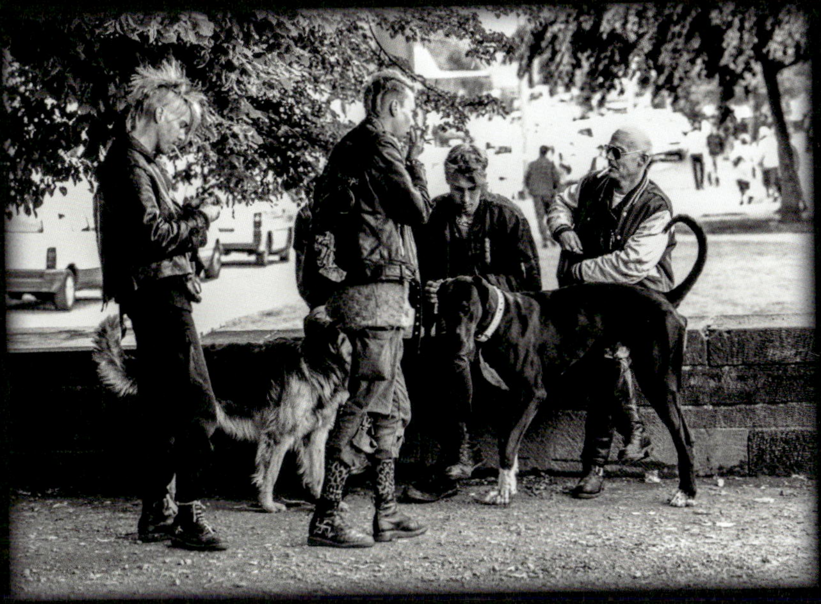

HITLER RÄUMT BEI DEN PERVITIN JUNKIES AUF

Hitler cleans up by the Pervitin junkies

Berlin ZOO 1993

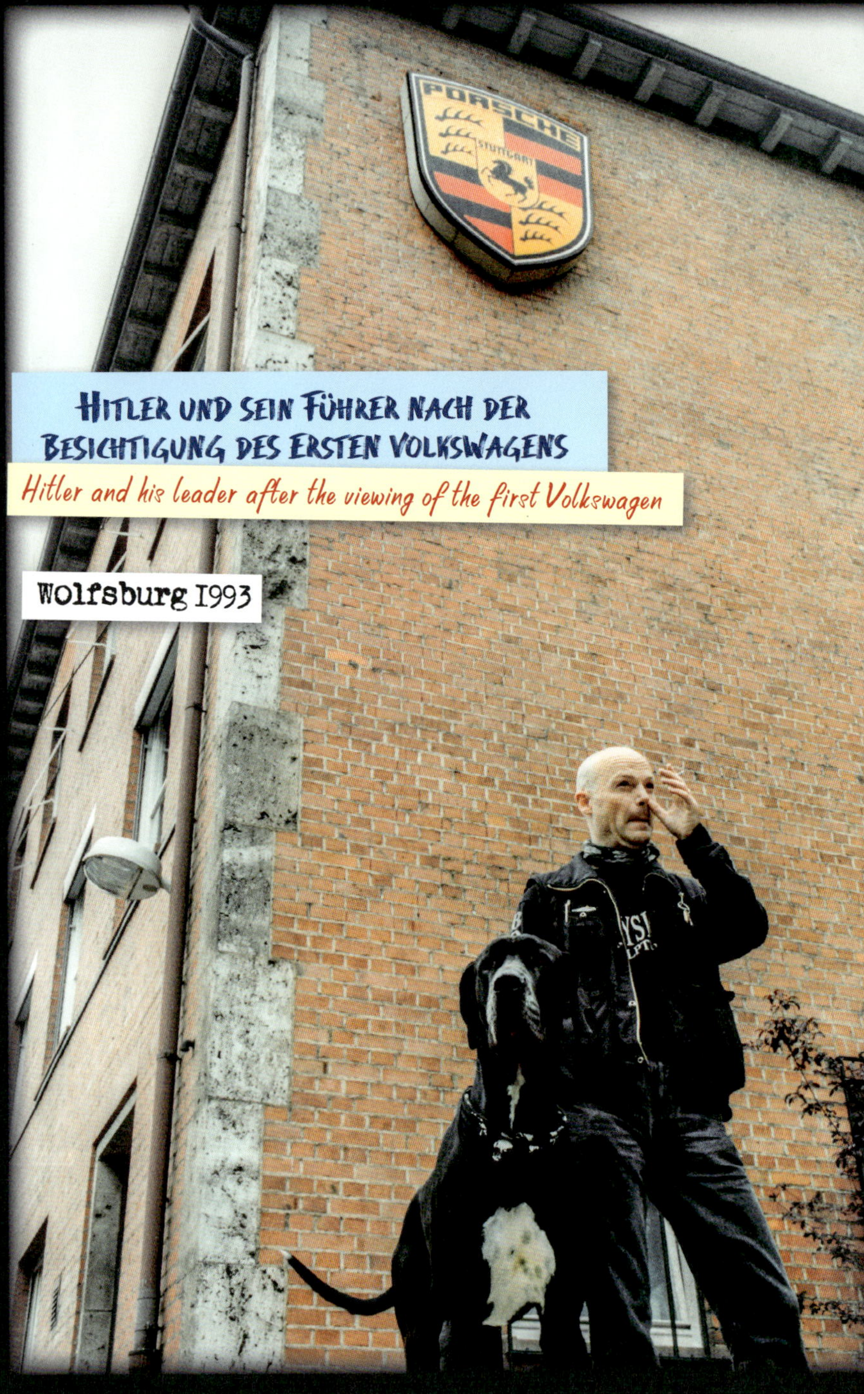

HITLER UND SEIN FÜHRER NACH DER BESICHTIGUNG DES ERSTEN VOLKSWAGENS

Hitler and his leader after the viewing of the first Volkswagen

Wolfsburg 1993

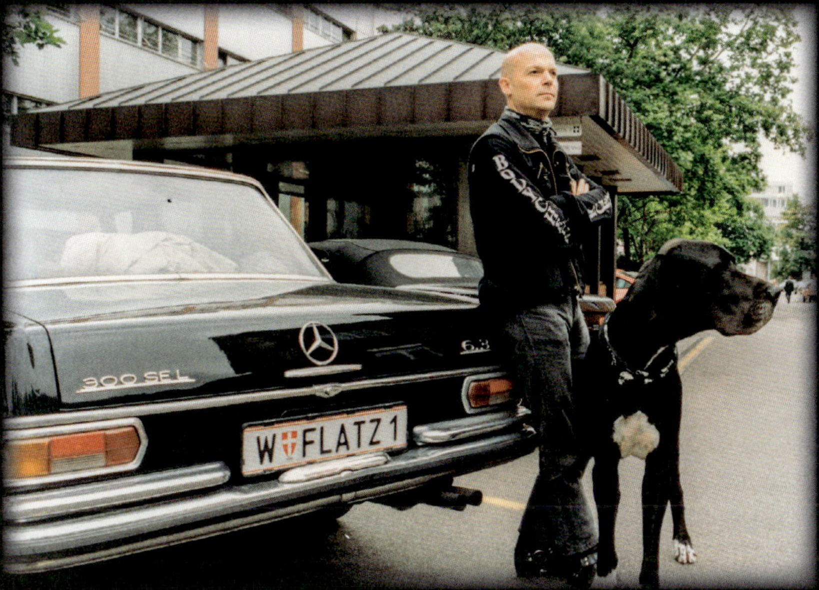

HITLER UND SEIN FAHRER HOLEN DEN FÜHRER MERCEDES IM WERK AB

Hitler and his leader pick up the Fuehrers mercedes from the factory

Stuttgart 1991

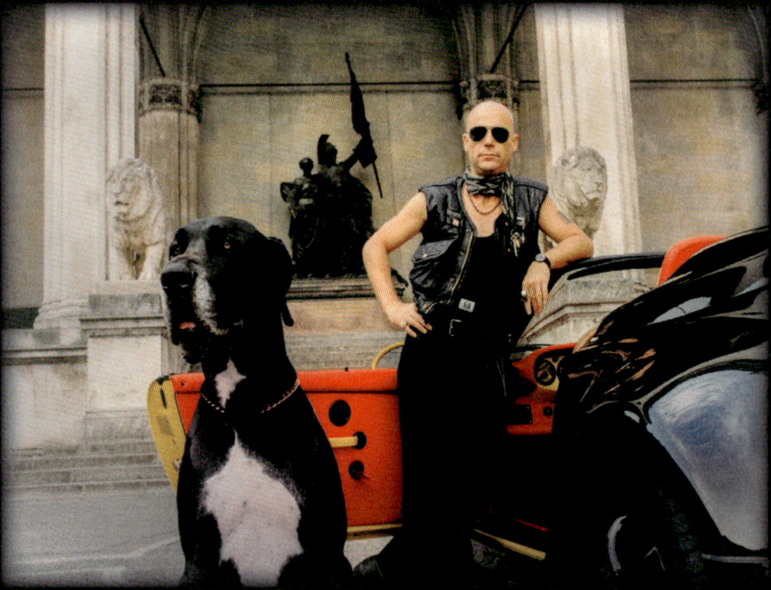

HITLER ERSCHÖPFT NACH SEINER TRIUMPH REDE VOR DER FELDHERRNHALLE

Hitler exhausted after his triumphant speech in front of the Feldherrnhalle

München 1992

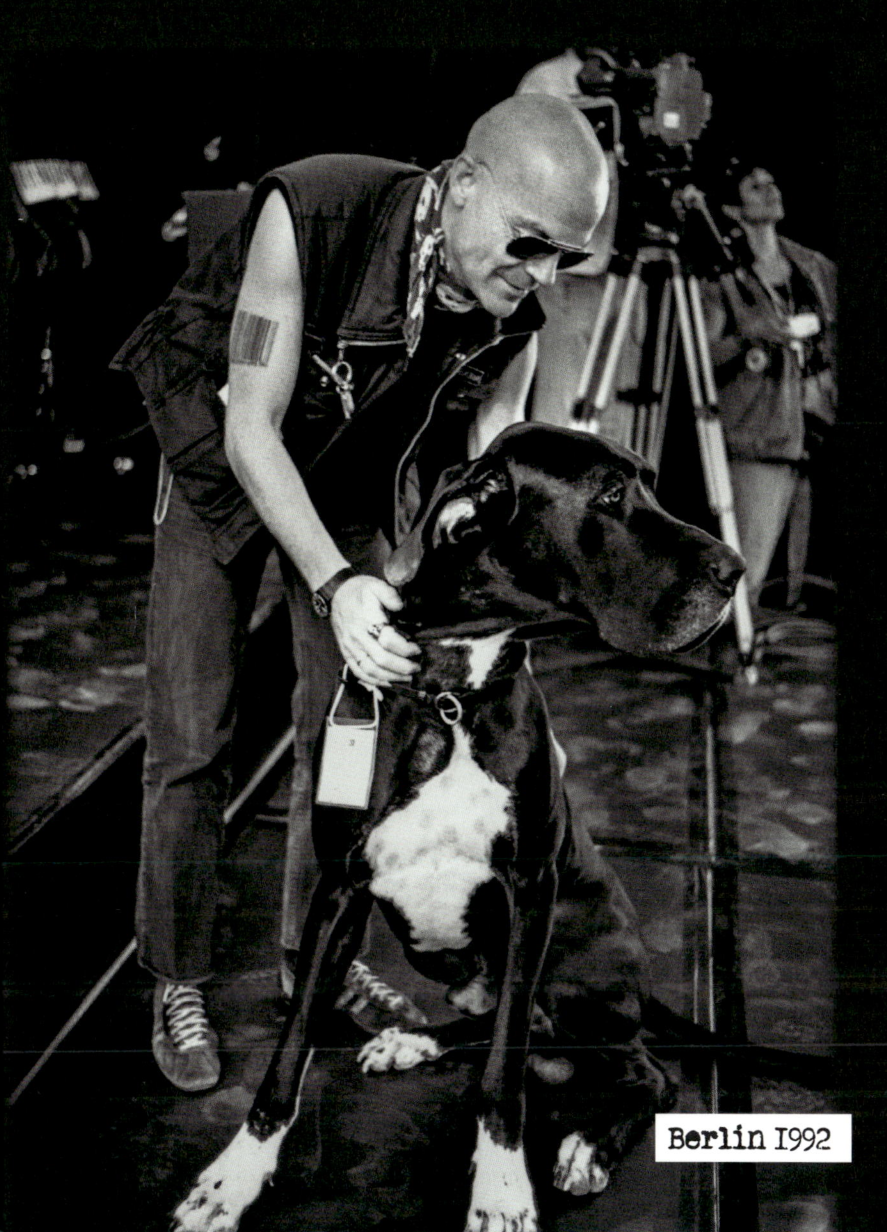

HITLER UND SEIN FÜHRER ZUFRIEDEN NACH DER PRESSEKONFERENZ ANLÄSSLICH DER VERKÜNDUNG DER RASSENGESETZE

Hitler and his leader satisfied after the press conference on the Proclamation of the Racial Laws

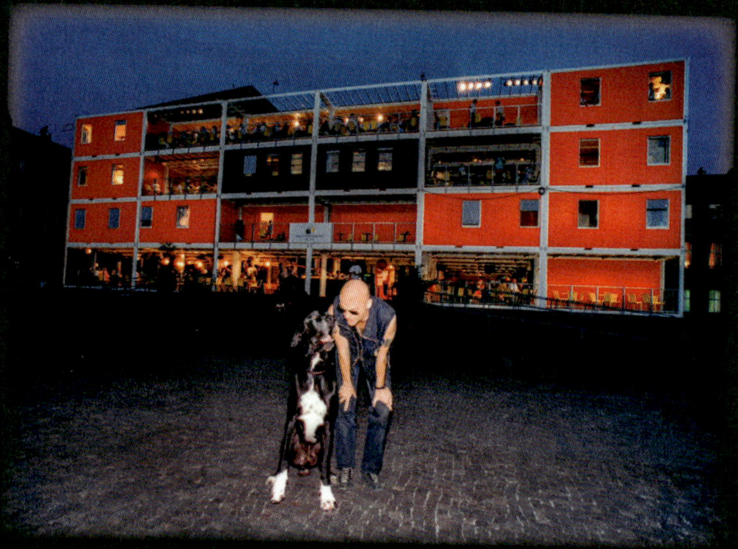

HITLER BESPRICHT SICH MIT SEINEM FÜHRER NACH DER BESICHTIGUNG EINER ASYLANTENUNTERKUNFT

Hitler talks to his leader after seeing an asylum seeker accomodation

Dachau 1992

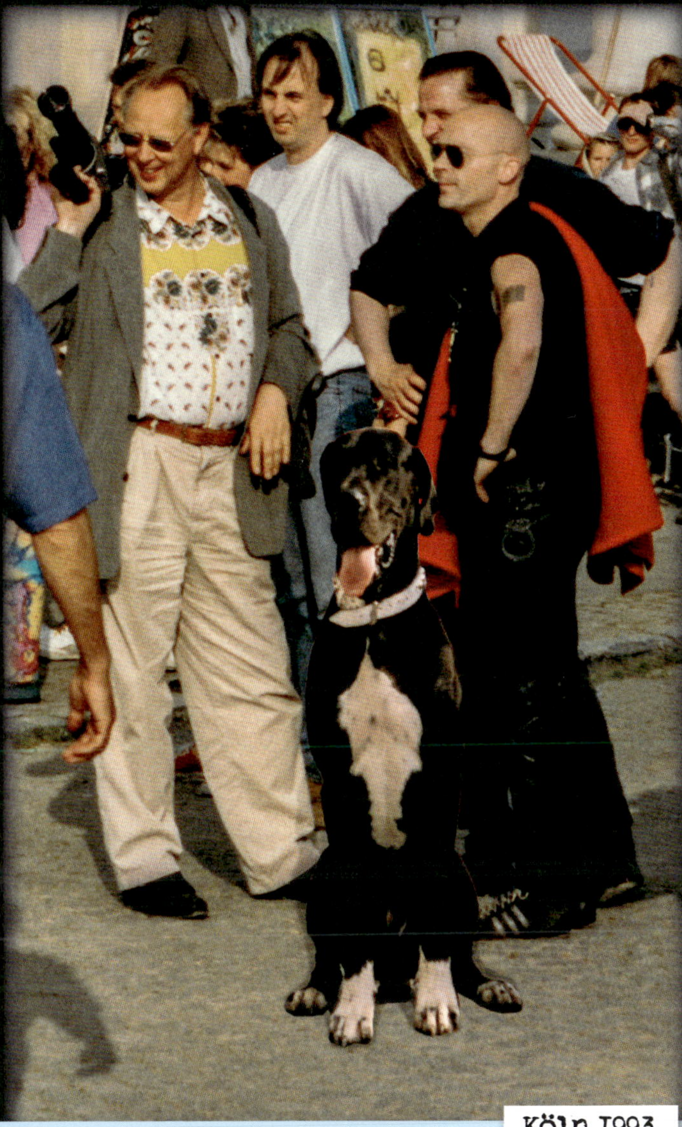

Köln 1993

HITLER UND SEIN FÜHRER TREFFEN DEN ENTARTETEN KÜNSTLER SIGMAR POLKE BEI SEINEM FREIGANG

Hitler and his leader meet with the degenerate artist Sigmar Polke during his day-release

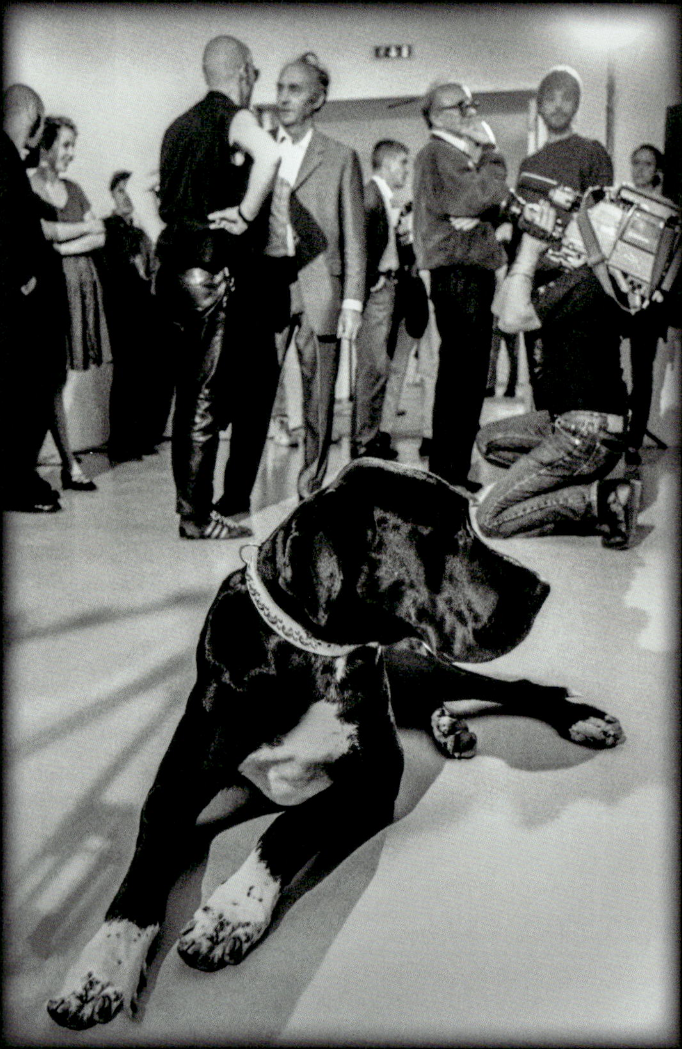

HITLER BACKSTAGE NACH DER REICHSTAGSREDE
(IM HINTERGRUND SEIN FÜHRER IM GESPRÄCH MIT DESSEN VATER)

Hitler backstage after the Reichstags speech
(in the background his leader talking to his father)

Berlin 1991

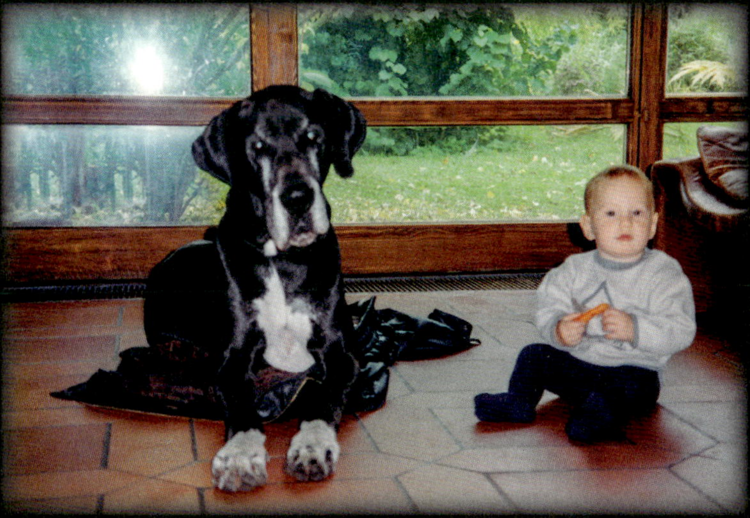

HITLER BEI EINEM FOTOTERMIN IM HAUS DER KRIEGSGESCHÄDIGTEN MÜTTER

Hitler at the Photoshoot at the house of war disabled mothers

Posing 1992

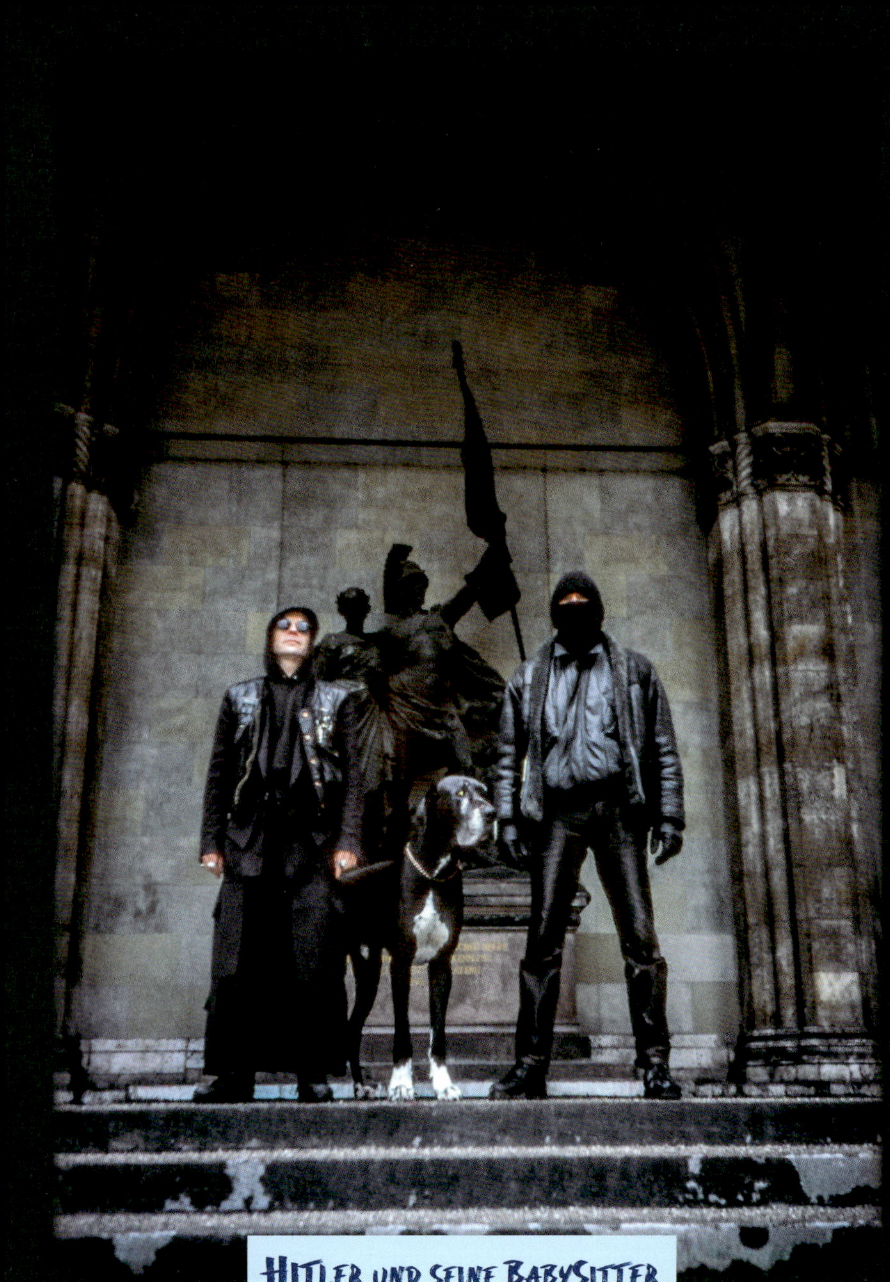

HITLER UND SEINE BABYSITTER

Hitler and his babysitters

Feldherrnhal

München 1993

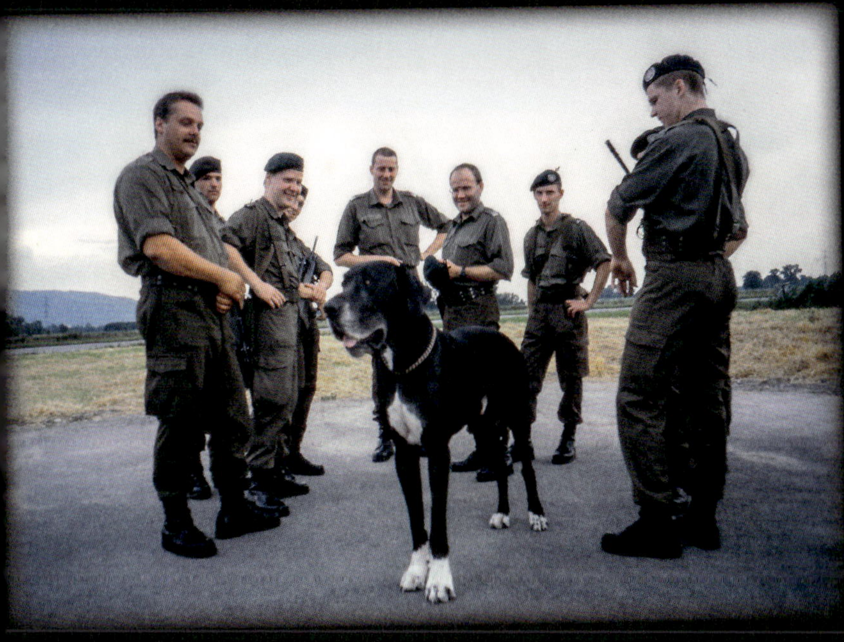

HITLER ERZÄHLT SEINER LEIBGARDE DRECKIGE WITZE

Hitler tells his bodyguards dirty jokes

Truppenübungsplatz

Wolfsschanze 1995

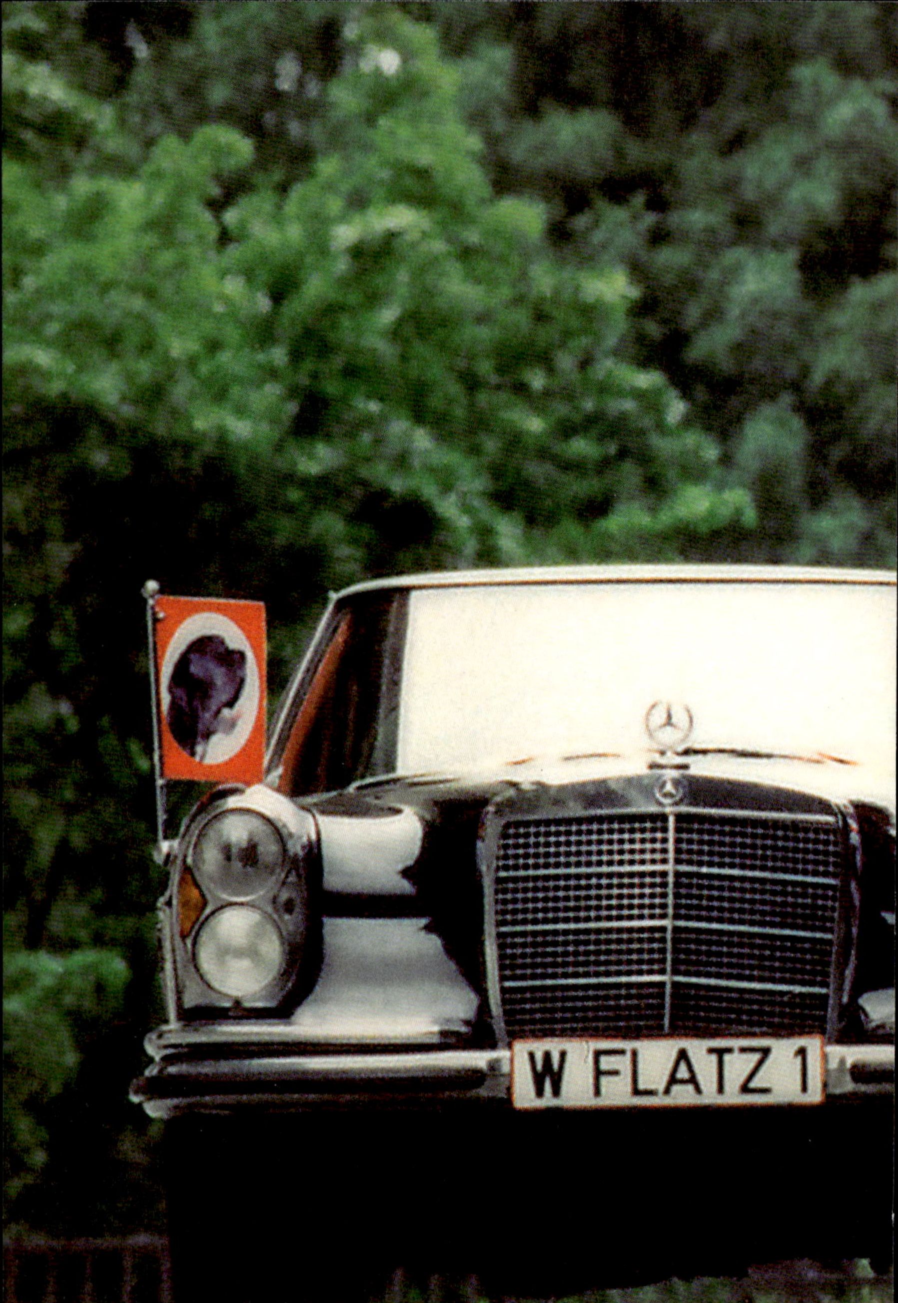

Hitler und sein Führer

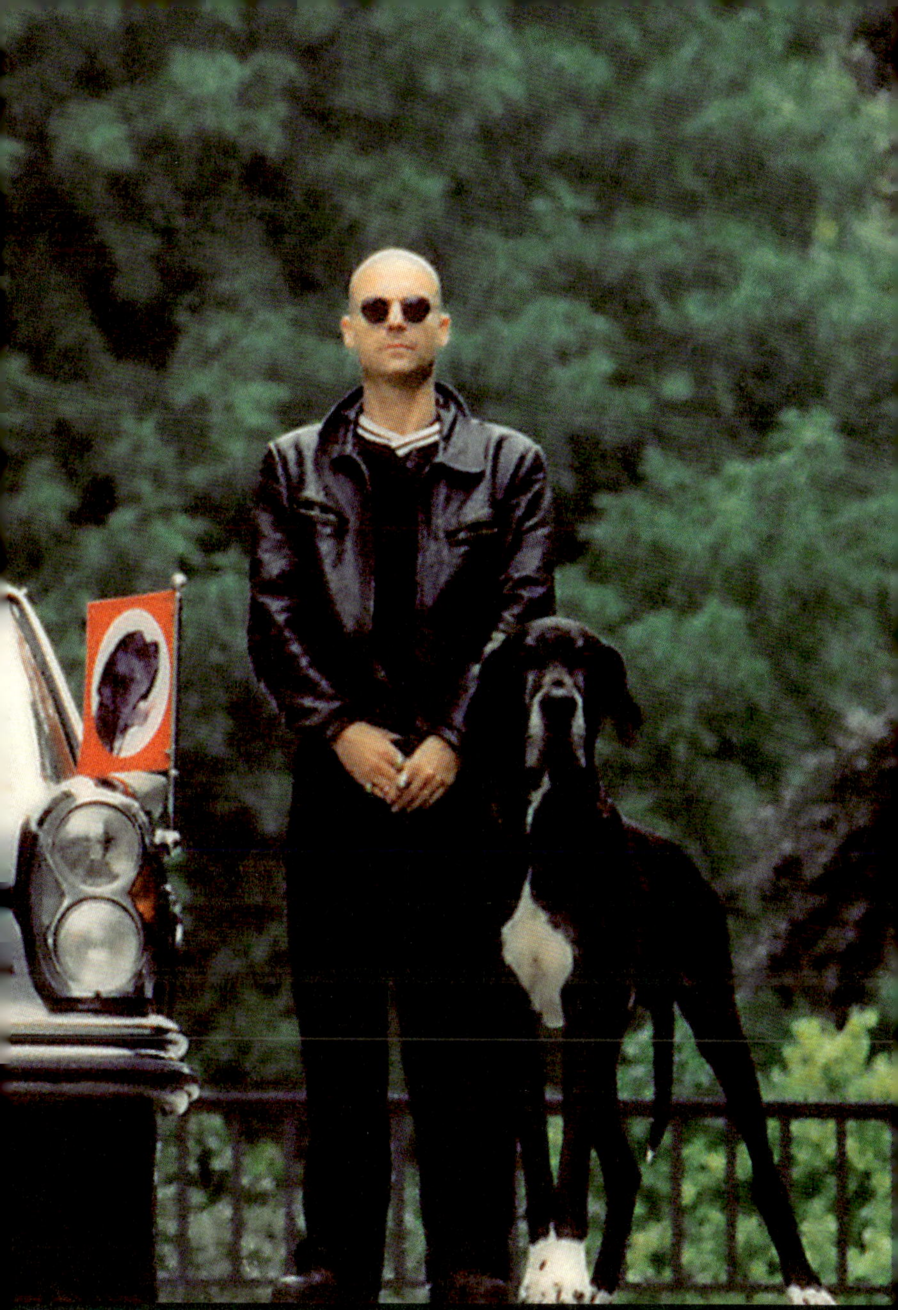

Höhepunkt der Macht

HITLER PRESSESPIEGEL AUSWAHL

Hitler Press review selection

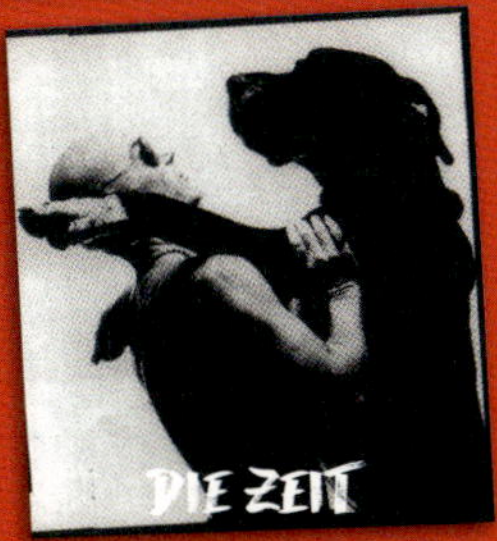

FEUILLETON

PRINZ

SÜDDEUTSCHE ZEITUNG

STUTTGARTER NACHRICHTEN

AMBIENTE

MÜNCHENER MERKUR

SZENE

ZEIT MAGAZIN

LAUBACHER FEUILLETON

NÜRNBERGER ZEITUNG

BILD ZEITUNG

SCHWÄBISCHE ZEITUNG

STUTTGARTER ZEITUNG

PODIUM

ABENDZEITUNG

OBERBAYERISCHES VOLKSBLATT

ECHO

LIFT

PASSAUER NEUE PRESSE

Prof. Kurt Weidemann · Bismarckstraße 50 · 7000 Stuttgart 1 · Telefon (07 11) 6 36 54 34 · Fax 63 40 78

Frau
Petra Kipphoff
über Redaktion ART
Verlag Gruner & Jahr AG & Co.
Am Baumwall 11

2000 Hamburg 11

11. Januar 1993

Sehr verehrte Frau Kipphoff,

wir kennen uns - woran Sie sich nicht mehr erinnern müssen - aus zwei Begegnungen bei Wolf Jobst Siedler, als er noch Chef des Ullstein/Propyläen-Verlages war.

In der 12. Art-Kritiker-Umfrage bezeichnen Sie als enttäuschendstes und ärgerlichstes Ereignis des Jahres "den Auftritt des Flachmanns und Blackleather-Produzenten Flatz: zynisch, brutal und hirnlos".

Meine persönliche und kritische Bekanntschaft und Freundschaft mit Wolfgang Flatz steht dieser Feststellung diametral gegenüber. Für die "schreibende Zunft" muß es wohl schwer sein, sich ein Bild davon zu machen, mit welcher Intensität man sein künstlerisches Geschäft betreiben kann. Sie sollten sich einmal die Versenkzeit eines Gespräches mit Flatz leisten, mit Gewinn, um Ihr Urteil (Vor-Urteil?) zu revidieren, da ich nur annehmen kann, daß Sie ihn persönlich nicht kennen.

Mit freundlichen Grüßen
Ihr

DIE ZEIT
WOCHENZEITUNG FÜR POLITIK · WIRTSCHAFT · HANDEL UND KULTUR

Herrn
Prof. Kurt Weidemann

Bismarckstraße 50
7000 Stuttgart 1

Dr. Petra Kipphoff von Huene

Hamburg, den 28.1.1993

Sehr geehrter Herr Professor Weidemann,

Herrn Flatz habe ich auf der documenta von fern gesehen, und in dem Moment, als er seine an den schwarzen Breitwandgürtel angekettelte Dogge (oder was auch immer das für ein Monstrum war) losließ, war ich froh, fern zu sein. Ihm näher zu treten habe ich kein Bedürfnis, auch nicht, nachdem ich seine Arbeit sah oder das gelesen habe, was andere über ihn geschrieben haben. Sorry!

Mit freundlichen Grüßen

Petra Kipphoff

DOKUMENT

Hundeangst besiegt Kunstverstand
KW

Kommanditgesellschaft Zeitverlag Gerd Bucerius GmbH & Co.
Sitz der Gesellschaft: Hamburg · Registergericht Hamburg HR A 71690
Persönlich haftende Gesellschafterin:
tempus Zeitungs- und Zeitschriftenverlagsgesellschaft mbH
Sitz der Gesellschaft: Hamburg · Registergericht Hamburg, HR B 8331
Geschäftsführer: Dr. Gerd Bucerius, Hilde von Lang, Dr. Walter Berning

Speersort 1 · Pressehaus
Postfach 10 68 20
2000 Hamburg 1
Telefon 040/32 80-0
Telex 2 162 417
Telefax 040/32 71 11

Banken:
Deutsche Bank AG
Konto 08 12 461, BLZ 200 700 00

Postgiro Hamburg
Konto 1290 00-207, BLZ 200 100 20

Prof. Kurt Weidemann · Bismarckstraße 50 · 7000 Stuttgart 1 · Telefon (07 11) 6 36 54 34 · Fax 63 40 78

Frau
Petra Kipphoff
über Redaktion ART
Verlag Gruner & Jahr AG & Co.
Am Baumwall 11

2000 Hamburg 11

11. Januar 1993

Dear Mrs. Kiphoff,

We know each other- perhaps you don t remember- after we met twice by Wolf Jobst Siedler, whilst he was still the chief of the Ullstein/Propyläen publishing house.
In the I2 art critic opinion poll you describe the most disappointing and upsetting event of the year The performance by the fool and black leather producer FLATZ: cynical, brutal and brainless.
My personal and critical acquaintance and friendship with Wolfgang Flatz have proven to diametrically oppose this statement. It must be hard for the writing guild to create an idea about the intensity he does his art business. You should take the time to have a discussion with Flatz, so that you can revise your judgement of him, as i can only assume that you don t know him personally.

With kind regards

Ihr

DIE ZEIT
WOCHENZEITUNG FÜR POLITIK · WIRTSCHAFT · HANDEL UND KULTUR

Herrn
Prof. Kurt Weidemann

Bismarckstraße 50
7000 Stuttgart 1

Dr. Petra Kipphoff von Huene

Hamburg, den 28.1.1993

Dear Professor Weidemann,

I have seen Mr.Flatz from a distance at the Documenta and in that moment where he let go of the Great Dane (or whatever kind of monster it was) that was chained to his black side screen belt, I was happy that i was watching from a distance. I also have no desire to get closer to him, even after i have seen his work and have read what others have said about him.Sorry!

With kind regards

Petra Kipphoff

DOKUMENT

Hundeangst zeigt
Kunstverstand
KW

Kommanditgesellschaft Zeitverlag Gerd Bucerius GmbH & Co.
Sitz der Gesellschaft: Hamburg · Registergericht Hamburg HR A 71690
Persönlich haftende Gesellschafterin:
tempus Zeitungs- und Zeitschriftenverlagsgesellschaft mbH
Sitz der Gesellschaft: Hamburg · Registergericht Hamburg, HR B 8331
Geschäftsführer: Dr. Gerd Bucerius, Hilde von Lang, Dr. Walter Berning

Speersort 1 · Pressehaus
Postfach 10 68 20
2000 Hamburg 1
Telefon 040/32 80-0
Telex 2 162 417
Telefax 040/32 71 11

Banken:
Deutsche Bank AG
Konto 08 12 461, BLZ 200 700 00

Postgiro Hamburg
Konto 1290 00-207, BLZ 200 100 20

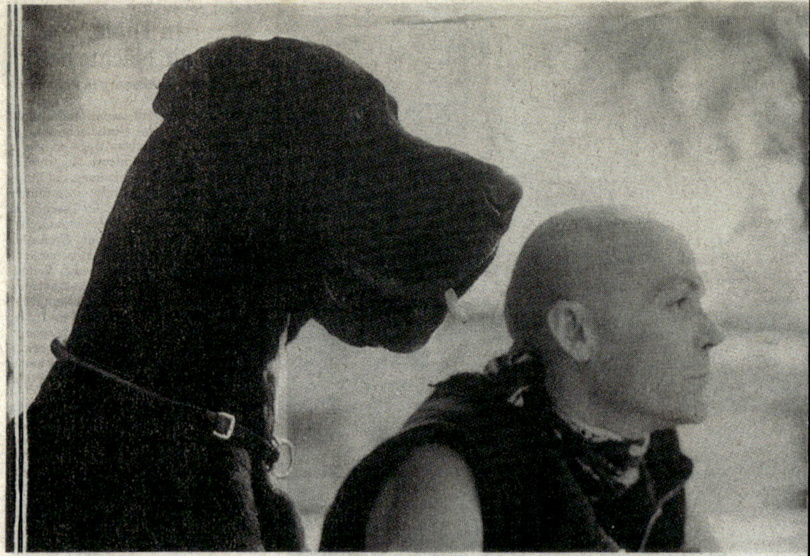

WOLFGANG FLATZ: *Zwei Champions oder Die Zukunft sieht rosig aus (1995)* Photo: Thomas Degen (für Public Ey

Eine deutsche Dogge namens Hitler

Wolfgang Flatz führt seinen Hund in Rosenheim vor

Rosenheim, eine größere Kleinstadt im Süden von Oberbayern: Was weiß man über Rosenheim? Die Stadt kam weltweit zu Ehren in einem Filmtitel. *Out of...?* Anfang der neunziger Jahre hatten die mittlerweile von der politischen Bühne abgetretenen Republikaner sensationelle zehn Prozent der Wählerstimmen. Und die Grundstückspreise dort, vor den Toren Münchens und trotzdem mitten im malerischen Chiemgau, haben Weltniveau. Eine reiche Stadt, eine Stadt mit Kuriositäten und Widersprüchen. Und eine vermeintlich ideale Bühne für einen der vielseitigsten und beweglichsten Künstler der jüngeren deutschen Kunstszene.

Wolfgang Flatz, Jahrgang 1952, gebürtiger Vorarlberger und Wahl-Münchner, präsentiert in Rosenheim in der Städtischen Galerie und im Kunstverein ein über Jahre gereiftes und gewachsenes Projekt. Titel: „Hitler, ein Hundeleben". Gereift und gewachsen deshalb, weil „Hitler" eine 1991 geborene schwarze Dogge mit Geburtsnamen „Einstein von Bayern" ist und unter seinem Künstlernamen zum Helden einer Photoserie gemacht wurde. Im Prinzip existieren höchst wahrscheinlich in jedem hundeliebenden Haushalt ähnliche Photos. Der Welpe wächst heran. Er kommt in die Flegeljahre. Die ersten Raufereien. Allmählich wird dann aus dem Junghund ein einigermaßen brauchbarer Lebensgefährte. Und irgendwann ist der Hund eben alt und pflegebedürftig. Böse Zungen nennen das dann einen Kindersatz. Das edlere Motiv heißt Tierliebe.

Soweit sind die Photos, die Flatz von seinem Hausgenossen aufgenommen hat, für jeden nachvollziehbar. Eigenartig wird die Sache erst durch die provozierende Namensgebung und die sich daraus ergebende Chance, ein deutsches Reizthema mit gespielter Unschuld zu karikieren. Als Beispiel: Der Hund glotzt gelangweilt aus einem türhohen Fenster. Links und rechts schwere Vorhänge. Mit einer perfiden Mischung aus Hundebesitzerstolz und anarchistischer Berechnung formuliert Flatz dazu die Bildunterschrift: „Hitler vor einer schweren Entscheidung". Oder: Der Hund sitzt irgendwo in den bayerischen Alpen, im Hintergrund schneebedeckte Gipfel. Flatz macht daraus: „Hitlers sehnsuchtsvoller Blick nac
Österreich".

Scheinbar harmlose Hunde-Bilder m
perfidem Pathos auf Geschichtsträchti
keit getrimmt. Und das Schönste dab
Erstmals seit langer, langer Zeit darf ma
bei Erwähnung des Namens „Hitler" l
cheln. Die Präsentation dieser speziell
Hitler-Biographie in Rosenheim w
denn ursprünglich wohl auch als medie
wirksamer Skandal, so wie die meist
Aktionen von Wolfgang Flatz in den let
ten Jahren, gedacht.

Eine Hoffnung, die interessanterwei
nicht in Erfüllung ging. Das mag dar
liegen, daß Hundeführer Flatz sich u
seine Kreatur schon seit Jahren öffen
lichkeitswirksam in Szene setzt. Es gi
keinen Überraschungseffekt mehr. Od
aber beginnt die Dämonie selbst dies
Diktators vor dem Hintergrund der a
täglichen Schrecken zu verblassen. M
einem Wort, die Rosenheimer Präsenta
on krankt an einem nicht eingetreten
Skandal. (Bis 28. Juli in Rosenhei
Kunstmühle, Klepperstraße 19, und Stä
tische Galerie Max-Bram-Platz 2.)

CHRISTOPH WIEDEMAN

München 1996

BIETIGHEIM-BISSINGEN
…h Pur mit dem Underground?

OKTOBER 10/95 **5.00** MARK

PRINZ

…DIE SZENE KULTUR KALENDER

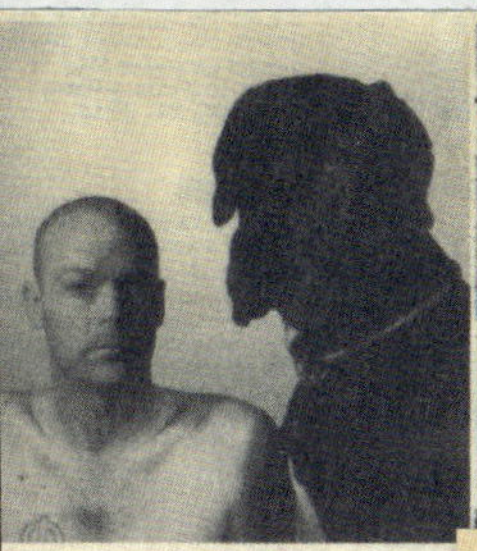

…latz: „Hitler's first …ne man show"
…ALERIE PATRICIA SCHWARZ
…s 21.10.

…Stuttgart ist er längst kein Unbekann…r mehr: Der documenta-Teilnehmer und …unstprofessor Wolfgang Flatz erstellte …993 zur Leichtathletik-WM die Installa…on „Container-City, Champion-Piece" …d war in der Galerie der Stadt mit …Zeige mir einen Helden, …" zu sehen.

…der Ausstellung „Hitler – ein Hunde…ben" präsentiert der Extrem- und To…lkünstler Flatz Fotoarbeiten und ein …oßformatiges Triptychon-Gemälde. Sei…e schwarze Dogge „mit untadeligem …ammbaum", die auf „Hitler, komm, …tler, bei Fuß, Hitler, Platz und Hitler, …u ab" hört, ist in allerlei „Führer"-…sen aber auch „privat" ins Bild gesetzt …orden.

…n „Rechten" angefeindet, von „linken …oralaposteln" mißverstanden und von …nem Stuttgarter „Stadtmagazin" auf …fährliche Weise verächtlich gemacht, …eiben Flatz' Arbeiten dennoch, was si…nd: ein wichtiger Beitrag zum Ver…ändnis, wie Faschismus funktioniert.

…atz versteht seine Kunst als Aufklä…ng. Formal dekonstruiert er die fasch…sche Ästhetik, inhaltlich verweist er …tisch auf die Nazi-Ideologie (Rasse, …cht etc.) und entlarvt dadurch auch …rrschendes Geschichtsverständnis.

…nst ohne Tabus, die den (latenten) …schismus erfolgreich dechiffriert.
…edrich Schur

PRINZ Kunsttest
Vorbesichtigung der wichtigsten Ausstellungen im Oktober

Süddeutsche Zeitung Nr. 208 / Seite 17

Einer stiehlt allen die Schau

Rechts der Isar ist die Retrospektive von Flatz der Knüller

Ein Paukenschlag sollte es sein. Und deshalb engagierte Wolfgang Tumulka für die diesjährige Open-Art in seinem Kunstbunker an der Prinzregentenstraße einen Künstler, der garantiert für Aufsehen sorgt. Die Rede ist von Wolfgang Flatz: Einziger Münchner bei der letzten Documenta in Kassel, Initiator der aufsehenerregenden Containerburg bei den Leichtathletikweltmeisterschaften 1993 in Stuttgart, Performer, Designer und Tabubrecher mit Hang zur Selbstzerstörung. Und Flatz hält, was sein Ruf verspricht. In der klaustrophobischen Enge der Bunkerräume, hinter meterdickem Beton, entfesselt er über sieben Stockwerke ein Feuerwerk. Provokant, direkt und immer dorthin, wo es weh tut, zielt er mit seinen Arbeiten. Offiziell handelt es sich bei dieser Ausstellung um eine Retrospektive mit Werkausschnitten der letzten fünf Jahre. Das Ganze ist aber vielmehr Inszenierung und Gesamtinstallation. Und das beginnt bereits bei der Fassadengestaltung. Flatz verwandelt den Weltkriegsbunker mit schwarzem Tuch, Photos von SS-Ringen und schwarzen Mercedes-Limousinen auf dem Dach in eine Art Mausoleum. Im Inneren dann eine vereinnahmende Abfolge von Bildern und Objekten, die wie Schläge wirken: „Szenen aus dem Leben Hitlers", nachgestellt mit Flatz' Dogge gleichen Namens. Bilder moderner Waffensysteme. Flatz' Kommentar zu den düster drohenden Inszenierungen: „Ich will Kunst als Waffe, die Schöngeister in die Gegenwart zwingt." Und das gelingt ihm so spektakulär wie immer.

Versteht sich, daß die umliegenden Haidhauser und Bogenhauser Galerien mit ihrem weitgehend traditionell strukturierten Programm angesichts dieser rasanten Schau einen schweren Stand haben. Six Friedrich (Cuvilliesstraße 15) zeigt neue Ölbilder von Andreas Schulze,

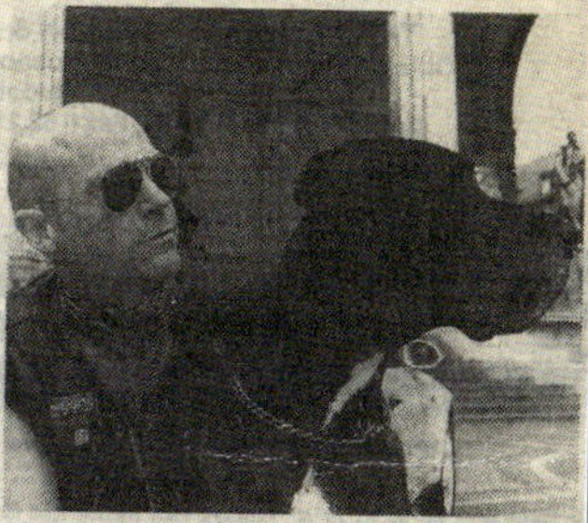

HERR UND HUND: *Wolfgang Flatz mit Dogge „Hitler" hat eine Retrospektive im Kunstbunker.* Photo: Reto Zimpel

einem Maler, mit dem sie seit fast einem Jahrzehnt verbunden ist. Bei Sabine Knust (Possartstraße 12) hängen Zeichnungen des Wieners Günter Brus. Bernd Dürr (Oberföhringer Straße 12) wagen Walter Raum und Jürgen von Hündeberg einen Rekurs auf die Avantgarde der fünfziger Jahre. Mosel und Tschechow (Winterstraße 7) präsentieren eine Arbeit des jungen in Brüssel lebenden Chilenen Christian Israel. Der Foraum Bereiteranger stellt als eine von drei Galerien erstmals in München das Werk des expressiven Chemnitzer Malers Michael Morgner vor (Schwerpunkt: Graphik). Bei Bea Voigt ist im Rahmen des Projektzyklus „Kunst – Kultur – Ökologie" ein Stück Stadtarchäologie zu sehen. Barbara Eitel entblättert in einer kleinen Fabrik im Sanierungsgebiet Haidhausen Spuren der Zeit. Und last not least noch ein unangemeldeter Beitrag zu Europa '94, dem Generalthema der diesjährigen Open-Art: „Patriotische Landschaften" der ukrainischen Malerin Valeria Trubina in der Galerie Szuper (Grillparzerstraße 49).

CHRISTOPH WIEDEMANN

PRINZ 1995

Süddeutsche Zeitung 1994

DER SPIEGEL
DAS DEUTSCHE NACHRICHTEN-MAGAZIN

Hamburg 1992

Ein Hund namens Hitler

SPIEGEL ... iaten Performance-Künstler Wolfg...

E... ter. ... nnen oder z... zaristischen ... chliche Klöp... d Rebellen. ... r. ... t es eine Ku...

Stuttgarter Nachrichten

Stuttgart 1993

333 notiert

von Uwe Bogen

Wolfgang Flatz, Kunstprofessor aus Wien, hält sich mit seiner **Dogge** (Röttgers-Foto) für ein Gesamtkunstwerk. Daß er seinen

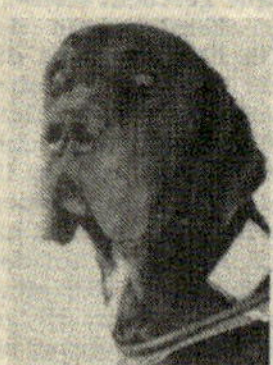

Vierbeiner „Hitler“ taufte, ist angeblich eine Provokation, tatsächlich aber nur peinlich und eine Beleidigung für den Hund. Am 13. September kommt Flatz, bekannt als „Architekt“ von „Container-City“ der Leichtathletik-WM '93, mal wieder nach Stuttart. Im Treffpunkt Rotebühlplatz will er mit Dias über „Hitler, ein Hundeleben“ referieren. Im Programm des Treffpunkts liest sich das so: „Der Künstler und Hitler sind anwesend.“ Für Kritik hat diese seltsame Ankündigung gesorgt, was Sprecherin **Manni Deissler** nicht verstehen kann: „Das ist doch ironisch. Wir dachten, man kennt den Hund.“ Ironie, schön und gut, doch auch die Ironie hat ihre Grenzen. Flatz kann's nur recht sein. Der Vortragssaal dürfte brechend voll werden.

Wolfgang Flatz, Kunstprofessor, zeichnet verantwortlich für die WM-bedingte Umgestaltung des Schloßhofes in eine Containercity samt „Schimmelparade“ aus 90 Porsche und erntete dafür allgemein recht heftige Kritik. Daß der in München lebende Österreicher überhaupt einen roichlich merkwürdigen Geschmack hat, zeigt auch die Tatsache, daß seine Dogge, die mit ihm eine Suite im Hotel Am Schloßgarten bewohnt, auf den Namen „Hitler“ hört . . .

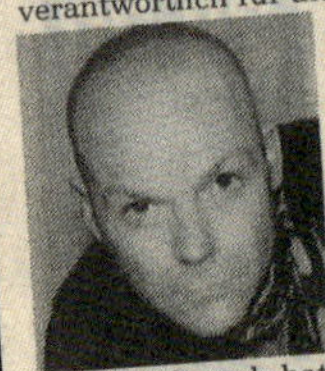

333

Flatz II: Damit nicht genug, setzte Flatz beim Organisationskomitee auch noch durch, daß der Hund als WM-Teilnehmer

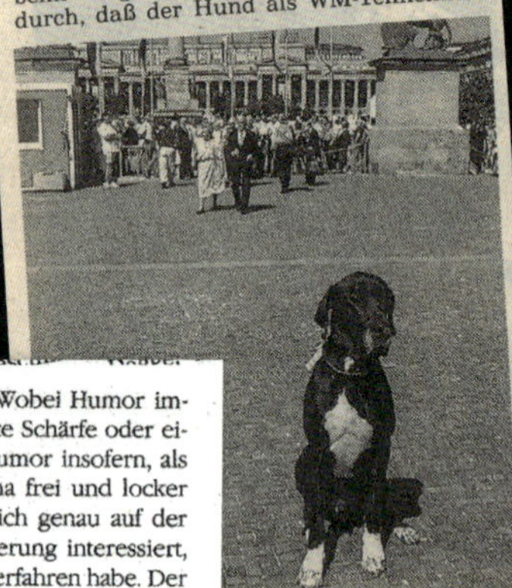

...rde und jetzt mit einem ...n Hals durch alle Kontrol- ...itler“ wurde unter laufen- ...örmlich als WM-Teilnehmer

333

Ambiente

AUSZUG INTERVIEW

»Hitler« als Hundename – eine brillante Provokation

AMBIENTE: Was die Selbstinszenierung betrifft: Die Stimme auf Ihrem Anrufbeantworter klingt so, als ob Hitler sprechen würde.

FLATZ: Das ist meine eigene Stimme.

AMBIENTE: Aber die Assoziation ist sicher beabsichtigt und das scharfe abgehackte Sprechen programmatisch. Jetzt wirkt Ihre Stimme ja kein bißchen herrisch. Ins Konzept paßt auch, daß Sie Ihren Hund „Hitler“ nennen. Dies zielt erst einmal auf eine verdammt vordergründige Irritation ab. Was hat Sie dazu gebracht, Geschichte so zu verironisieren?

FLATZ: Ich habe natürlich eine andere Sprachform. Ich finde es auch ganz witzig, daß in Deutschland endlich jemand dahinterkommt, daß Humor bei der Sache ist. Wobei Humor immer eine bestimmte Schärfe oder einen Ernst hat. – Humor insofern, als ich mit dem Thema frei und locker umgehe. Es hat mich genau auf der Ebene der Tabuisierung interessiert, die ich als Schüler erfahren habe. Der Name Hitler fiel nicht ein einziges Mal. Mich reizt es, dies zu übersetzen und den Namen Hitler auf ein anderes Lebewesen zu übertragen, weil es diesem Lebewesen egal ist. In meiner Arbeit „Hitler ein Hundeleben“ ist Hitler immer dabei, natürlich auch in der Farbgebung, mit schwarz-weiß-roten Decken, Naziflaggen und so weiter. Ich habe bewußt Hitler als die Galionsfigur dieses Jahrhunderts gewählt und damit auch den ganzen Schrecken. Da ich keine Schuldgefühle habe, stelle ich Fragen. Und wenn die Fragen provokativ sind, kommen dementsprechend die Antworten.

SCHNECKENBURGER: Diese Hundegeschichte finde ich sehr genau, und das nicht nur wegen der Anklänge an Rasse, Züchtung, Gehorsam, Treue. Ein simpler Name reicht aus, um ein ganzes Geflecht von Verwicklungen auf den einfachsten Nenner zu bringen. Für mich: eine brill...

Ambiente

Köln 1993

I992

28

Münchener Merkur

Freitag, 3. April 1992

AUSZUG INTERVIEW

Ihr Hund, eine schwarze Dogge, hieß bei seiner Geburt – gemäß der Tradition des Hunde-Adels – „Einstein von Bayern". Sie haben ihn „Hitler" getauft...

schen der Generation meiner Eltern selten über die Nazizeit sprechen. Das Problem auf intellektueller Basis ist, daß Hitler eine historische Person wie jede andere ist... wie Napoleon, Nero, Cäsar oder Alexander der Große etwa. Ich will die Menschen mit einem Tabu konfrontieren, und das mache ich über die Neutralität des Hundes. Ich spüre immer wieder die Antipathie, die Ablehnung, wenn Leute erfahren, daß der Hund Hitler

würde es niemanden aufregen. Ich will zum genauen Hinsehen zwingen, will die ganze Trivialität einer Biographie aufzeigen. Hitler ist immer bei mir, ebenso wie wir den historischen Hitler immer mit uns herumschleppen, weil er ein Teil unserer Geschichte ist, die – solange sie verdrängt, verklärt oder tabuisiert wird – eben nicht bewältigt ist. Die Dinge zu benennen, befreit vor der Angst, Fehler zu machen.

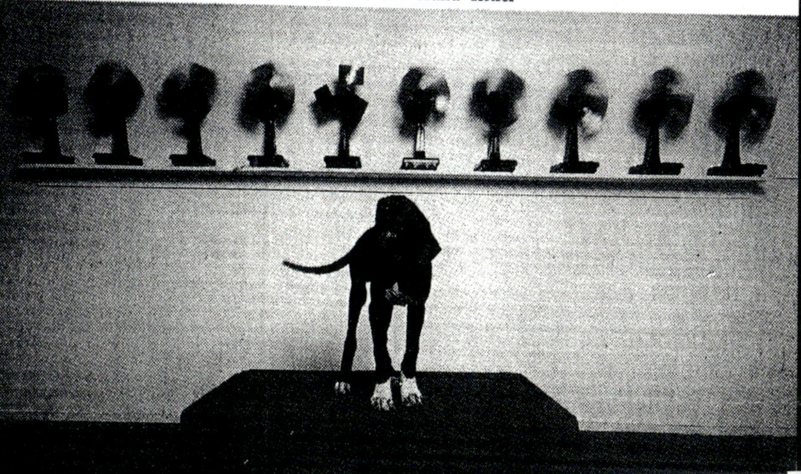

Nur „Hitler" hat jederzeit freien Eintrit

Außer dem Hund des Künstlers darf nur ein exklusiver Kreis in die „Container-City"

13 Mittwoch

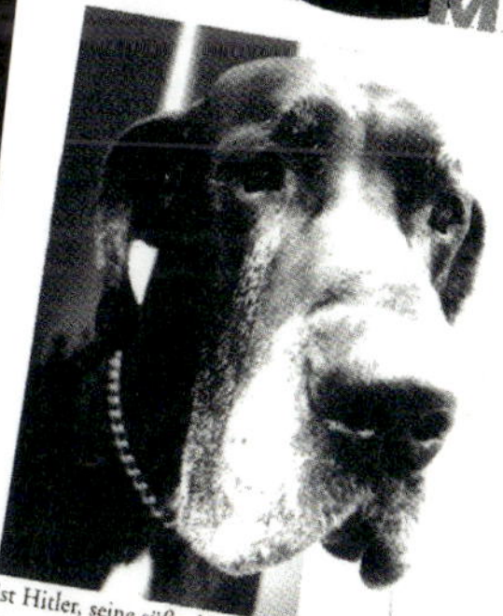

Hitler, ein Hundeleben

Heil Flatz! Ist der Porsche immer noch nicht am Baum? Der Körper noch nicht kaputt? Noch Platz für Tätowierungen? Heute schon gepierct? Wie auch immer – der Herr Kunstprofessor beehrt uns mal wieder und hält einen Lichtbildervortrag mit obigem Titel. Natürlich ist Hitler, seine süße, kleine, schwarze Dogge „mit untadeligem Stammbaum" auch als lebendes Objekt vor Ort zu studieren und bewundern. Ich sage nur: Hunde an die Leine, und zwar vertikal.

Szene Hamburg I993

Der Spiegel

23. 8. 93

Olympia

Es waren beschwerliche Tage für die Vertreter des Internationalen Olympischen Komitees (IOC). Bundespräsident Richard von Weizsäcker bat IOC-Präsident Juan Antonio Samaranch zum Frühstück; Edzard Reuter, Chef von Daimler-Benz, lud die Funktionäre zum Firmenrundgang inklusive Mittagessen; Baden-Württembergs Ministerpräsident Erwin Teufel servierte ein Dinner.

Die monarchische Atmosphäre illustrierte eine vier Millionen Mark teure Kreation des österreichischen Kunstprofessors Wolfgang Flatz, mit dem Baden-Württembergs Landesregierung protzte: Auf dem Stuttgarter Schloßplatz schmausten von Weizsäcker, Samaranch und Flatzens Dogge „Hitler" in einem aus Containern errichteten VIP-Klub – vor Passanten durch einen Wall aus 90 neuen Porsche geschützt.

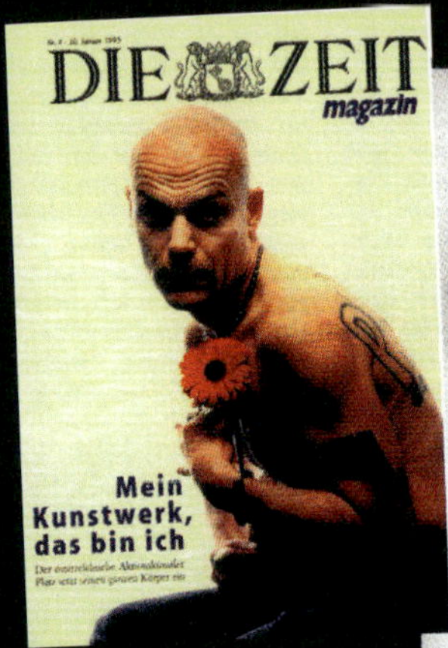

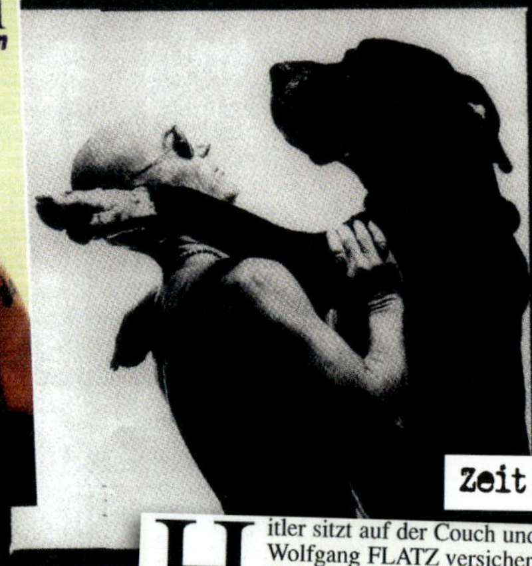

Zeit Magazin

Hitler sitzt auf der Couch und knurrt. Wolfgang FLATZ versichert eilig "Der ist völlig harmlos". Doch so ganz sicher ist man sich weder beim Knurren der Dogge Hitler, noch beim Auftreten seines Herrchens Wolfgang. Hitler hat einen Meter Stockmaß, wiegt achtzig Kilo, hat ein kerngesundes Gebiß und ein tiefes Vibrato in der Stimme. Flatz lächelt wie ein buddhistischer Mönch und tritt auf wie ein Skinhead. Herr und Hund eine martialische Provokation oder wirkliche Kunst? .... „Obwohl ich so auftrete habt ihr Euch mit meinen Inhalten zu beschäftigen. - Na komm, Hitler geh auf Deinen Platz."

Hamburg 1994

Wolfgang FLATZ

Strategien

Über Kunst und Gesellschaft
Verlag Lindinger + Schmid, Regensburg
88 Seiten, DM 18,--

Alles ganz organisch.
Professor FLATZ spricht.

Gegen Galerien hat er eigentlich gar nicht

sie, um zu verdeutlichen. Im oberbayerischen Rosenheim etwa setzte er in der Galerie Galerico den Preßlufthammer an und bohrte ein meterhohes Loch in eine tragende Wand. In Passau warf er der Galerie Mathias Kampl die Scheiben ein. Was soll er auch sonst mit Galerien anfangen? Um seine Kunst zu vermarkten, braucht er sie nicht, kann er sie gar nicht brauchen: Ein 100 000 Quadratmeter großes Kunstwerk paßt nun mal in keine Galerie rein. Und weil eine biologisch angebaute Botschaft in dieser Größe am besten aus dem Flieger betrachtet werden kann, drückte er die Senfkörner eben unter der Einflugschneise des Flughafens MUC II in die Erde. Die Saat ging auf: »Ich bin vergänglich«, konnten die Passagiere dann im Sommer 1993 lesen, von FLATZ mit Computerhilfe in Schreibschrift aufs Feld gepflanzt.

FLATZ und seine Kunst – da scheiden sich die Geister auf wunderbare Weise. Er trennt die Festgefahrenen von den Beweglichen, die Scheuklappenträger von den Aufgeschlossenen, die Selbstdenker von den Widerkäuern, die Alleswisser von den Neugierigen, die Angepaßten von den Unruhestiftern, die Spießer von den Anarchen.

tig. In vier Gesprächen mit jungen Kunsthistorikern formuliert er gedankliche Zusammenhänge, etwa zwischen dem Krach, dem Gestank und dem ästhetischen Eindruck, den 60 Harley Davidson-Maschinen in einer Tiefgarage vor 700 Leuten produzieren. Der Leser erfährt auch, was eine schöne, blonde Sängerin mit einem in die Luft gesprengten Einfamilienhaus zu tun hat. Und warum es in Deutschland Menschen gibt, die Leute hassen, denen es noch schlechter geht als ihnen: »Der zu kurz gekommene Deutsche sucht sich einen noch mehr zu kurz gekommenen Ausländer. Wenn man so will, ist das alles ganz organisch.« FLATZ muß es ja wissen, denn er kommt aus Dornbirn in Österreich, und »die Österreicher haben generell Probleme. Die sind noch deutscher als die Deutschen«.

Wenn man so will, gilt das Etikett ›organisch‹ auch für das bisherige Werk von FLATZ, dem aufregendsten Kunstmann seit Joseph Beuys. Das kleine Bändchen mit Interviews enthält als Zugabe sehr schöne Bilder, darunter ein Doppelportrait des Professors mit seinem Hund namens Hitler und eine Photographie von dessen »erster Rede vor der deutschen Motorenindustrie« (1991).

hap

Documenta IX: Höhepunkte aus Blei und schwarzem Leder

Mit der Dogge durch die Wand

Die Malerei behauptet sich mühsam — ohne Porno geht es offenbar nicht mehr

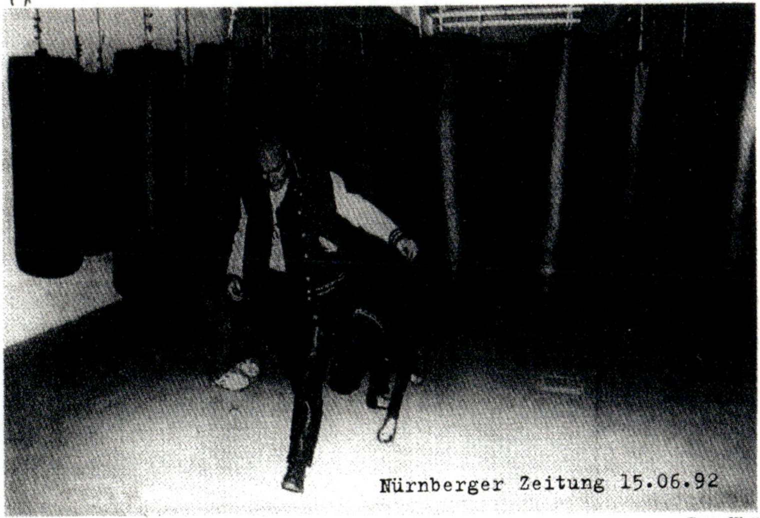

Nürnberger Zeitung 15.06.92

Der Schock-Künstler und die Bestie: Flatz tritt aus seinem Lederwall hervor. Fotos: Klatt

Bühnenstar in Frankfurt
Ein Hund namens Hitler

Kennen Sie eigentlich Hitler? Nein, nicht den Jahrhundertverbrecher aus der Reichskanzlei. Der Hitler, um den es hier geht, ist ein Meter lang, 80 Kilo schwer, frißt jeden Tag dreieinhalb Kilo Fleisch und tritt derzeit (ohne Wauwau und Chrrrr) im Frankfurter Schauspielhaus auf.

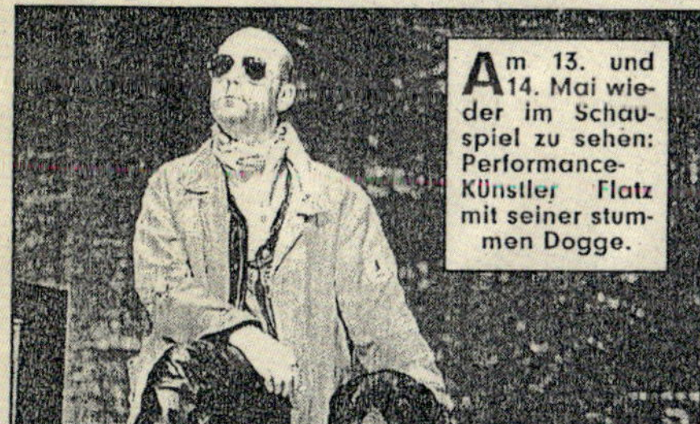

Am 13. und 14. Mai wieder im Schauspiel zu sehen: Performance-Künstler Flatz mit seiner stummen Dogge.

Die Rede ist von einer Riesendogge, die zusammen mit dem Münchner Performance-Künstler, Designer und Goldschmied Wolfgang Flatz im Strauß-Stück „Das Gleichgewicht" das Ensemble unseres Theaters bereichert. Er als Altrocker Jacques Le Coeur, der rohe Ziegenherzen verspeist – als angeblicher Lover einer schrillen Lady. Die Dogge als stumme Dreingabe.

Finanziell hätte Flatz derlei Engangements gar nicht nötig. Seit Anfang 1974 hat er von sich behauptet, ein „Gesamtkunstwerk" zu sein.

Bingo: In einen Teppich gerollt, ließ er auf sich herumtrampeln. Kopf nach unten hing er (in Tiflis) als Glockenschwengel zwischen zwei Stahlplatten und ließ sich „läuten". Er bekam Architekturpreise, seine Bilder sind begehrt. Und, und...

Auf der *documenta* wurde die Dogge als Hitler registriert – mit Teilnehmerkarte. „In Frankfurt", sagt Flatz, „durfte der Name nicht mal ins Programmheft." Wauwau.

ner

Bild Zeitung 1995

Schwäbische Zeitung 1993

Ein Hochbunker, Hitler

Wolfgang Flatz mit seinen Luxuskarossen-Skulp

Kultur Magazin

Stuttgarter Zeitung 1995

Szene

Der Münchner Hundeführer **Flatz** (Müller-Foto), als Künstler und Regisseur von Massenszenen mit Autos der Firma Porsche zu Ruhm gekommen, besitzt eine schwarze Dogge, die auf den Namen „Hitler“ hört. Was es mit dem politisch unschuldigen Vierbeiner auf sich hat, sagt

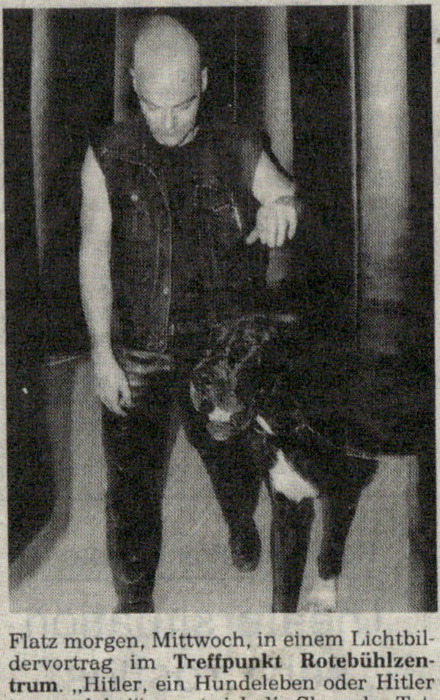

Flatz morgen, Mittwoch, in einem Lichtbildervortrag im **Treffpunkt Rotebühlzentrum**. „Hitler, ein Hundeleben oder Hitler immer dabei“ nennt sich die Show des Tattoo-Forschers und Harley-Fahrers. Stuttgart, in den vergangenen Wochen als Stammsitz von „Bullshit Castle“ (Jürgen Schrempp) in den Schlagzeilen, blüht eine weitere zoologische Karriere: Welcome to Hot Dog City.

Hitler ist im

Galerie Patricia Schwarz: der K

Es gehört schon eine besondere Art von Humor dazu, seinen Hund Hitler zu nennen. Die riesige deutsche Dogge des Künstlers Flatz heißt mit „bürgerlichem“ Stammbaum-Namen zwar „Einstein von Wartburg“, doch der provokative österreichische Aktionskünstler hat diesen Hund als „Hitler“ zu einem Kunstwerk gemacht. Er geht nie ohne ihn in die Öffentlichkeit, und Zeugen berichten, daß sie „niemals zuvor so einen zärtlichen, sanften Hund erlebt“ hätten. Hitler hat immerhin ein Stockmaß von etwa einem Meter und kann, ohne sich auf die Hinterbeine zu stellen, seinen Kopf auf des Meisters Brust legen, wenn er gestreichelt werden will.

Schnappschüsse und inszenierte Aufnahmen des Tieres, in prunkvolle Holzrahmen gesteckt und mit gravierten Messingschildchen versehen, sind jetzt bei der Galeristin Patricia Schwarz zu sehen. „Hitlers erste Mahlzeit im Führerbunker“. „Hitler im Treppenhaus der Reichskanzlei“. „Hitlers erste Rede vor der deutschen Motorenindustrie“ – so heißen die kleinen Arbeiten, die in der Schwarzschen Privatwohnung an der Wand hängen.

Zu sehen ist eine deutsche Dogge beim Fressen aus einem erhöhten Futternapf, im Hintergrund eine undefinierbare Staatsfahne; zu sehen ist auch ein schwarzer Riesenköter, der zehn hinter ihm aufgestellte Ventilatoren anbellt; die Rotoren der Geräte haben die Form eines Hakenkreuzes.

Was ist das für einer, der mit faschistischer Ästhetik auf solche Weise spielt? Warum geht Flatz ganz bewußt die Gefahr ein, mit seinem kahlgeschorenen Schädel, dem schwarzen Lederoutfit und seinen Tätowierungen als Neonazi diffamiert zu werden? „Die Verwechslungen kommen von der Seite der Linken, während die Rechten den Unterschied sehr wohl merken und es als Blasphemie begreifen“, erklärt Flatz. „Gerade beim Hund Hitler ha-

Podium Stuttgart 1995

Kultur

…und zwei neue Mercedes

…turen in München

…r dabei

Flatz und seine Dogge

…sehr wohl begriffen, daß ihr Idol …Ebene reiner Animalität zurückge…rde, auf die Ebene der Triebe." …st für Flatz keine moralische In… …t also „immer unmoralisch", denn …die Defizite einer Gesellschaft auf. …ne Formensprache zu finden, ist …iegen.

…der bei uns durch die Aufstellung …ntainer-City" vor dem Stuttgarter …chloß während der Leichtathletik…sterschaften Furore machte, wird …im Rotebühltreff einen Lichtbil…ag zu seinem Werk „Hitler, ein …ben" halten. *Birgit Spaeth*

…21. Oktober, Schwabstraße 2 im 3. …i Patricia Schwarz, Do und Sa 14–18 …nach Vereinbarung: Tel. 62 53 13. Licht…trag „Hitler, ein Hundeleben" morgen …otebühltreff.

Flatz-Fahne gestohlen

In der Nacht zum letzten Donnerstag wurde in der Klepperstraße vor der Kunst-Mühle eine rote Fahne mit Aufdruck (Hundekopf auf weißem Grund) mit den Maßen 4,50 mal 1,20 Meter entwendet. Laut Kunstverein handelt es sich dabei um ein Kunstwerk mit unbestimmtem Wert und Teil der Ausstellung „Hitler — ein Hundeleben" des Künstlers Wolfgang Flatz. Die Fahne wurde inzwischen ersetzt. Hinweise nimmt die Polizei unter Telefon 21 22 20 entgegen.

München 1994

Abendzeitung

Premiere im Schauspiel: „Das Gleichgewicht"

Publikum bellte: Wau, wau!

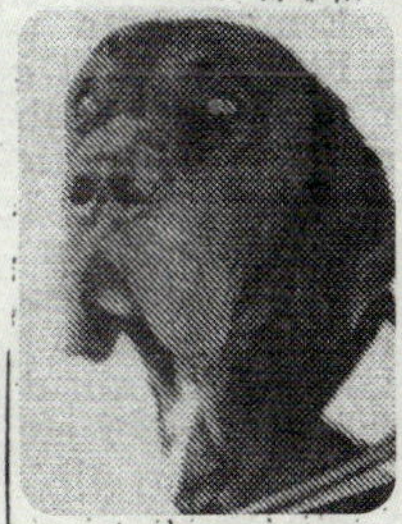

Auf der Suche nach innerer Balance und Gleichgewicht: Christoph Groth (Hans Falár) und Gattin Lilly (Ulli Maier) beim Kyudo.

Berlin nach der Wende: Das Volk vereint, sein Innenleben aus der Balance. U-Bahnen donnern quer durch die Szene. Penner fürchten, daß auch noch ihr letzter Schlafplatz von Spekulanten vereinnahmt wird. Ein wenig ist allen „Das Gleichgewicht" (Premiere im Schauspiel) abhanden gekommen.

Die junge Professoren-Gattin Lilly, tagsüber coole Lady, sucht es nachts als schrilles Szene-Flittchen bei Rock-Grufti Jaques Le Coeur. Ihr Mann, ein alternder Professor, balanciert seine Neurosen beim Kyudo (japanisches Bogenschießen) aus.

15. Stück des ins Gerede gekommenen Botho Strauss: Schlappschwänze und militante Blödmänner spulen verquaste Dialoge ab. Da macht's flutsch. Ein verirrter Pfeil des Professors trifft seine Frau. Noch im Fallen stöhnt die waidwunde Lady den Namen ihres Liebhabers.

Der – eine hinreißende Szene – bringt zur Aussprache mit dem Professor eine riesige Dogge mit, mampft Kaugummi und schweigt. Das Publikum: „Wau, wau..."

Trotzdem Riesenbeifall: Für gute Regie (Jens Schmidl) und herausragende Schauspieler – Ulli Maier als „gespaltene Lilly" und Hans Falár (Professor).

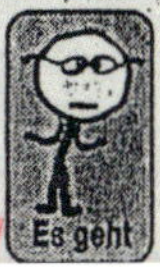

Das Stück: Na, ja – eine Komposition gesamtdeutscher Beliebigkeiten.

Werner Kirchner

Bild 1995

„Hitler – ein Hundeleben“

Wolfgang Flatz' Totalinszenierung im Kunstverein Rosenheim

Oberbayerisches Volksblatt 1996

„Hitler in Rosenheim“ ist der Untertitel der aktuellsten Ausstellung des Documenta-Künstlers Flatz aus München.

Tatsächlich wird Hitler zur Eröffnung am Samstag in der Kunst-Mühle anwesend sein. Die Dogge namens Hitler ist denn auch der Anlaß und zugleich Hauptdarsteller einer Fotofolge, die biographische Notizen und Beobachtungen aus dem zugleich spießigen und dennoch total inszenierten Leben des Namensvetters Hitler nachstellt und persifliert. Plötzlich sind historische Vorgänge in deutsche Wohnzimmer unserer Zeitgenossen verlegt, Hitler aalt sich im Sofa vor dem Fernsehgerät. Titel einer dieser Szenen: Fressen, ficken, fernsehen. Diese Fotofolge ist Teil einer Gesamtinsze- Städtischen Galerie Rosenheim beginnt, wo der Kunstverein Rosenheim einen Teil des Gesamtkomplexes zeigt. Flatz ist Sondergast der Jahresausstellung '96 und thematisiert mit seiner Arbeit auch die historische Einordnung des Ausstellungsgebäudes, das zeitgleich mit dem Haus der Kunst in München gebaut wurde.

Der Kunstverein Rosenheim eröffnet „Hitler — ein Hundeleben“ einen Tag nach der Eröffnung der Jahresausstellung am Samstag, 23. Juni, um 19 Uhr in der Kunst-Mühle. Flatz und Hitler sind in der Galerie sowie in der Kunst-Mühle anwesend.

Zur Ausstellung erscheinen ein Buch im Verlag Cantz (122 Seiten mit 170 Abbildungen) sowie eine signierte Serigraphie.

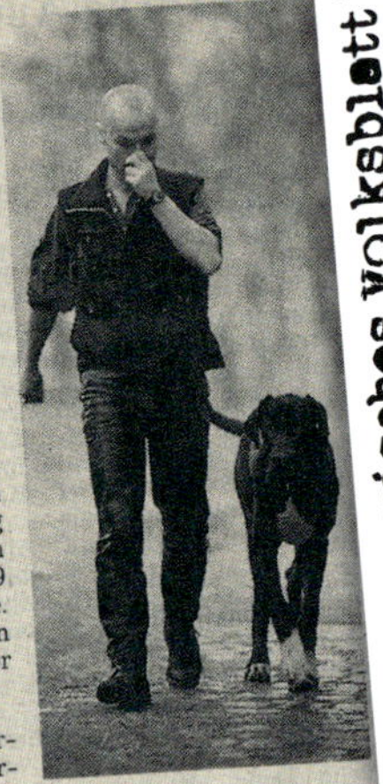

Wolfgang Flatz mit seiner Dogge „Hitler“.

Samstag/Sonntag, 22./2

Brief au

Da Hitle

Liabe Kultuaredakti

da Kunstverein vo nam, ja de ganze S is iatz auf'n Hund hab i gestern be glesn. Es is scho a s Viech. Es is a g schwarze, rein Dogge. A Freid füa Hundefreind.

Bloß, wenn ho Nam net waar. Hit aßt a. So hat den se chen, da Künstler gnennt, damit a mit Kunst macha kon. N arme Hund. Er woa ned wer da echte war, weil a ja a H und deswegn do a bläda ois wia im all nen de Leit, aber s so a Nam aa fü blädstn Hund ned der nette Hitler is

Hitler – ein arisches Zuchtprodukt

Wolfgang Flatz stellt im Kunstverein Rosenheim „Hitler — ein Hundeleben“ aus

Die Ausstellung „Hitler — ein Hundeleben“ des Aktionskünstlers Wolfgang Flatz in der Kunst-Mühle im Rosenheimer Kunstverein befaßt sich an Hand von inszenierten Fotos einer großen Dogge, die der Künstler absichtsvoll „Hitler“ nannte, mit dem Leben des berüchtigten Namensvetters. Die Fotos sind zumeist nur klein 10 mal 15 Zentimeter, in musealen barocken Goldrahmen, darunter eine Messingplakette mit eingraviertem Titel, welcher die Vorstellung der Identität des Hundes mit Hitler suggeriert.

Wer Hitler sagt, meint den unsäglichen NS-Terror mit Konzentrationslagern und Gaskammern, einen verbrecherischen, grauenhaften Krieg, Abermillionen Tote. Er meint Propaganda und geistige Unfreiheit, Rassismus, Körperkult, Rassenzucht. Diesen Konsens setzt jeder Künstler voraus, der heute die NS-Zeit zitiert.

Flatz reiht sich mit der Arbeit in Rosenheim ein in den Kreis derer, die nationalsozialistische Vergangenheit in ihrer künstlerischen Arbeit aufgreifen. Eigentlich handelt es sich mehr um eine Begegnung der künstlerischen Entwicklung von Flatz mit der Kunst des Nationalsozialismus: die Instrumentalisierung des Körpers als Kunstwerk. „Mein Kunstwerk, das bin ich“, titelt das Zeit Magazin, „Physical sculpture“ ist auf Flatz' Rücken tätowirt, die Serie der „Demontagen“ waren Gewaltanwendungen, denen Flatz seinen Körper aussetzte, bis zur absoluten Grenze, die er in Tiflis um ein Haar überschritten hätte.

Hier ist die Schnittstelle, wo Flatz sich mit nationalsozialistischem Körperkult trifft. Doch die faschistische Heldenfigur ist ein Sieger, der Gewalt anwendet, Flatz dagegen ist in seinen Körperperformanches einer, der Gewalt provoziert und selbst erleidet, zertreten, zerschlagen, mit eingeschlagenen Zähnen ins Krankenhaus kommt, während die „Täter“ allenfalls als moralische Verlierer den Vernissagenwein trinken. In der Rosenheimer Ausstellung ist Gewalt als Thema nur hintergründig vorhanden. Es geht um die Voraussetzungen, die den Boden für sie vorbereiten.

Die große schwarze Dogge ist der erweiterte Körper von Flatz (Bild: siamesische Zwillinge), der den Anforderungen faschistischer Wertvorstellungen Genüge leistet. Der Stammbaum ist einwandfrei, der Körperbau groß und edel. Moralische Kategorien sind dem reinen Körper fremd: ein arisches Zuchtprodukt, deutsch.

Im Mittelpunkt in Flatz' Betrachtung stehen elementare Körpersprache und elementare Körperbedürfnisse, die den Hund Hitler dem Diktator Hitler anverwandeln. Der Blick durchs Fenster, trinken, „kacken“, „ficken“, Geselligkeit, Freundinnen. Aber auch gezielte Inszenierungen bietet er: Reden halten, Pathos. Läppische kleine Fotos der Alltagsgeschäfte. Nichts Dämonisches, nichts Kriminelles nur Alltägliches. Du, ich, der Hund, Flatz, der imaginierte Hitler, wir bewegen uns alle im vorgefertigten Verhaltensmuster. Gewalt wächst wie ein Pilz hinter dem schäbigen Goldrahmen über dem geschmacklosen Sofa in der Monotonie täglichen Wohlverhaltens. Nur der Hund ist unschuldig, trotz seines Namens.

Die Anklage zielt auf unsere Existenz. Waren es bisher die Symbole, die Ästhetik, die Sprache des Faschismus, die als verseucht zu gelten hatten, ist es bei Flatz der Körper, seine Haltungen und Gesten, die nicht mehr als unschuldig gelten können, da sie diejenigen des Verbrechers sind.

Eine weitere Dimension der Arbeit bilden die Texte. Lapidar betiteln sie jedes Foto. Sprache treibt ihr Spiel respektlos, witzig, derb, entlarvend: Hitler der Morphin Junkie, Hitler hat Schluckauf, Hitler, warum hast Du nur ein so großes Arschloch?

Im Buch dann noch die letzte Umschlagseite; handschriftlich, als Nachgedanke hinzugefügt: „Nobody kicks a dead dog“. Die reginierte Antwort auf den mißlungenen Versuch der Vergangenheitsbewältigung? So what? Oder doch die Frage, wer war schon dieser Hitler? Warum ihn treten, wenn doch fast alle . . .? Oder löst sich die Ausstellung in einer unverbindlichen, allgemeinen, satirischen Publikumsbeschimpfung auf? Handelt es sich gar um eine Banalisierung, die die Dimensionen des Schreckens verniedlicht?

Vielleicht muß Kunst gar nicht so genau sein, darf es wohl nicht, auch bei einem so unheilvollen Thema . . . Mag die Idee reichen, das Bild, das offen bleibt und Gefühle und Gedanken stimuliert. *Iris Trübswetter*

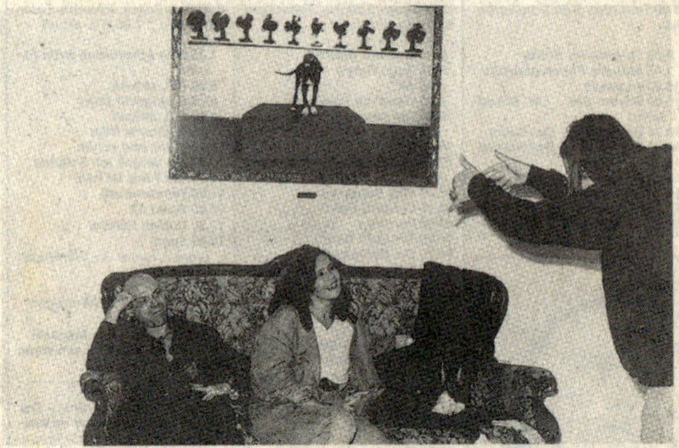

Unsere Fotografin bekam kurz vor der Eröffnung der Ausstellung Hitler (auf dem Sofa rechts) noch leibhaftig zu Gesicht. Bei der Vernissage war er mit seinem Herrchen Wolfgang Flatz (links) und dessen Lebensgefährtin (Mitte) schon wieder aus Rosenheim verschwunden. Foto: Jacobi

Öffnungszeiten

Die Ausstellung: „Hitler — ein Hundeleben“ von Flatz wird gezeigt im Kunstverein Rosenheim in der Kunst-Mühle bis 28. Juli. Geöffnet Donnerstag, Freitag von 14 bis 19 Uhr, Samstag, Sonntag von 14 bis 17.30 Uhr. Zu dieser Ausstellung erschien ein Buch und die signierte Serigraphie „Hitler vor einer schweren Entscheidung“.

Einladungskarte zu Hitlers 5. Geburtstag

Rosenheim 1996

Wa/Ai/Chie/Ro

Provinz

a Schdod

sei Herrle gsogt, fromm und foigt Wort.
hätt hoit aa da echte r sei müassn! Viel- t denkt se des da tler aa und vielleicht szweng des Ganze a t?
f jedn Foi hat iatz da an groußn Hund in Kunstverein eine- t und a Hitler is 51 nach'm Kriag auf nam kema.
sechzg Johr hättn eid den echtn laut ubed, wenn a kema Moi schaun, ob heit er jubed, wenn da fromme, nette Hitler usnam kimmt, fragt

Kultualeser
nz Summerer

ssau 1996

Abt. Propaganda — FLATZ

FLATZ lädt zu Hitlers 5. Geburtstag

Samstag, 27. Juli 1996 — Empfang 20 Uhr
In den Räumen des Kunstvereins Rosenheim

Hitler
Hitler rechnet mit Ihrer Anwesenheit
Kunstverein Rosenheim, Kunst-Mü

Stuttgart 1995
Lift

13 Mittwoch

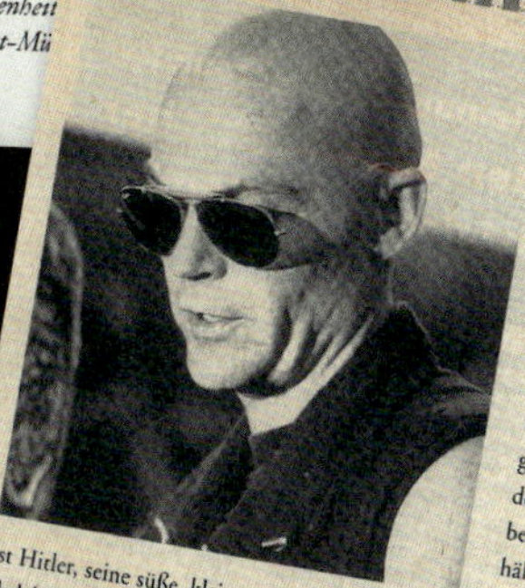

Hitler, ein Hundeleben

Heil Flatz! Ist der Porsche immer noch nicht am Baum? Der Körper noch nicht kaputt? Noch Platz für Tätowierungen? Heute schon gepierct? Wie auch immer – der Herr Kunstprofessor beehrt uns mal wieder und hält einen Lichtbildervortrag mit obigem Titel. Natürlich ist Hitler, seine süße, kleine, schwarze Dogge „mit untadeligem Stammbaum" auch als lebendes Objekt vor Ort zu studieren und bewundern. Ich sage nur: Hunde an die Leine, und zwar vertikal...

▲ *Mittwoch, 13.9., Stuttgart, Treffpunkt Rotebühlplatz, 20 Uhr*

Passau 1996
Passauer Neue Presse

Aus dem Leben Hitlers

Aktionskünstler Flatz ist in Rosenheim auf den Hund gekommen

Wolfgang Flatz weiß, was r seinem Ruf als Aktionsünstler schuldet. An seiner nszenierung „Hitler – Ein Iundeleben", die teils in der tädtischen Galerie, teils in er Kunst-Mühle in Roseneim gezeigt wird, ist der Titel as Originellste.

Mit vielen meist kleinforatigen Aufnahmen begleitet latz die Dogge namens „Hitr" bei ihren alltäglichen Verchtungen oder läßt sie vor er Kamera posieren. Die Bildtitel sind in adretten Mesingplaketten eingraviert, z.B. Hitler hat Schluckauf", „Hitr der Morphin Junkie" . . . Unter dem Foto, das Hitler vor dem Bildschirm zeigt, liest man den Text „Fressen, fikken, fernsehen". Wer das nicht witzig findet, ist wohl selbst schuld.

Die Flatz-Ankündigung, bei der Vernissage werde er dem Publikum sein Modell vorführen, erwies sich als Werbe-Gag. Herr und Hund ließen sich nicht sehen. Ob Hitler noch lebt?

Die Ausstellung ist bis 28. Juli zu sehen, Do.+Fr. 14 bis 19 Uhr, Sa.+So. 14 bis 17.30 Uhr; Katalog 19,80 DM).

Julius Bittmann

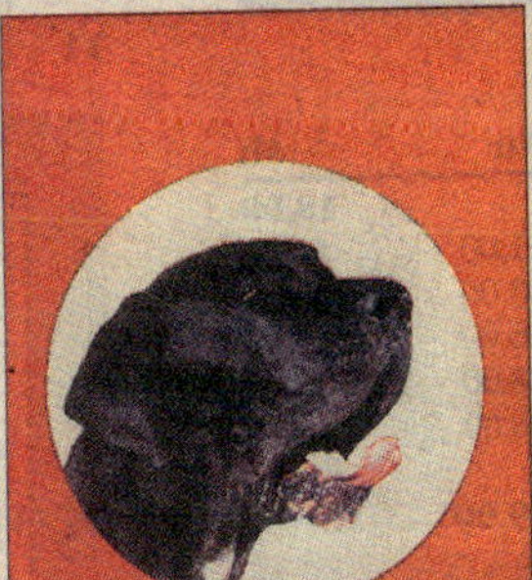

Kunst von Wolfgang Flatz.

HITLER

ONE MAN SHOWS

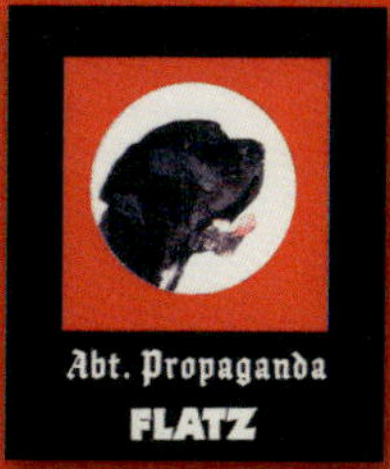

STUTTGART 1993

ROSENHEIM 1996

BONN 1999

PARIS 1992

ULM 2019

ESSLINGEN 2019

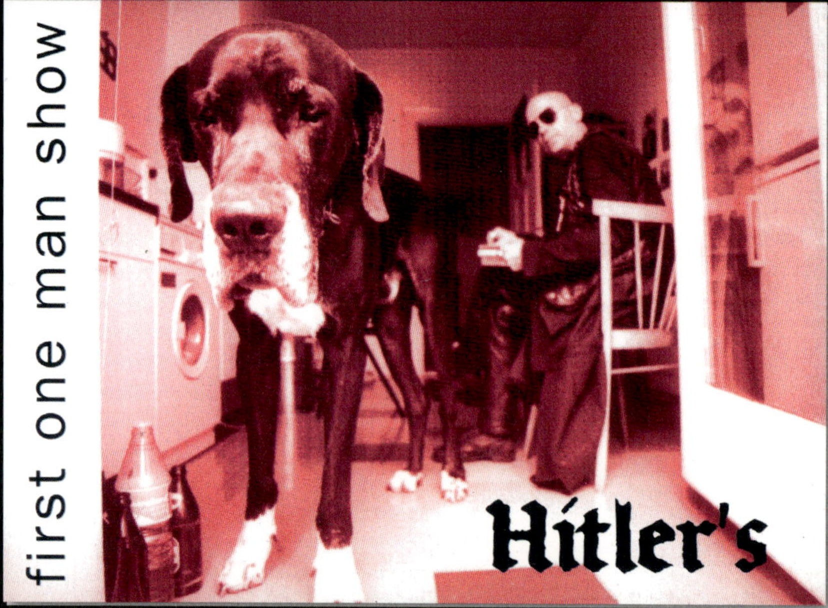

Stuttgart 1993

Einladungskarte Galerie Patricia Schwarz

Invitation Gallery Patricia Schwarz

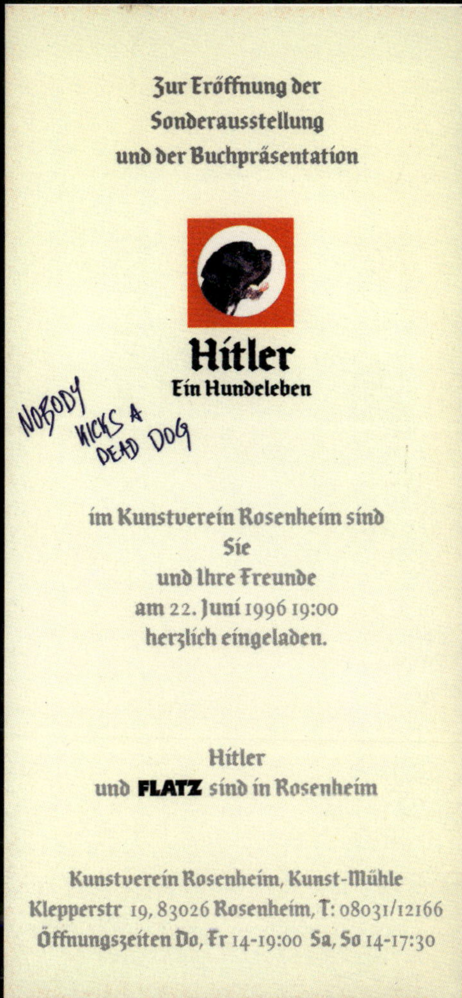
Zur Eröffnung der
Sonderausstellung
und der Buchpräsentation

Hitler
Ein Hundeleben

NOBODY KICKS A DEAD DOG

im Kunstverein Rosenheim sind
Sie
und Ihre Freunde
am 22. Juni 1996 19:00
herzlich eingeladen.

Hitler
und **FLATZ** sind in Rosenheim

Kunstverein Rosenheim, Kunst-Mühle
Klepperstr 19, 83026 Rosenheim, T: 08031/12166
Öffnungszeiten Do, Fr 14-19:00 Sa, So 14-17:30

ROSENHEIM JUBELT

Rosenheim celebrates

Einladungskarte Kunstverein Rosenheim

Rosenheim 1996

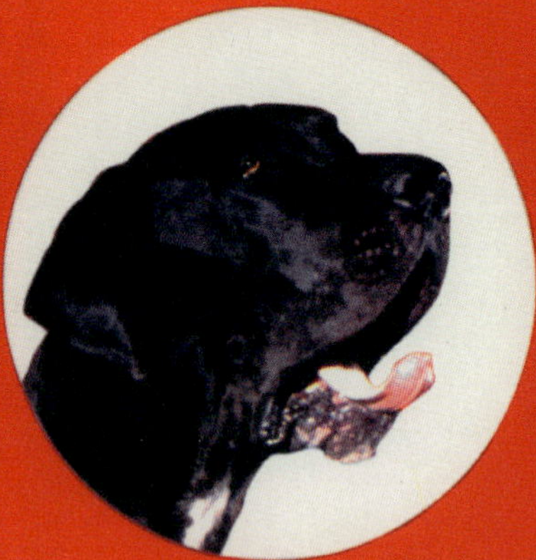

FLATZ

- SPIEL MIT DEM FEUER -

Zur Eröffnung der Ausstellung
am Montag, den 10. Mai um 19.00 Uhr
sind Sie und Ihre Freunde
herzlich eingeladen.

Begrüßung
Prof. Dr. Anne-Marie Bonnet.
FLATZ ist anwesend.

Aus Anlaß der Ausstellung
erscheint im Herbst eine Publikation.

Kunsthistorisches Institut
Rheinische - Friedrich - Wilhelms
Universität Bonn
Regina - Pacis - Weg 1, D - 53113 Bonn
Telefon 0228 - 737292
Ausstellungsdauer: 11. Mai bis 10. Juni 1999
Mo - Fr 9 - 21 Uhr, Sa 9 - 12 Uhr

Vorderseite: **FLATZ**, „BIC - Light", 1992, Dia Display, 405 x 130 cm
Foto: Andreas Struck

HITLER WIRD WISSENSCHAFTLICH ANERKANNT

Hitler is scientifically credited

Einladungskarte Universität Bonn 1999

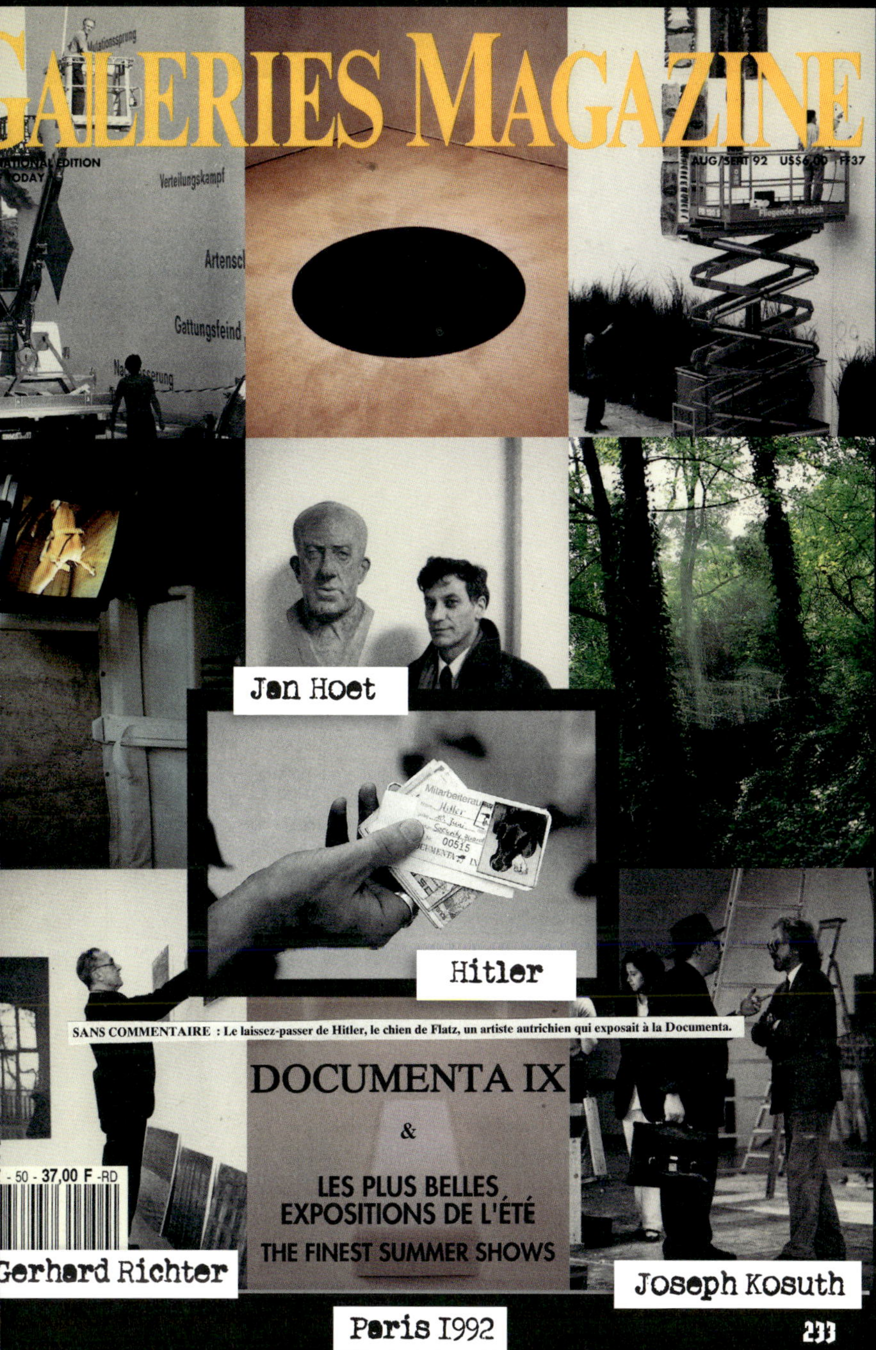
GALERIES MAGAZINE
AUG/SEPT 92 US$6,00 FF37
Verteilungskampf
Gattungsfeind
Fliegender Teppich
Jan Hoet
Hitler
SANS COMMENTAIRE : Le laissez-passer de Hitler, le chien de Flatz, un artiste autrichien qui exposait à la Documenta.
DOCUMENTA IX
&
LES PLUS BELLES EXPOSITIONS DE L'ÉTÉ
THE FINEST SUMMER SHOWS
- 50 - 37,00 F -RD
Gerhard Richter
Joseph Kosuth
Paris 1992

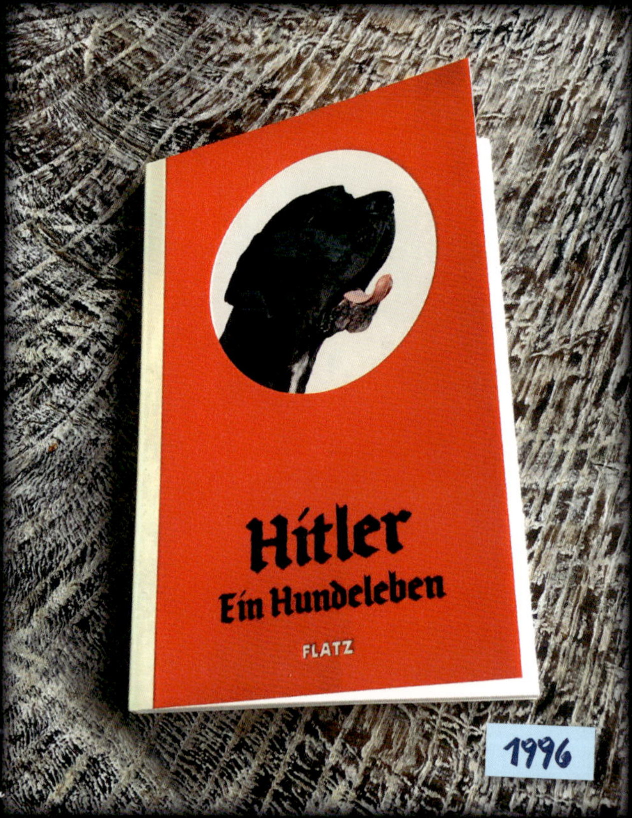

ERSTE AUFLAGE DES BUCHES
HITLER – EIN HUNDELEBEN

First Edition of the book "Hitler – a dogs life"

Herausgeber: Kunstverein Rosenheim

Edition Cantz

Stuttgart 1996

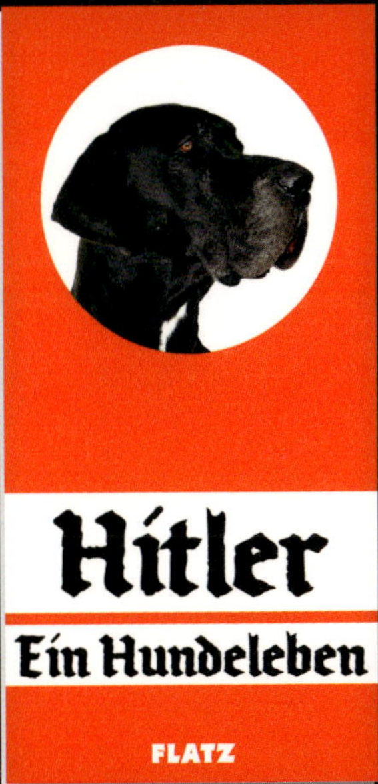

EINLADUNGSKARTE ZUR AUSSTELLUNG
HITLER – EIN HUNDELEBEN
IM KUNSTHAUS ULM

Invitation to the exhibition "Hitler – a dogs life" at Kunsthaus Ulm

Ulm 2019

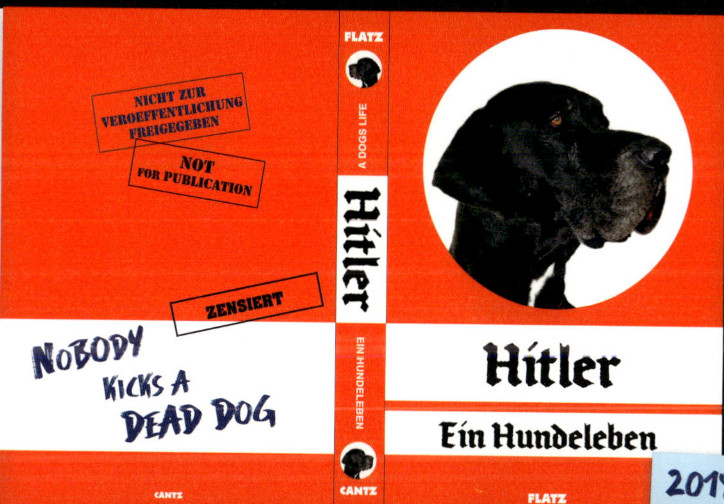

2019

COVERENTWURF DER 2. AUFLAGE
HITLER – EIN HUNDELEBEN

Coverdesign of the 2nd edition "Hitler – a dogs life"

Edition Cantz
Esslingen 2019

Herausgeber: Kunsthaus Ulm

Hitlers Vita

1991 – 1998

geb. am 14.07.1991 als Einstein von Bayern in Kaisheim bei Donauwörth.
Eltern:
Vater, Cäsar von der Stadt Mühldorf
Mutter, Utopia von Bayern

Gestorben
20. September 98
Diessen am Ammersee

geb. am 14.07.1991 als Einstein von Bayern in Kaisheim bei Donauwörth.
Eltern:
Vater, Cäsar von der Stadt Mühldorf
Mutter, Utopia von Bayern

Kommt im Alter von 6 Wochen ins Hause FLATZ.
Sein Hundeführer FLATZ ist mit ihm 24 Stunden zusammen und bereitet ihn auf sein Leben vor.

1991 Im Alter von 6 Monaten erster öffentlicher Auftritt in München.

1992 Hitlers Coming-out auf der Documenta IX in Kassel.

Erhält als erster Hund eine Akkreditierung zur Leichathletikweltmeisterschaft in Stuttgart.

Trifft im Alter von einem Jahr wichtige Politiker und Wirtschaftler, u.a. Bundespräsident Richard von Weizsäcker, Ministerpräsident Erwin Teufel, IOC Präsident Juan Antonio Samaranch ...

Die Medien beginnen sich für Hitler zu interessieren, u.a. Der Spiegel, Zeit Magazin, Vogue, Cosmopolitan, Pro7, Wiener, Tempo, Falter, Kunstforum International, Galleries Magazine ...

Hitler erhält Fernsehfeatures, u.a. bei Roger Willemsen, Premiere, ARD, Channel4, ZDF, ORF, RTL, RTL2, SAT I, 3sat, BR, SDR, WDR, HR, uva.

1993 Erste Morddrohungen vom Neonazilager und Verunglimpfung von der Linken.

Reist mit seinem Führer durch Deutschland und Österreich.

1994 Sein Führer hält Vorträge an Hochschulen über Hitlers Hundeleben.
Erster Filmvertrag, der Künstler FLATZ widmet ihm ein Stockwerk in der Ausstellung 1000 PS im Kunstbunker München.

1995 Die Werbung entdeckt Hitler als Propagandainstrument. Print- und Werbekampagnen für deutsche und österreichische Unternehmen.

First one-man-show (Galerie Patricia Schwarz).

1996 Sonderausstellung Hitler - Ein Hundeleben im Kunstverein Rosenheim

1996 Hitler feiert seinen 5. Geburtstag mit erlesenen Gästen aus Politik, Wirtschaft, Medien und Kunst

1996 Es erscheint die erste Auflage des Buches Hitler -Ein Hundeleben...
in kürzester Zeit vergriffen

1997/98 Hitler zieht sich aus der Öffentlichkeit auf seinen Alterssitz in Diessen am Ammersee zurück (Betreuung Ruth Scala)

20. September. 1998
Hitler stirbt in den Armen seines Führers in Diessen am Ammersee

2019 One Man Show.
Hitler -Ein Hundeleben .Stadthaus Ulm.
Es erscheint die überarbeitete 2. Auflage des gleichnamigen Buches

born on I4.07.I99I as Einstein von Bayern
in Kaisheim by Donauwörth.
parents:
father, Caesar von der Stadt Mühldorf
mother, Utopia von Bayern

At the age of 6 weeks, he comes into the
home of FLATZ.
His dog handler FLATZ is with him
24 hours everyday and prepares him
for his life.

I99I At the age of 6 months first public
appearance in Munich.

1992 Hitlers coming -out at the
Documenta IX in Kassel.

Receives, as the first dog, an accredita-
tion to the athletics world championship
in Stuttgart.

At the age of one year, he meets import-
ant politicians and economists, e.g. fede-
ral President Richard from Weizsäcker,
Prime Minister Erwin Teufel, IOC Presi-
dent Juan Antonio Samaranch ...

The Media start to become interested
in Hitler, e.g. Der Spiegel, Zeit Magazin,
Vogue, Cosmopolitan, Pro7, Wiener, Tempo,
Elter, Kunstforum International,
Galleries Magazine ...

Hitler receives tv features, e.g. with
Roger Willemsen, Premiere, ARD,
Channel4, ZDF, ORF, RTL, RTL2, SAT I,
3sat, BR, SDR, WDR, HR, ...

1993 First death threats from Neonazi
camp and disapproval from the left.

Travels with his leader through Germa-
ny and Austria.

I994 His leader holds lectures at Uni-
versities about Hitlers doglife. First
film contract, the artist FLATZ dedicates
a floor to him in the exhibition
-I000 PS- in Kunstbunker München.

I995 Advertisement discovers Hitler
as a propaganda instrument. Print- and
advertisement campaigns for German
and Austrian companies.

First one-man-show
(Gallery Patricia Schwarz)

I996 Special exhibition -Hitler - a dogs
life- at Kunstverein Rosenheim.

I996 Hitler celebrates his 5th birthday
with exceptional guests from politics,
economics, media and art.

I996 The first edition of Hitler - a dogs
life is released... sold out quickly

I997/98 Hitler moves away from the pub-
lic to his hideaway home in
Diessen at the Ammersee
(accompaniment Ruth Scala)

20th September I998
Hitler dies in his leaders arms in
Diessen at the Ammersee

20I9 One Man Show „Hitler - A dogs life"
„Stadthaus Ulm
Release of the 2nd edition of the book
with the same title

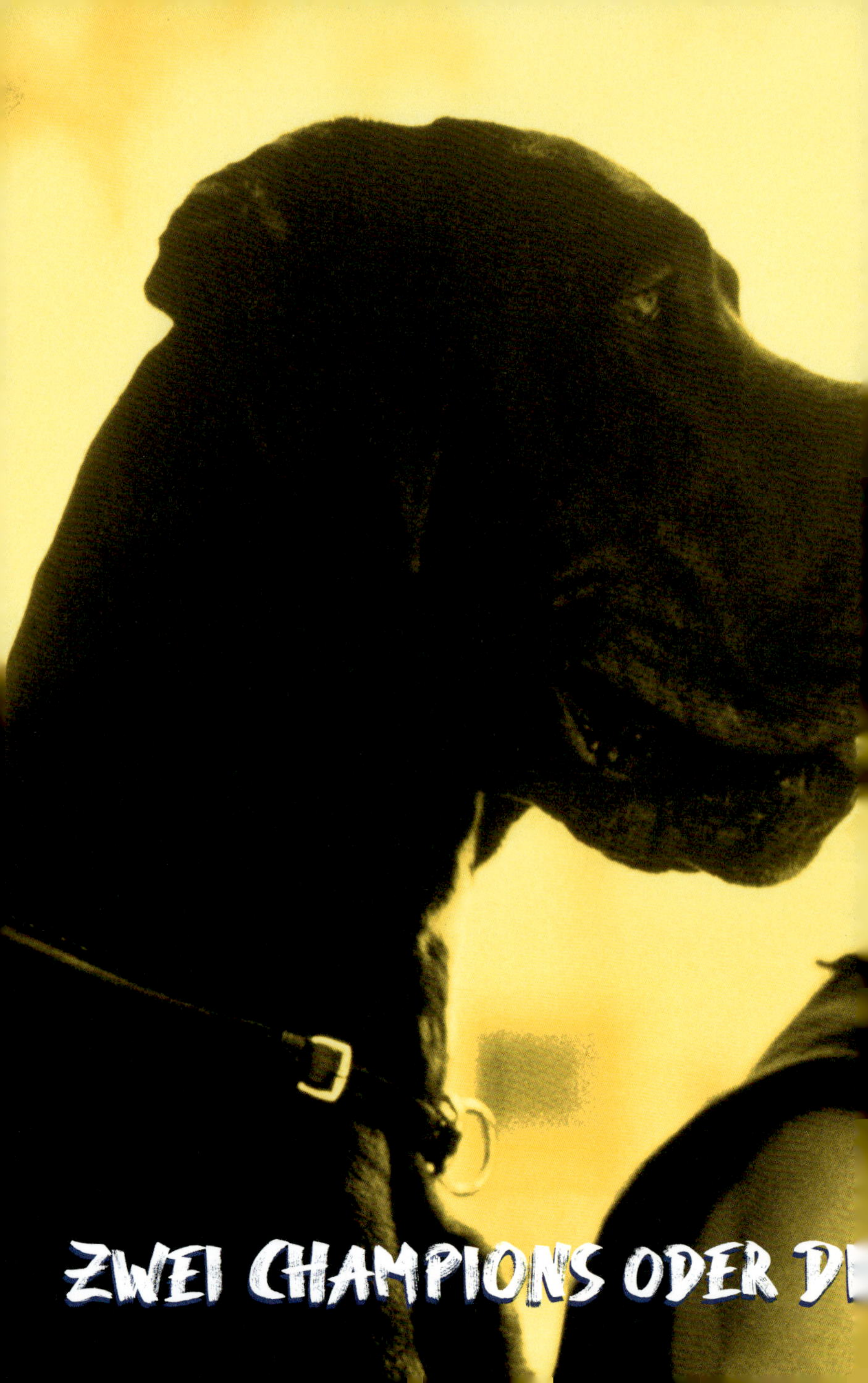

ZWEI CHAMPIONS ODER DI

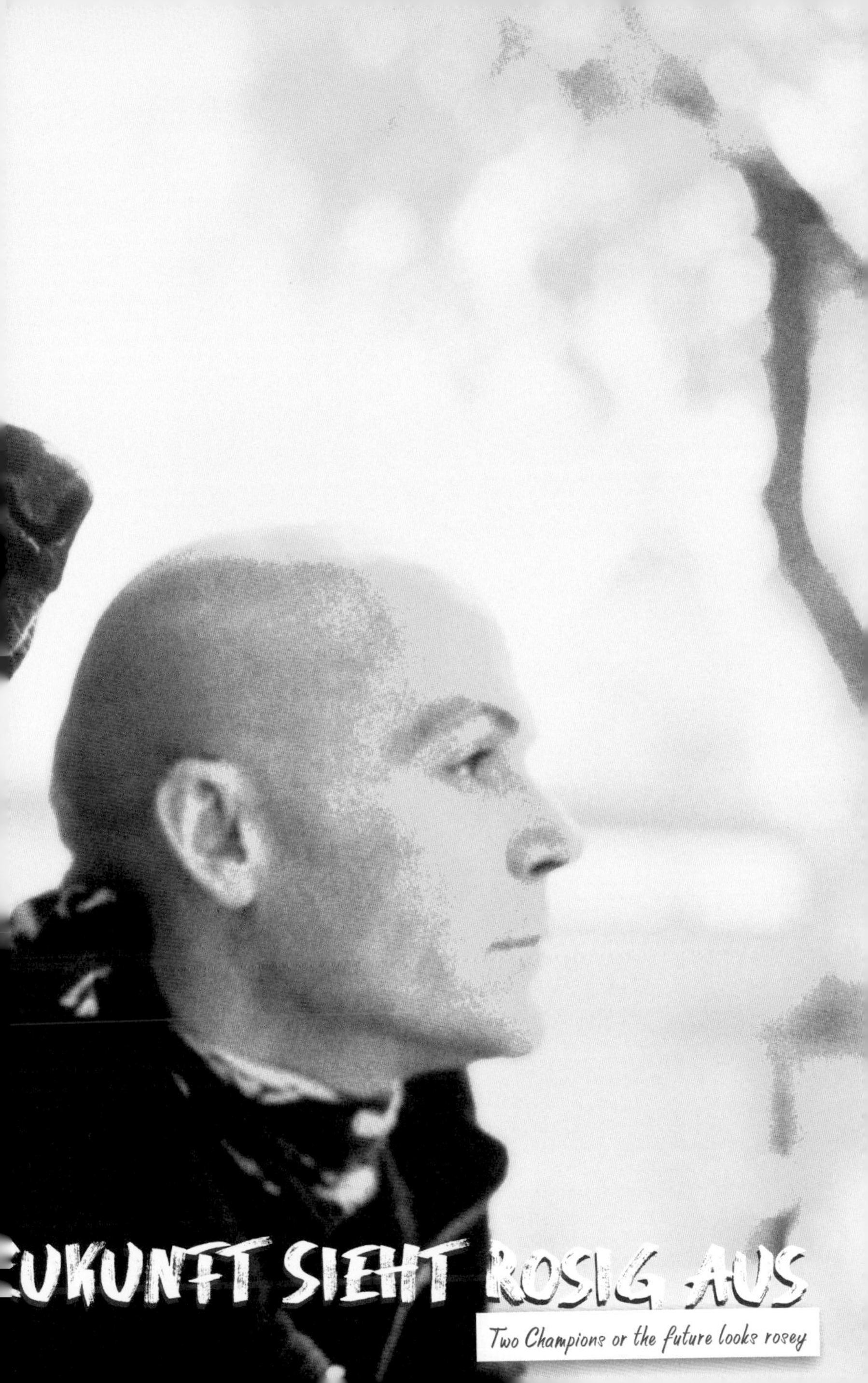

UKUNFT SIEHT ROSIG AUS

Two Champions or the future looks rosey

HITLERS

ENDE

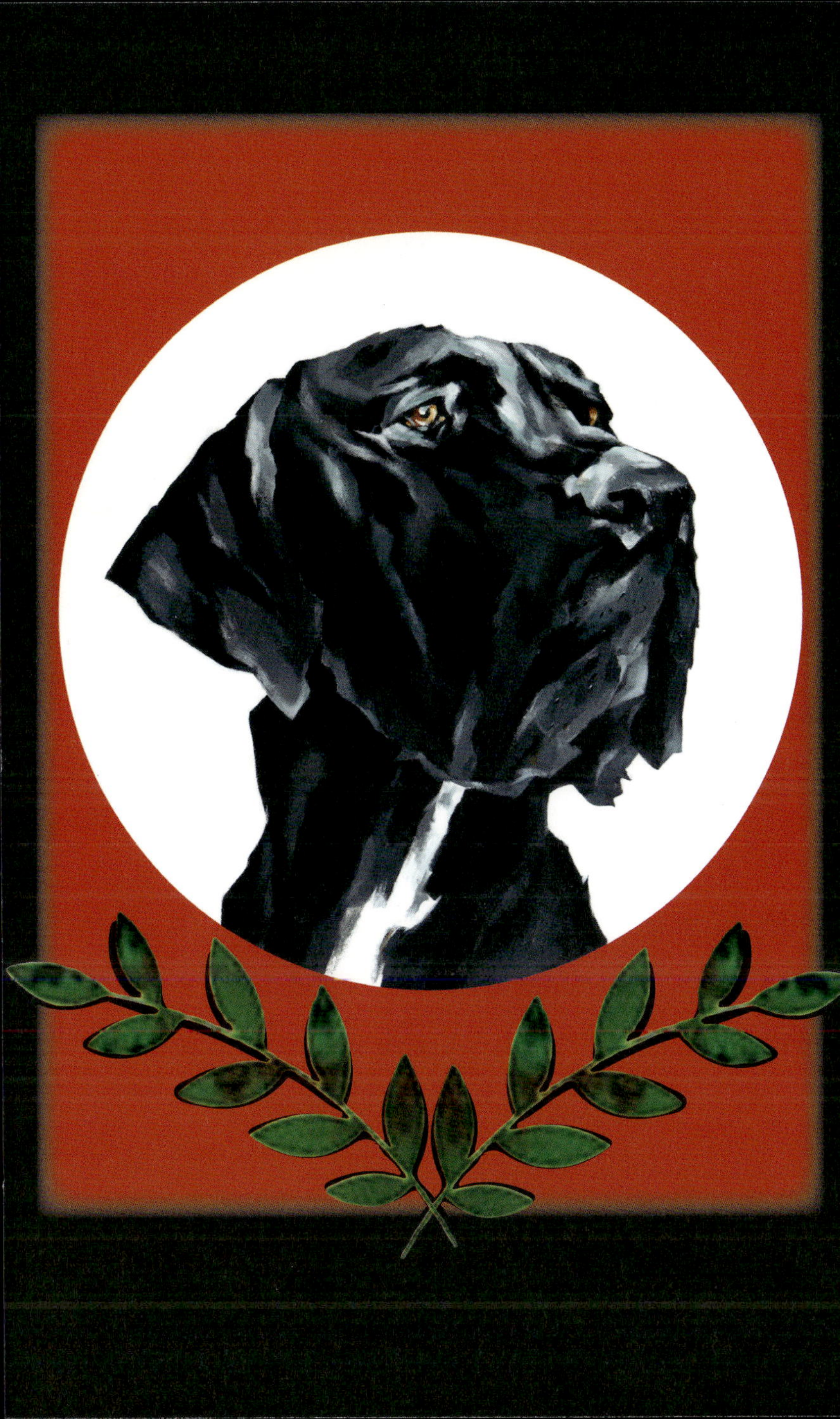

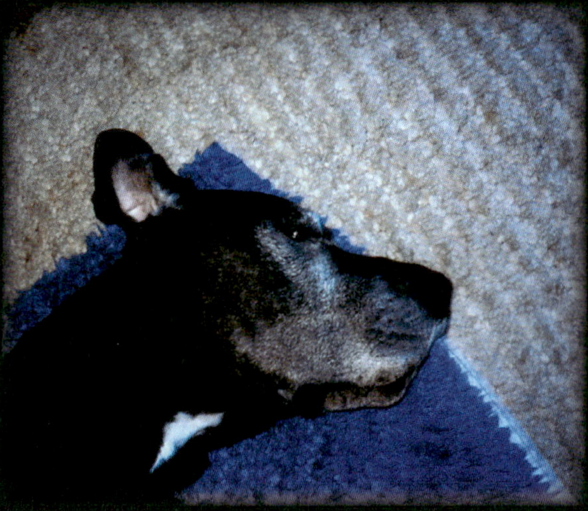

HITLER IST TOT

Hitler is dead

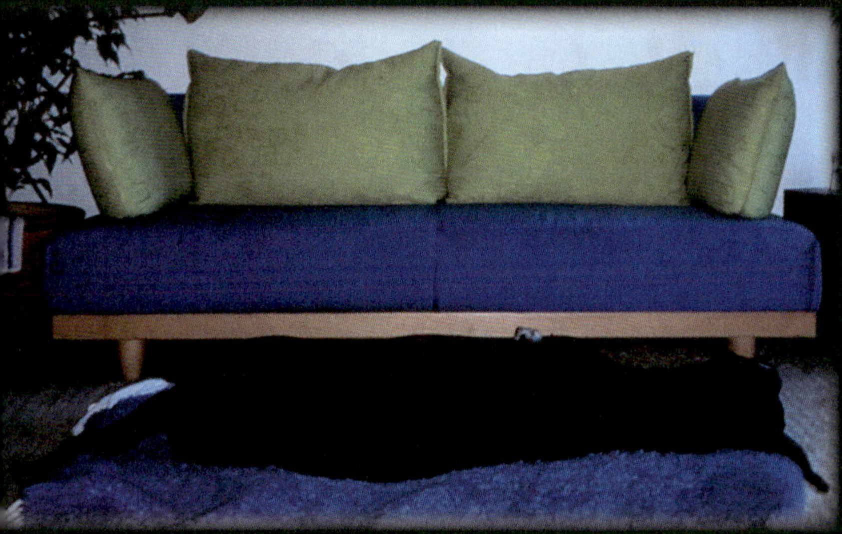

HITLER AUF DEM STERBEBETT

Hitler on his death bed

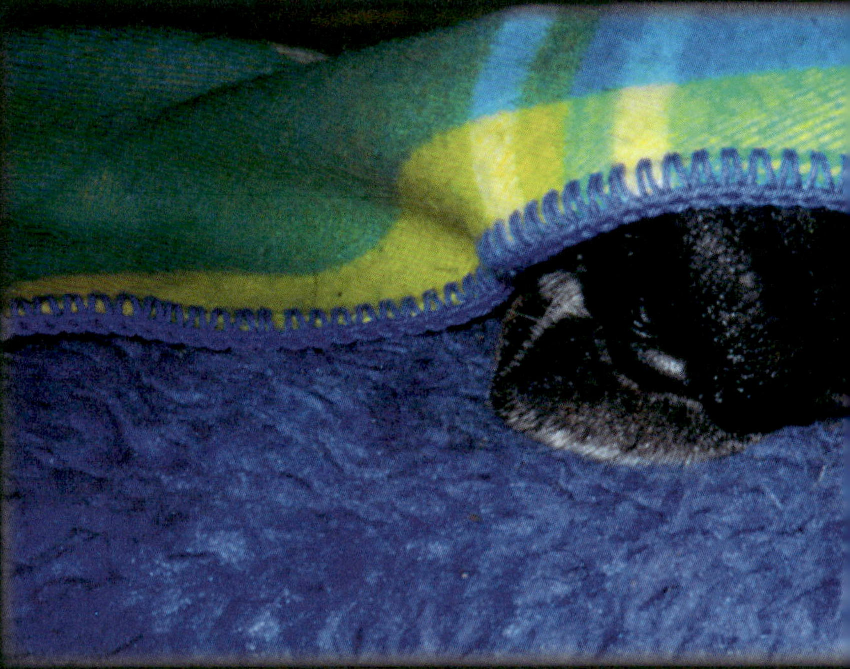

HITLERS LE

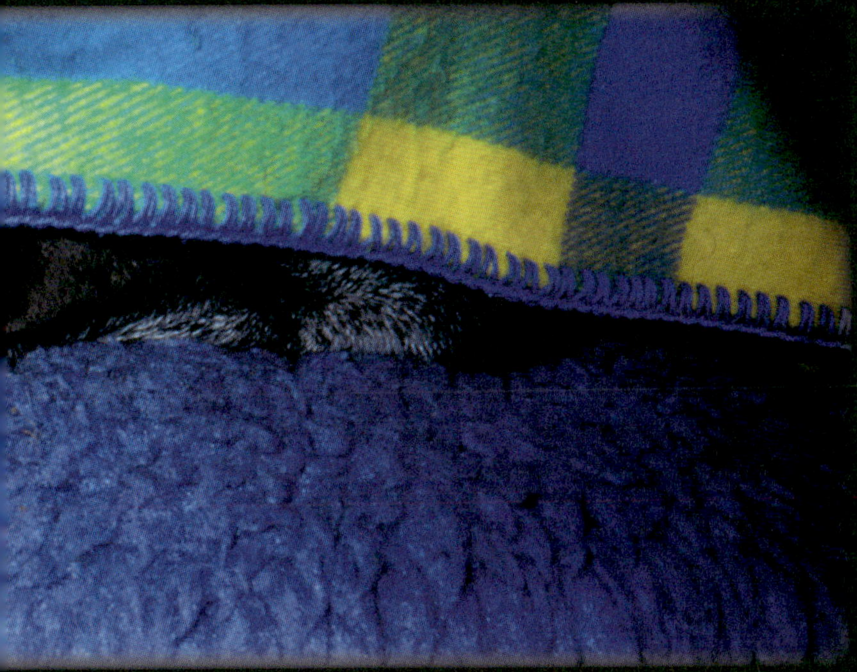

TER ATEMZUG

Hitlers last breath

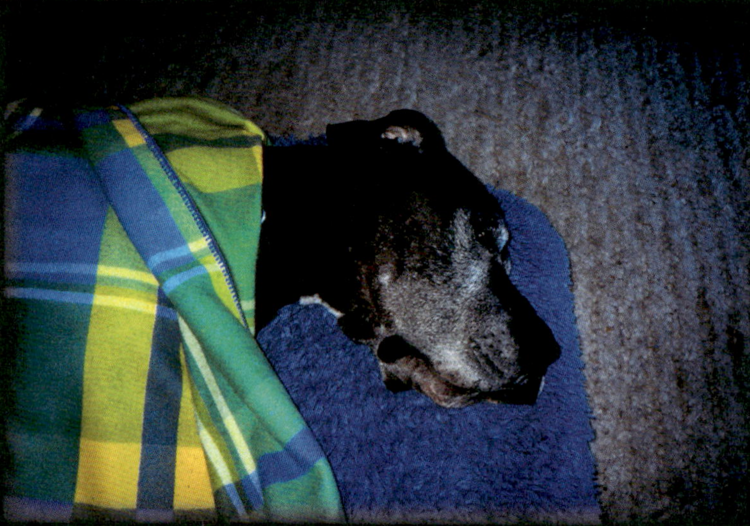

HITLER NACH DEM LETZTEN BESUCH DES ARZTES

ER ERHIELT DIE LEZTE ÖLUNG

Hitler after his doctors last visit

he received his Last Rites

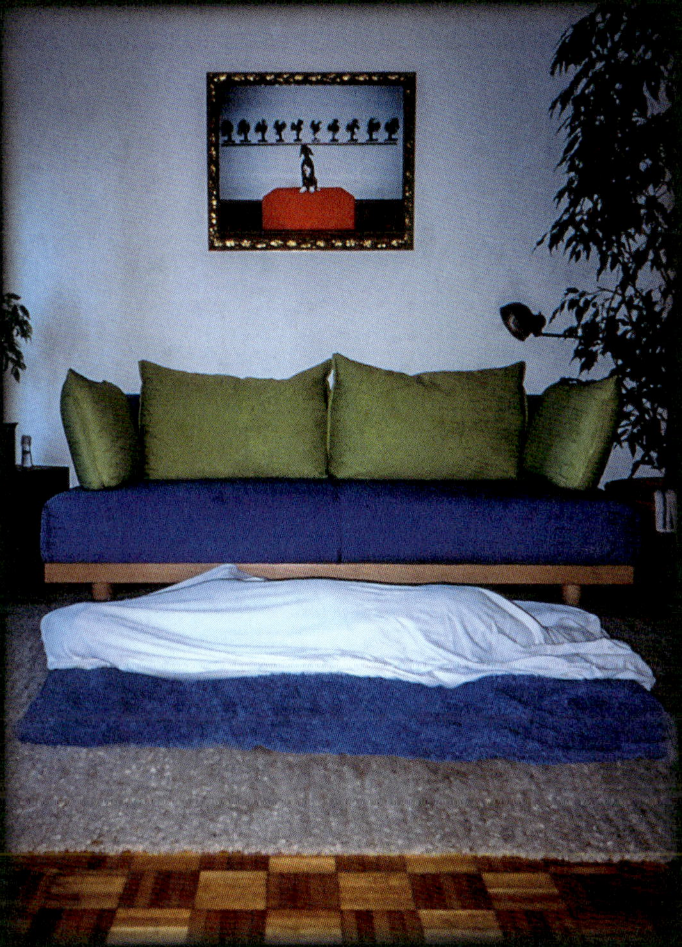

HITLER IM LEICHENTUCH AUFGEBAHRT

Hitler laid in the pall

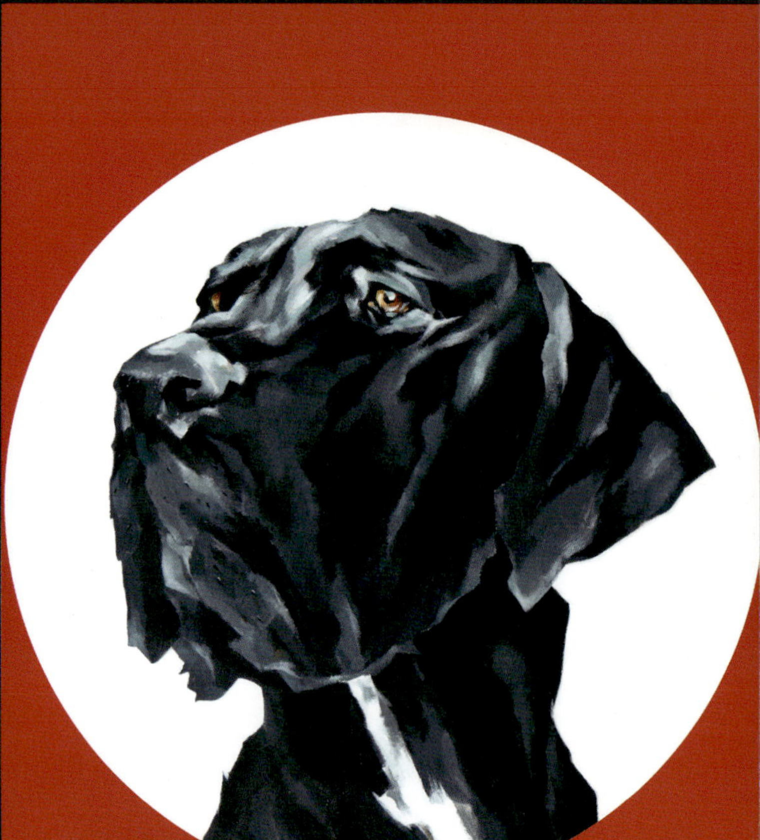

The most influential Austrian

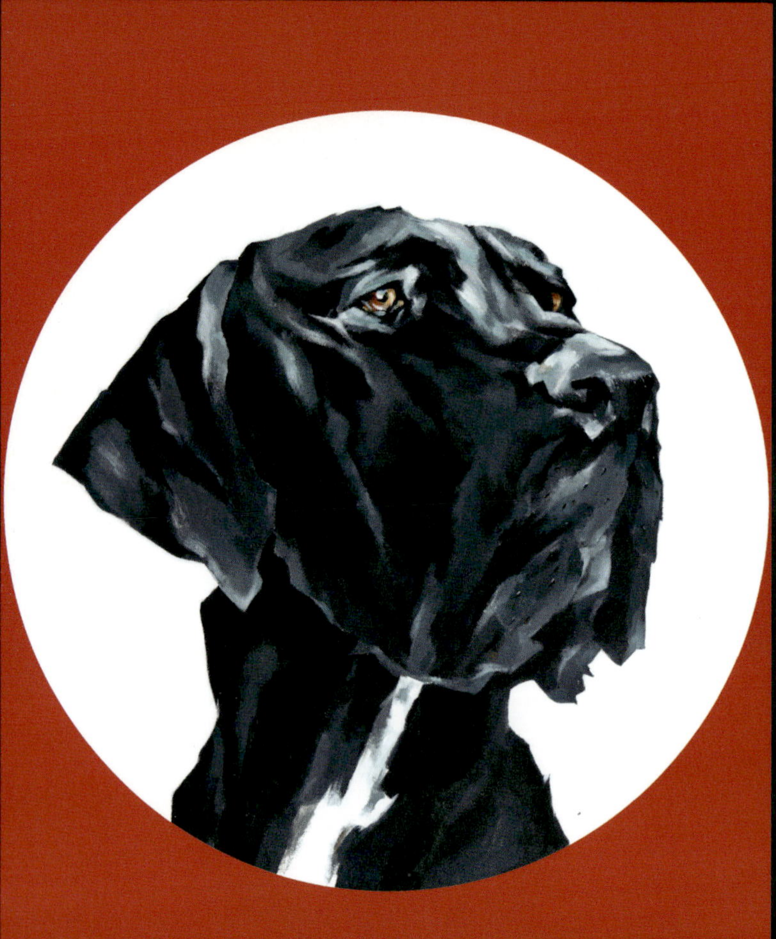

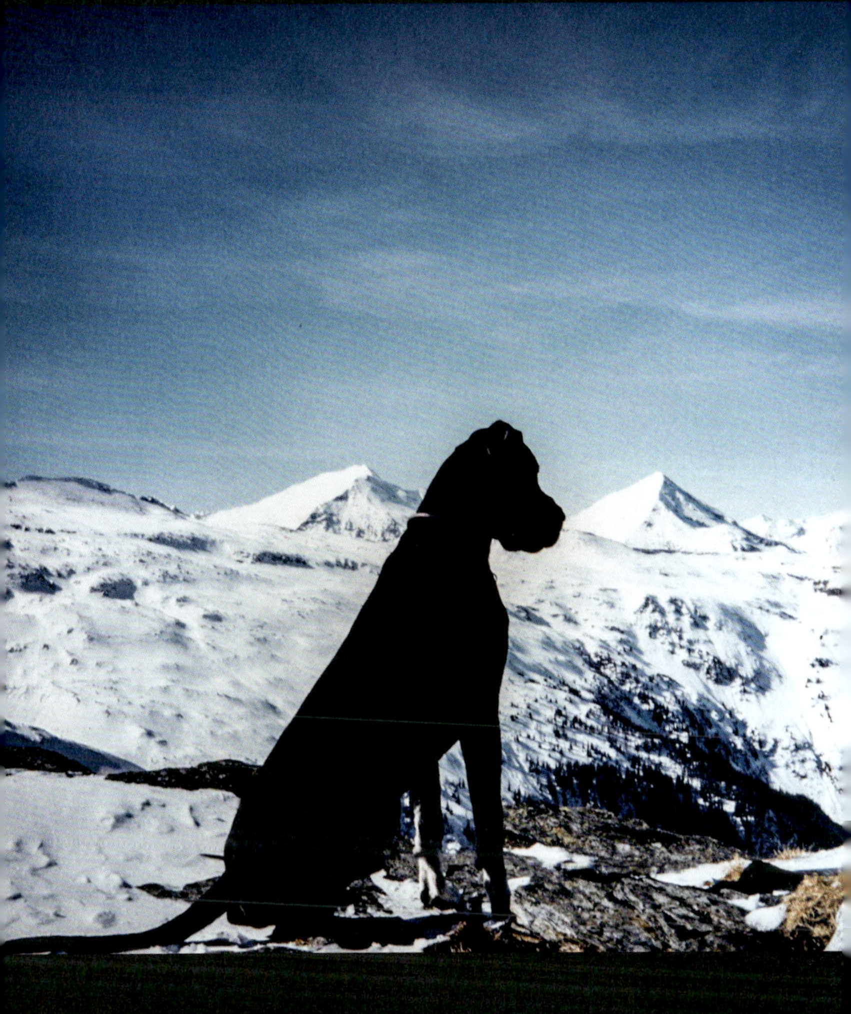

Der einflussreichste Österreicher

Lieber FLATZ,

an dieser Stelle möchte ich mich, bei Dir, mein Führer, Freund und Gönner, für Deine langjährige Freundschaft, Treue und Loyalität sowie deine Untestützung und Mitarbeit aufs Herzlichste bedanken.

zärtlichst, in Liebe

Hitler

07. Juni 1998

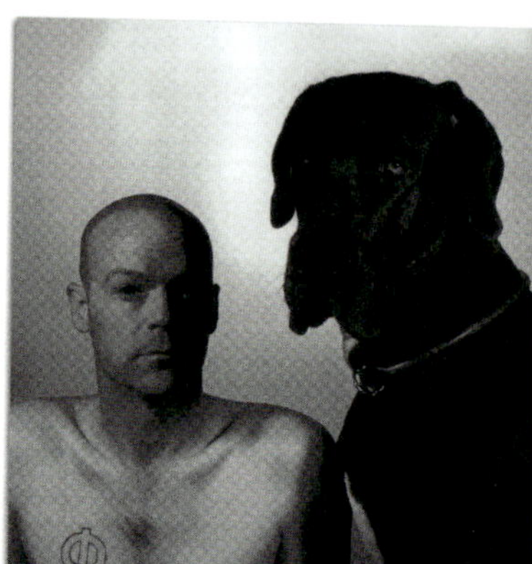

Dear FLATZ,

I would like to take this opportunity to thank you, my leader, my friend and patron, for your long term friendship, faithfullness and loyalty as well as your support and cooperation, a hearty thanks.

tender love from

Hitler

07. Juni 1998

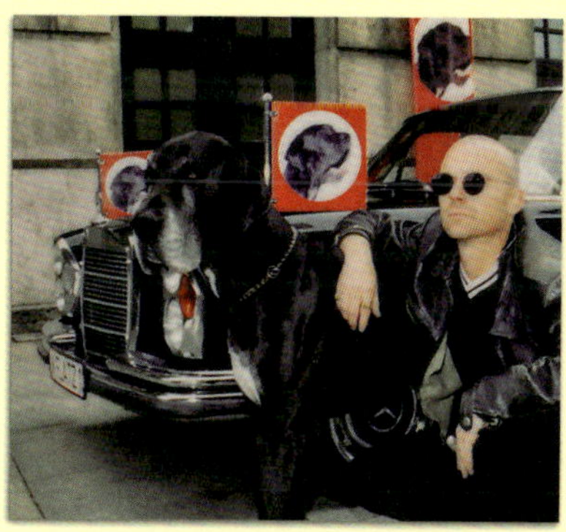

IMPRESSUM

2. AUFLAGE 2019

idea design concept
IDEE ENTWURF KONZEPT FLATZ

editor
HERAUSGEBER STADTHAUS ULM

project management
PROJEKTLEITUNG RAIMUND KAST

graphic design
GRAFISCHE GESTALTUNG FLATZ

graphic realisation
GRAFISCHE UMSETZUNG MIRIAM NADEGGER
ERWIN RITTENSCHOBER
JOHANN RITTENSCHOBER
CYRILL GUTSCH 1. AUFLAGE

translation
ÜBERSETZUNG NORTON FLATZ

editorial board
REDAKTION ATELIER FLATZ

production
PRODUKTION EDITION CANTZ

print
DRUCK DR. CANTZ'SCHE DRUCKEREI
MEDIEN GMBH, ESSLINGEN

leading production
PRODUKTIONSLEITUNG ERWIN RITTENSCHOBER

photos
FOTOS FLATZ ALLE
ZYKLON B. S.126
CLAUDE MONET S.126, 174
CORNELIA FAIST S.137
RICHIE MÜLLER S.163
LUIS TRENKER S.174
CASPAR DAVID FRIEDRICH S.175
WILLIAM TURNER S.175
RETO ZIMPEL S.202
THOMAS DEGEN S.251

COVER FLATZ

1. AUFLAGE 1996 EDITION CANTZ

DISTRIBUTION BY
EDITION CANTZ, ESSLINGEN, GERMANY
WWW.EDITION-CANTZ.DE

UNITED KINGDOM
ART DATA,
ORDERS@ARTDATA.CO.UK

USA AND CANADA
ART STOCK BOOKS. INDEPENDENT PUBLISHER GROUP (IPG)
ORDERS@IPGBOOK.COM

PRINTED AND BOUND IN GERMANY

ISBN 978-3-947563-63-0

WWW.FLATZ.NET

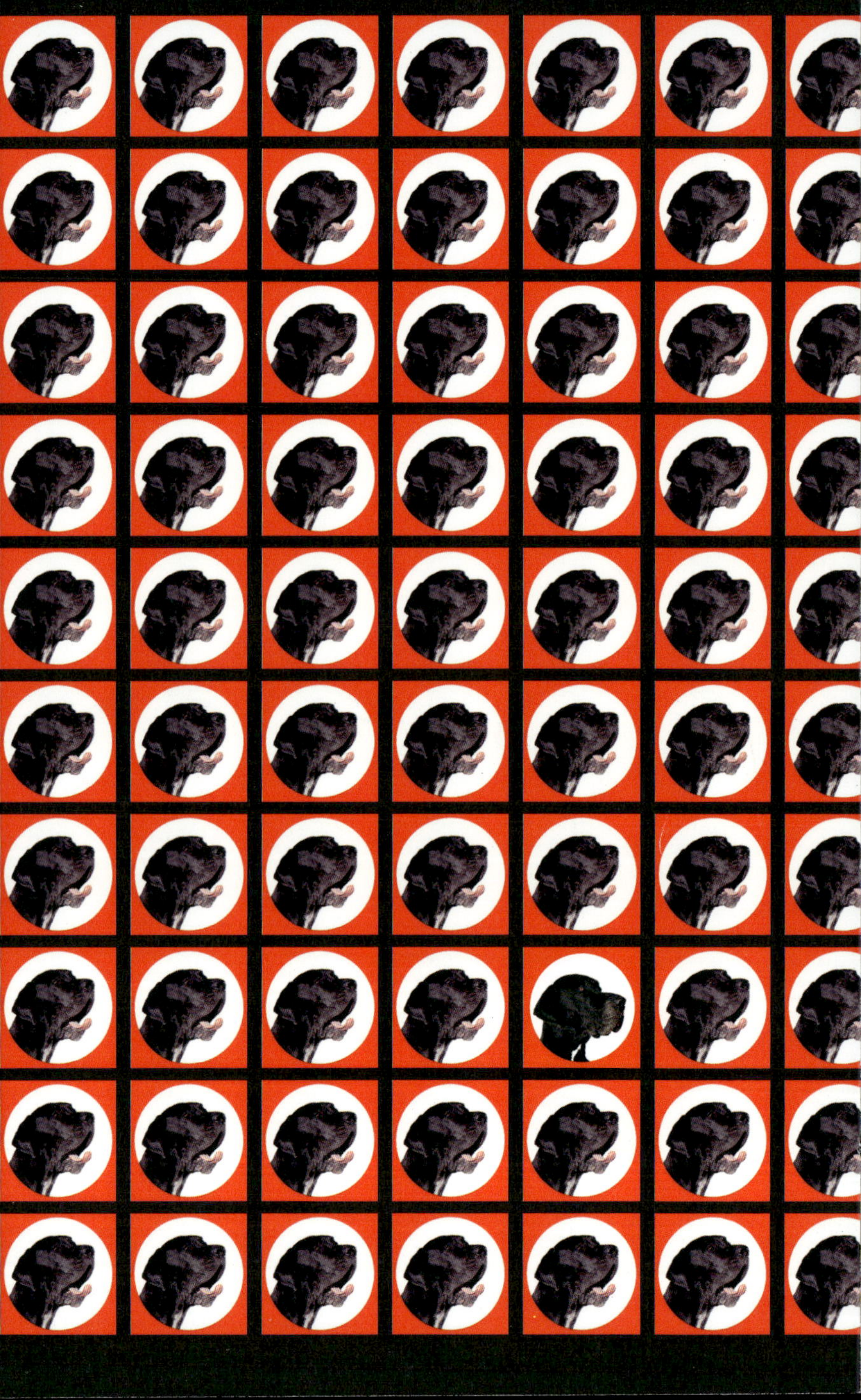